Jerry Porras · Stewart Emery · Mark Thompson

Der Weg zum Erfolg

Jerry Porras
Steward Emery
Mark Thompson

Der Weg zum Erfolg

Aus dem Amerikanischen
von Almuth Braun

FinanzBuch Verlag

Bibliografische Information der Deutschen Bibliothek:
Die Deutsche Bibliothek verzeichnet diese Publikation in der Deutschen Nationalbibliografie; detaillierte bibliografische Daten sind im Internet über **http://dnb.ddb.de** abrufbar.

Authorized translation from the English language edition, entitled SUCCESS BUILT TO LAST · CREATING A LIFE THAT MATTERS, 1st Edition by PORRAS, JERRY; EMERY, STEWART; THOMPSON, MARK, published by Pearson Education, Inc., publishing as Wharton School Publishing,

Gesamtbearbeitung: Druckerei Joh. Walch, Augsburg
Übersetzung: Almuth Braun
Lektorat: Nicole Luzar
Covergestaltung: Angelika Feldwieser
Druck: Druckerei Joh. Walch, Augsburg

GERMAN language edition published by FINANZBUCH Verlag,

1. Auflage der deutschen Ausgabe 2007

Frundsbergstraße 23
80634 München
Tel. 089 651285-0
Fax 089 652096

Für Fragen und Anregungen:
porras@finanzbuchverlag.de

ISBN 978-3-89879-305-6

Inhaltsverzeichnis

Vorwort von Senator John McCain

Auch wenn sich Erfolg leicht als das Erreichen von Zielen definieren lässt, gibt es dennoch einen Unterschied zwischen vorübergehendem und dauerhaftem Erfolg. Ich glaube, dass für dauerhaften Erfolg eine besondere Zutat unerlässlich ist – und das ist der Dienst an einer Sache, die größer ist als man selbst. Das ist es, was dauerhaften Erfolg ausmacht.

Ich weiß nicht, wie viele Menschen ich getroffen habe, die in ihrem Streben nach Reichtum sehr erfolgreich gewesen sind, aber an ihrem Lebensabend das Gefühl hatten, ihr Erfolg sei nicht „vollständig" gewesen. Und doch habe ich Menschen auf allen Ebenen des finanziellen Erfolgs kennen gelernt, die sich einer Sache verschrieben haben, die größer war als sie selbst und ihre eigenen Interessen, und die ein sehr erfülltes Leben gelebt haben.

Die Geschichten in unserem Buch *Character is Destiny: Inspiring Stories Every Young Person Should Know and Every Adult Should Remember* (Random House, 2005) erzählen von den verschiedenen Qualitäten, die den Charakter eines Menschen ausmachen, und zwar anhand der Lebensgeschichten von Personen, von denen Sie wahrscheinlich noch nie gehört haben – so wie Schwester Antonio, die in einem Gefängnis in Tijuana lebt und sich um andere Menschen kümmert –, bis hin zu Menschen, die wir alle kennen, wie etwa Mark Twain.

Das vorliegende Werk enthält praktische Weisheiten aus den Geschichten von mehreren hundert der bemerkenswertesten und am dauerhaftesten erfolgreichen Menschen der Welt, die von den Autoren interviewt wurden. Dies ist ein Buch, das wirklich etwas bewegen kann.

Senator John McCain

Danksagung

Bei unseren Gesprächen mit bemerkenswerten Menschen in allen Teilen der Welt haben wir immer wieder festgestellt, dass niemand, der eine wichtige Sache verfolgt, allein arbeitet. Dieses Buch ist keine Ausnahme. Wir sind für all die talentierten Menschen dankbar, die uns diese Reise ermöglicht haben. Sie waren großartige Partner, und viele sind gute Freunde geworden. Tim Moore, Verleger von Wharton School Publishing, stellte uns die Ressourcen von Pearson Education, des größten Verlagshauses der Welt, zur Verfügung, und hat uns großzügig gecoacht und beraten. Genauso wichtig war das Team, das er uns zur Seite stellte. Unser besonderer Dank gilt Amy Neidlinger (Marketing Manager), Gina Kanouse (Managing Editor), Christy Hackerd (Project Editor), Sarah Kearns (Copy Editor), Sheri Cain (Korrekturleserin), Lisa Stumpf (Indexerin), Gloria Schurick (Senior Compositor), Chuti Prasertsith (Coverdesigner), Dan Uhrig (Manufacturing Buyer) und Susie Abraham (Verlagsassistentin). Russ Hall (Development Editor) half uns dabei, unsere Absichten in dem Text schärfer, prägnanter und lebendiger zu gestalten, und wir freuen uns auf viele weitere gemeinsame Abenteuer.

Wir danken Jim Collins, Co-Autor des Titels *Built to Last,* dessen nicht nachlassende Leidenschaft, durch Lernen und Lehren einen Beitrag zur Führungs- und Managemententwicklung zu leisten, dieses Buch nachhaltig inspiriert und beeinflusst hat. Danke auch an Dean Robert Joss und die Graduate School of Business der Stanford University – das Epizentrum unserer Anstrengungen – zusammen mit Professor Cliff Nass der Stanford School of Humanities, für ihre Ermutigung zur Entwicklung eines interdisziplinären Buchprojekts, das die Geschäftswelt und die Welt der Sozialwissenschaften zusammengespannt hat.

Professor Jerry Wind von The Wharton School gab uns kundige Führung bei unserer Sekundärrecherche. Das machte die Durchführung eines *World Success Survey* mit einem Weltklasseteam unter der Führung von Dr. Howard Moskowitz möglich, dessen Forschung an der Harvard University ihn zu einem der führenden Wissenschaftler auf diesem Gebiet gemacht hat. In der i-Novation-Sparte von Moskowitz Jacobs arbeitet eine wirklich talentierte Crew an Forschern, darunter Barbara Itty, Rachel Katz, Chris Pomponi und Alex Gofman. Bei der Verwandlung der Untersuchung in einen Text stellte uns Moskowitz seine Fähigkeiten in Technical Writing und die Ideen von Charles Loesch, Director of Marketing Research bei FiSite Research, zur Verfügung.

Wir stehen bei Chuck Schwab dafür in der Schuld, dass er es Mark Thompson ermöglichte, die Schwab CEO Series ins Leben zu rufen und sich auf dem Weltwirtschaftsforum und den nationalen Parteitagen der Republikaner und Demokraten zu engagieren. Diese Veranstaltungen machten dieses Projekt geradezu unvermeidlich und das Thema Erfolg umso verlockender.

Wir sind für die Talente von Richard Wilson dankbar, der zahlreiche Interviews mit Mark geführt hat und ihn zusammen mit dem Führungsexperten Terry Pearce dazu inspirierte, dieses Abenteuer auf Gespräche mit bemerkenswerten Menschen aus so unterschiedlichen Gebieten und mit so unterschiedlichen Überzeugungen und Lebenswegen auszudehnen.

Bonita Thompson, unser Research Director, arbeitete sich viele hundert Stunden lang durch digitale Aufzeichnungen und Hunderte von Transkriptionsseiten. Ihre leidenschaftliche und unermüdliche Datenanalyse brachte so verschiedenartige Ideen wie *Die Sache hat Charisma* und die Identifikation der drei Kreise *Bedeutung, Gedanken, Handlung* hervor. Ihr facettenreicher Hintergrund, der Verhaltenspsychologie, Human Resources, Informationssysteme, statistische Analyse und Wirtschaft gleichermaßen umfasst, steuerte zu diesem Werk einen reichhaltigen Kontext und wertvolle Methodologie bei.

Joan Emery gab uns auf Basis ihres großartigen Community-Netzwerks und ihrer jahrzehntelangen Erfahrung im Coaching von Einzelpersonen und Teams – mit dem Ziel, deren großes Potenzial in Wirtschaftsunternehmen und Nonprofit-Organisationen zu finden und auszuschöpfen –, Feedback über die Aspekte des Manuskripts, die wirklich relevant und neu waren (und die Aspekte, auf die das nicht zutraf). Joan entdeckte außerdem, dass die Ideen und Praktiken, die in diesem Buch beschrieben sind, nicht nur kritischen Themen dienen, die auf Karriere und Unternehmen Einfluss haben, sondern auch hilfreich für Familien und Teenager sind.

Wir möchten Frank Patitucci dafür danken, dass er Jerry Porras mit Stewart Emery bekannt gemacht hat, sowie Denise Thomas dafür, dass sie Mark Thompson mit Stewart Emery zusammenbrachte. Ohne diese glücklichen Umstände wäre dieses Buch nicht entstanden. Ferner gilt unser Dank Professor Klaus Schwab, Frances Hesselbein, Marshall Goldsmith, Jack Canfield, Dave Pottruck, Davia Nelson, Baylee DeCastro, Jason Jennings, Senator John McCain, President Jimmy Carter, Susanne Lyons von Visa und Carie Crandall von der New York Stock Exchange dafür, dass sie uns mit so vielen wichtigen Menschen bekannt gemacht haben sowie für die zahlreichen erhellenden Fragen, die unsere Untersuchungen geprägt haben.

Wir fühlen uns gesegnet und sind dankbar dafür, dass so viele bemerkenswerte Menschen im Verlauf des letzten Jahrzehnts an unseren Interviews teilgenommen haben. Deren Bandbreite reicht von Menschen wie Norma Hotaling und Bruder David Steindl-Rast, die sich intensiv darum bemühen, Menschen am untersten Ende der sozialen Leiter zu helfen, bis zu solchen, die in ihren unterschiedlichen Betätigungsfeldern jedem ein Begriff sind. Dazu gehören Richard Branson, Steve Forbes, Maya Angelou, Herb Kelleher, Nelson Mandela und der Dalai Lama. (Einen Überblick über die Teilnehmer an den Interviews finden Sie im bibliographischen Index am Ende dieses Buches. Weiterführende Informationen finden Sie auf der Webseite www.SuccessBuiltToLast.com).

Ferner möchten wir jedem danken, den zu treffen und kennen zu lernen wir während der Entstehung dieses Werkes das Privileg hatten. Ihre Erkenntnisse haben uns für immer verändert. Und wir haben gerade erst begonnen.

Mit Dank,
Jerry Porras, Stewart Emery und Mark Thompson
Stanford, Kalifornien
Juni 2006

Einführung – von „Für die Ewigkeit geschaffen“ zu „Ewig erfolgreiche Erschaffer“

Der Mandela-Effekt

Es geschah während des Weltwirtschaftsforums, und zwar kurz vor Mitternacht, als wir Platz nahmen, um auf das letzte Meeting des Tages zu warten. Der überfrierende Regen hatte sich in einen Schneesturm verwandelt, aber drinnen herrschte ein Klima wie in der Sahara; die Heizung lief auf Hochtouren, und der Raum war völlig überheizt. Mark Thompson nickte gerade auf seinem Stuhl ein, als Nelson Mandela plötzlich um die Ecke kam und uns mit einem müden Lächeln eine verschwitzte Hand reichte. Thompson erwachte mit einem leichten Zucken aus seinem Dämmerzustand, als Mandela es sich auf der Ledercouch bequem machte und dabei seine Schulter berührte.

In den Jahren, bevor Mandela – damals Anwalt und politischer Aktivist – in ein Todeslager geschickt wurde, trat er nur selten ohne das leidenschaftlich übersteigerte Selbstvertrauen auf, mit dem er seine Mission verfolgte, der Apartheid ein Ende zu setzen. Südafrika hatte unter Gewalt und Unruhen gelitten, die eine Versöhnung unmöglich zu machen schienen. Zwar war Mandela anfangs ein Verfechter einer friedlichen Lösung, aber als der Weg zum Frieden in einer Sackgasse zu enden schien, griff er schließlich zu den Waffen. 1964 wurde er wegen Verschwörung und Sabotage zu lebenslanger Haft verurteilt. Die meisten Jahre seiner Haft verbrachte er auf Robben Island außerhalb von Kapstadt, wohin die südafrikanische Regierung die Oppositionellen deportierte, um ihre Moral zu brechen. Während der vielen Jahre, in denen er als Gefangener harte körperliche Arbeit verrichten musste, übte die Regierung wiederholt Druck auf ihn aus, damit er seine Überzeugungen im Gegenzug für eine frühere Haftentlassung aufgäbe. Mandela lehnte ab. Nach 27-jähriger Haft wurde er 1990 im Alter von 71 Jahren in die Freiheit entlassen. Er hatte jeden Grund, um zum gefährlichsten Menschen seines Kontinents zu werden, aber stattdessen beschleunigte er die friedliche Neuausrichtung seiner Nation.

Wie gelang es ihm, seinen Hass zu überwinden und eine friedliche Revolution anzuführen, die auf Versöhnung sann und nicht auf Rache? Da saß er nun, erschöpft aber strahlend, in seinem anhaltenden Drang, sein Heimatland zu heilen. Die Bewunderung seiner Anhänger ist gewachsen oder geschwunden, je nachdem, wen Sie fragen. Nichtsdestotrotz hat er seinen ganz eigenen Weg verfolgt – eine Reise, die ihm so viel bedeutet, dass er in keinem Augenblick von der eingeschlagenen Richtung abgewichen ist, oft trotz – und nicht wegen – der gesellschaftlichen und politischen Konsequenzen. Als er längst seinen Ruhestand hätte genießen können, warb der Nobelpreisträger und Ex-Präsident neue Anhänger für seine Sache – wie er es nicht nur einen Monat oder ein Jahr, sondern sein ganzes Leben lang getan hatte, und das mit einer Intensität, die trotz seines jahrzehntelangen Leidens in einem südafrikanischen Gefängnis nie nachgelassen hat.

Die drei Co-Autoren dieses Buches, waren – zunächst jeder für sich und nun gemeinsam – schon immer überaus neugierig darauf, was dauerhaft erfolgreiche Menschen und außergewöhnliche Organisationen antreibt. Wir haben seit langem eine gemeinsame Frage: Was inspiriert dauerhaft erfolgreiche Menschen dazu, eine Wahl von der Art zu treffen, wie sie Mandela getroffen hat – gegen alle Widerstände anzukämpfen und daran zu wachsen –, um einen neuen Sinn zu finden und daran festzuhalten, und zwar nicht nur in einem bestimmten Moment oder zum eigenen Nutzen, sondern um einen dauerhaften Erfolg zu erzielen? Auch wenn die Geschichte Mandelas edle Absichten bestätigt hat, macht die Tatsache, dass er vor seinem langen Weg in die Freiheit weder ein Heiliger noch von makellosem Charakter und demütiger Haltung war, seine Reise für uns alle umso nützlicher und inspirierender. Das ist der Mandela-Effekt – wenn es Ihnen gelingt, dauerhaften Erfolg zu erzielen, und zwar nicht, weil Sie perfekt oder ein Glückskind sind, sondern weil Sie den Mut haben, das zu tun, was Ihnen wichtig ist.

Von „Für die Ewigkeit geschaffen“ zu „Ewig erfolgreiche Erschaffer“

Mandelas Verwandlung ist ein mutiges Beispiel für ein Leben, das darauf angelegt ist, Bedeutung über den eigenen Tod hinaus zu erlangen. Mandela hat nicht nur einfach Erfolg erzielt, vielmehr hat er dauerhaften Erfolg erzielt, und zwar deswegen, weil er wichtig ist. In der Einführung zur Taschenbuchausgabe des Wirtschaftsklassikers *Built to Last**, berichteten Jim Collins und Jerry Porras, eine beträchtliche Zahl an Menschen hätte bei ihrer Auseinandersetzung mit den grundlegenden menschlichen Fragen nach der Selbstidentität und Selbsterneuerung bestimmte Schlüsselkonzepte in ihrem Privat- und Familienleben als hilfreich empfunden. Wer bin ich? Wofür stehe ich? Was ist mein Lebenszweck? Wie bewahre ich mein Selbstgefühl in dieser chaotischen, unberechenbaren Welt? Wie verleihe ich meinem Leben und meiner Arbeit einen Sinn? Wie schaffe ich es, mich ständig zu erneuern, engagiert und stimuliert zu bleiben?[1]

Gesunde, nachhaltige Gesellschaften erfordern die Schaffung gesunder, nachhaltiger Organisationen, und herausragende Organisationen und Gesellschaften können nur von Menschen

* (deutscher Titel: *Immer erfolgreich. Die Strategien der Top-Unternehmen*)

Gesunde, nachhaltige Gesellschaften erfordern die Schaffung gesunder, nachhaltiger Organisationen, und herausragende Organisationen und Gesellschaften können nur von Menschen geschaffen werden, die in der Lage sind zu wachsen und bedeutsame Erfolge zu erzielen.

geschaffen werden, die in der Lage sind zu wachsen und bedeutsame Erfolge zu erzielen. Wenn Sie daran glauben – und wir tun das –, dann erscheint das Gespräch mit Menschen, die ein bemerkenswertes Leben geführt und einen nachhaltigen Eindruck hinterlassen haben, als nur natürlich. Wie die Schullehrerin Marva Collins (nicht mit Jim verwandt) uns sagte, „wäre die Welt ohne Sie ein dunklerer Ort“ – wenn Sie ein Leben von Bedeutung leben, das Ihnen lebenswert erscheint. Und so begann die Reise unserer Zusammenarbeit an diesem Buch.

Gespräche mit dauerhaft erfolgreichen Menschen

Dieses Buch basiert auf Interviews mit mehr als 200 Menschen aus allen Teilen der Welt, die auf ihrem Gebiet, in ihrem Beruf oder ihrer Gemeinde herausragend sind oder waren und die glaubten, dass ihr Leben eine Bedeutung habe. In diesen Gesprächen haben wir ein wiederkehrendes Prinzip gefunden, das sich allmählich auch in Büchern über Unternehmensperformance und Führung verbreitet, aber nur selten zu Ende entwickelt wird: Langfristig hat Erfolg weniger damit zu tun, dass man die beste Idee, die beste Organisationsstruktur oder das beste Geschäftsmodell findet, als vielmehr damit herauszufinden, was uns als Individuen wichtig ist. Auf der ganz persönlichen Ebene, auf der sich die Gedanken und Gefühle austauschen, beginnt die Kreativität und entsteht das Potenzial für Nachhaltigkeit. Wir haben versucht, die Prinzipien und Praktiken von Individuen aufzudecken, die in der Welt dauerhafte Fußspuren hinterlassen.

Diese Menschen sind keineswegs auf die Kategorien Entrepreneure, Revolutionäre oder positive Abweichler beschränkt. Vielen widerstrebt es noch heute, sich selbst als Führer oder Vorbilder zu betrachten. Die meisten haben anfangs nicht den Erfolg gesucht, wie er von ihrer jeweiligen Kultur herkömmlicherweise definiert wird. Einige werden wahrscheinlich nie viel Geld haben, andere sind reich, manche sogar sehr reich, aber wenige haben reich begonnen. Ihre Herkunft ist ganz unterschiedlich – von einfach nur schrecklich und bis äußerst privilegiert. Was ihre Persönlichkeiten angeht, ist das ganze Spektrum vertreten – einige sind von Natur aus laut und selbstsicher, andere sind kaum zu hören, bis man sie fragt, was ihnen wichtig ist. Einige verfügen über so genanntes Charisma, aber die meisten nicht. Und viele bleiben inmitten all des Erfolgs doch introvertiert. An irgendeinem Punkt in ihrem Leben empfanden sie ein unstillbares Bedürfnis, das eine unermüdliche, leidenschaftliche Überzeugung hervorrief, die Dinge langfristig zu ändern, und zwar oft entgegen aller gesellschaftlichen Urteile.

Wir haben uns schwer getan, diesen dauerhaft erfolgreichen Menschen eine Bezeichnung zu verleihen. Etiketten wie „visionäre Führer“ erschienen in diesem Kontext viel zu abgehoben und bargen nach unserer Auffassung eher die Gefahr, eine Distanzierung zu schaffen, die alle übrigen Menschen davon abschrecken könnte, in sich zu gehen und das Beste aus sich herauszuholen. Natürlich sind alle diese Hochleister in irgendeiner Art Führungspersönlichkeiten. Letztlich haben wir uns für die Bezeichnungen „dauerhaft erfolgreiche Menschen“ und „Erschaffer“ entschieden. Letztere ist eine Beschreibung, die einem Teil des Konzepts des „Uhrwerks-Erschaffers“ aus dem Originaltitel *Built to Last* stammt. Jim Collins und Jerry Porras unterscheiden dort anhand einer Metapher zwischen der Fähigkeit, in diesem Augenblick die Uhrzeit zu nennen und der Fähigkeit, eine Uhr herzustellen, die die Zeit auch nach dem Ableben des UhrErschaffers noch anzeigt. Die Autoren merkten an, dass Führungspersönlichkeiten, die eine dauerhafte Vision und Kultur geschaffen hatten, „UhrErschaffer“ waren, deren Organisationen sich dauerhaft behaupteten, ihre eigenen Führer überdauerten und auf diese Weise Unternehmen übertreffen konnten, deren Führer als reine „Zeitansager“ fungierten, die ihre Organisationen also auf traditionelle Art führten, indem sie hofften, mit einem aktuellen Trend Erfolg zu haben.

Erschaffer sind Menschen, deren Anfänge völlig unspektakulär sein können, aber die sich irgendwann durch ihre Kreativität definieren. An irgendeinem Punkt ihres Lebens fühlen sie sich dazu berufen, etwas Neues oder Besseres zu schaffen, das für den Rest ihres Lebens und weit darüber hinaus blühen und gedeihen wird. Sie sehen sich oft einfach als Menschen, die versuchen, etwas Nachhaltiges zu bewirken, von dem sie glauben, dass es mit oder ohne sie getan werden muss. Und sie scharen das Team um sich – bauen die Organisation auf –, das dazu nötig ist. Herausragende Organisationen können eine Art Dividende dieses Prozesses sein, allerdings weist alles darauf hin, dass dauerhafte Institutionen eher das Ergebnis der Mentalität ihres Erschaffers sind, als ein Selbstzweck.

Wir haben gelernt, dass außergewöhnliche Menschen, Teams und Organisationen zum größten Teil ganz gewöhnliche Menschen sind, die außergewöhnliche Dinge tun, weil sie ihnen wichtig sind. Die Botschaft lautet, dass man den dringenden Wunsch, ein außergewöhnliches Leben zu führen, in sich tragen muss. Jeder hat die Wahl, eine persönlich bedeutsame Reise anzutreten und sein persönliches und berufliches Leben so zu integrieren, er wirklich etwas bewegen kann. Und wer das tut, hat das Potenzial, eine Organisation zu schaffen und ein Vermächtnis zu hinterlassen, das der Welt auch dann noch dienen kann, wenn er selbst nicht mehr da ist.

Wir haben gelernt, dass außergewöhnliche Menschen, Teams und Organisationen zum größten Teil ganz gewöhnliche Menschen sind, die außergewöhnliche Dinge tun, weil sie ihnen wichtig sind.

Wie wir diese Menschen gefunden haben

Wir haben einige relativ unbekannte Unternehmensführer interviewt, Entrepreneure, Lehrer, Olympioniken und Nobelpreisträger, Gewinner des Pulitzer-Preises, des Grammy Awards, Peabody- und Oscar-Preisträger sowie CEOs von großen und kleinen Unternehmen. Wir haben viele dieser Menschen im Rahmen von Beratungsaufträgen auf der ganzen Welt kennen gelernt. Um weitere Interviewkandidaten zu finden, haben wir uns durch eine ganze Reihe unterschiedlichster Erfolgsranglisten gearbeitet – von *Time Magazine's Most Influential People* bis zu den Gewinnern der von Oprah Winfrey verliehenen Auszeichnung *Use Your Life Award* – und studierten die Namen der größten, am schnellsten wachsenden oder am meisten bewunderten Persönlichkeiten des Jahres in großen Wirtschaftspublikationen, insbesondere *Forbes* und *Fortune*. Außerdem sind wir Listen beachtenswerter Personen durchgegangen, die von Nonprofit-Organisationen ausgezeichnet worden waren. An all diese Kandidaten haben wir eine ungewöhnliche zeitliche Bedingung angelegt – ein Minimum von 20 Jahren fortwährenden Erfolgs – und eliminierten – mit wenigen Ausnahmen – diejenigen, die zwar signifikante aber kurzlebigere Erfolge in ihrer Karriere erzielt hatten. Anschließend schlossen wir vergängliche Berühmtheiten und viele Generationen charismatischer Führungspersönlichkeiten aus. Das ließ unsere Liste auf weniger als 1.000 Kandidaten zusammenschrumpfen, die von sich selbst sagten, sie hätten dauerhaften Erfolg erzielt. Aus dieser Gruppe trafen wir eine Auswahl nach unterschiedlichen Interessen, Branchen und Geschlecht. Wir luden mehrere hundert Personen ein, an den Interviews teilzunehmen und konnten zwischen 1996 und 2006 mehr als 200 persönliche Gespräche führen.[2] Die meisten Teilnehmer waren älter als 40 Jahre, wobei der älteste Teilnehmer 95 Jahre alt war.

Wie man die „Apprentice"-Falle vermeidet

Im Zeitalter von Reality-TV ist es nicht unüblich, dass eine völlig unbekannte Person innerhalb weniger Wochen oder Monate zu einem Superstar wird, nur um wenig später in die Rubrik „Was ist eigentlich aus XY geworden?" zu fallen. Wir haben ausschließlich Menschen interviewt, die über einen langen Zeitraum Bedeutendes geschaffen haben, statt mit jedem zu sprechen, der es als Sternchen solcher Sendungen wie *The Apprentice*** oder *Survivor* eher zufällig auf irgendein Zeitschriftencover geschafft hat.

** „The Apprentice" – der Auszubildende – ist eine US-Realityshow mit Donald Trump, in der sich mehrere Kandidaten um einen hochdotierten Job bewerben und verschiedene berufliche Geschäftsaufgaben bewältigen müssen, wobei Trump pro Woche einen Kandidaten mit den Worten „you are fired" hinauswirft. Der Gewinner erhält den begehrten Arbeitsplatz. (A.d.Ü.)

Dieser langfristige Ansatz erlaubte uns, Menschen zu berücksichtigen, die einen nachhaltigen Eindruck hinterlassen haben. Dazu gehören sowohl solche, die sich großer Beliebtheit erfreuen, als auch solche, von denen niemand mehr spricht, die es aber wegen ihrer herausragenden dauerhaften Leistungen auf ihrem Gebiet verdienten, in diesem Projekt erwähnt zu werden. Jimmy Carter wurde von einer demütigenden Niederlage zu Boden geworfen – ein wahrer Erdrutsch hatte ihn bei den Präsidentschaftswahlen 1980 aus dem Amt gefegt –, aber er fand anschließend eine wesentlich verdienstvollere Rolle und wurde nach 20 weiteren Jahren, in denen er einen ganz neuen Traum verfolgte, der mit seiner US-Präsidentschaft kaum etwas zu tun hatte, mit dem Nobelpreis ausgezeichnet. Auch wenn er derzeit wegen seiner festen Überzeugungen und seines jüngsten Buches über Werte und Antifundamentalismus wieder stark unter Beschuss steht, setzt er seine Mission überall auf der Welt fort.

Im vorliegenden Buch werden Sie Menschen begegnen, von denen Sie vielleicht meinen, dass sie für die Diskussion über dauerhaften Erfolg eine schlechte Wahl seien. Egal, ob man sie mag oder nicht: Nur sehr wenige unserer Interviewpartner bleiben von Kritik aus irgendeiner Ecke verschont, weil sie per Definition mit dem, was ihnen wichtig ist, Wirkung erzielen! Es ist tatsächlich so: Sobald man jemanden als Vorbild auf ein Podest stellt, scheint ein perverses Gesetz im Universum die Chancen zu erhöhen, dass genau diese Person oder jene Organisation einen dummen Fehltritt begeht oder das Ziel hitziger Kontroversen wird. Wir wollen hier klarstellen, dass unsere Gesprächspartner nicht als Vorbilder präsentiert werden, denen Sie nacheifern sollen. Das ist eine ganz persönliche Entscheidung, die nur Sie selbst treffen können. Wir offerieren sie hier lediglich, um eine Diskussion über die Definition von Erfolg anzuregen, die Sie vielleicht mit sich und den Menschen, die Ihnen nahe stehen, führen werden. Wenn irgendetwas nach all unseren Gesprächen mehr als deutlich geworden ist, dann ist es die Tatsache, dass es viele verschiedene, ja sogar widersprüchliche und gefährliche Wege zur Bewertung von dauerhaftem Erfolg gibt, wie Sie in Kapitel 1 „Von Herausragend zu *Dauerhaft* – die Neudefinition von Erfolg“ sehen werden.

Viele dauerhaft erfolgreiche Menschen preisen Dogmen, denen wir nicht zustimmen können, manche empfanden wir sogar als Affront. Wir hoffen, dass Sie nicht herausfinden können, um wen es sich handelt. Gewalttätige Kriminelle und Terroristen, die eine dauerhafte Wirkung erzielt haben, haben wir ausgeschlossen, weil wir hoffen, dass niemand anhand des Wahnsinns oder anderer krimineller Pathologien versucht, ein dauerhaftes Vermächtnis zu hinterlassen.

Die Geschichte erfolgreicher Menschen ist voller Irrungen und Wirrungen, aber sie ziehen Nutzen daraus

Was die meisten Menschen überrascht, ist, dass alle Erschaffer bedeutende Misserfolge, herbe Verluste und bittere Enttäuschungen hinter sich haben. Für einige von ihnen ist die Veröffentlichung dieses Buches nicht leicht. In Hunderten von Interviews haben wir nicht einen einzigen Menschen getroffen, der nicht die Blamage eines Misserfolgs in seinem Erfahrungsrepertoire aufzuweisen hat. Das gilt auch für die Autoren selbst. Außergewöhnliche Individuen machen bei den meisten Herausforderungen einen Schritt zurück und zwei nach vorne – und manchmal auch zwei Schritte zurück und einen Schritt nach vorne. Sie ziehen daraus nützliche Lehren und Erkenntnisse darüber, was nicht funktioniert, und beweisen ein beachtliches Stehvermögen – die Fähigkeit, sich von Widrigkeiten nicht beirren zu lassen. Sie praktizieren nicht einfach positives Denken, sondern verfügen vielmehr über den Elan, zu reagieren und weiterzumachen, oft trotz ihres augenblicklichen Gemütszustands und unabhängig davon, ob sie ihr Scheitern nun einer eigenen Dummheit verdanken oder einem unglücklichen Umstand. Erschaffer machen nie andere für ihre Situation verantwortlich, sondern konzentrieren sich stattdessen auf Maßnahmen, die ihrer Kontrolle unterliegen und die sie ergreifen können, um das Problem zu lösen oder zu steuern.

Diese Perspektive war besonders in unserer ersten Interviews nötig. Wie Sie sich vielleicht vorstellen können, erschienen uns einige dieser dauerhaft erfolgreichen Menschen geradezu übermenschlich. Sie hatten nicht die entfernteste Ähnlichkeit mit der überwältigenden Mehrheit der Normalsterblichen auf diesem Planeten. Einige waren viel zu smart, talentiert oder vom Glück begünstigt, um als Referenz dienen zu können. Wir waren mit einer schier unerträglichen Zahl an Nobelpreisträgern und Virtuosen konfrontiert, deren besonderer Genius in voller Blüte stand. Wenn Sie diese höchsten Höhen anstreben, tun Sie gut daran, zum Beispiel im Alter von sieben Jahren bereits ein begnadeter Cellist zu sein. „Kein Romancier der Welt hätte es gewagt, sich einen solchen Charakter auszudenken. Diese Kombination an Talenten – musikalisch, intellektuell und persönlich – wäre einfach nicht glaubhaft", schrieb das *Smithsonian Magazine*.[3] Bei der hier beschriebenen Person handelt sich um den Chinesen Yo Yo Ma, einen großzügigen Humanitaristen, der seine Werte lebt und den wir als einen unglaublich entwaffnenden und warmherzigen Mensch kennen gelernt haben. Das sind natürliche Gaben, aber auch alle anderen seiner Talente liegen für die meisten von uns völlig außerhalb unserer Reichweite und sind daher keine sehr nützliche Quelle, wie es andere Eigenschaften vielleicht sein können.

Wir haben diese Reise ganz sicher nicht gemacht, um noch mehr Menschen und Gründe dafür zu finden, unsere eigenen Fähigkeiten zu bezweifeln und weiterhin ein Leben in Anonymität zu führen. Glücklicherweise und zu unserer großen Erleichterung haben wir im Verlauf all unserer Gespräche mit diesen äußerst erfolgreichen Menschen mächtige Prinzipien gefunden, die über Glück oder gute Gene hinausreichen. In Kapitel 1 stellen wir ein dreiteiliges theoretisches Modell vor, das nützliche Eigenschaften erforscht, die all diese erfolgreichen Menschen teilen. Diese Personen aufzuspüren, war alles andere als einfach. Einige arbeiten in abgelegenen Regionen der Welt und tauchen nur gelegentlich auf, andere sind Prominente oder Führungspersönlichkeiten mit prall gefüllten Terminkalendern. Manche haben wir bei ihren Gastauftritten an Universitäten rund um die Welt abgefangen. Viele trafen wir zunächst während Geschäftskonferenzen und im Rahmen von Beratungsaufträgen. Wir interviewten unsere Gesprächspartner an ihrem Arbeitsplatz, auf Konferenzen, in öffentlichen Radiosendern oder in ihren privaten vier Wänden, Büros, Limousinen und Studios in den USA, in Asien und Europa.

Im Verlauf des gesamten Buches werden Sie Beschreibungen der Orte und Umstände finden, an und in denen wir diese Gespräche geführt haben. Dieses zusätzliche Kolorit haben wir hinzugefügt, weil wir glauben, dass es – wann immer möglich – wichtig ist, auch die Art und Weise zu beobachten, wie sich diese Menschen jeweils verhalten, und nicht nur darauf zu achten, was sie sagen. Wir wollten direkt erleben, wie sie ihre Worte in die Tat umsetzten (oder auch nicht umsetzten) – zum Beispiel Mandelas Bereitschaft, eine Horde koffeingetränkter Topmanager und andere Führungspersönlichkeiten beim Weltwirtschaftsforum zu unterhalten, um den globalen Dialog über Frieden und Freiheit nicht einschlafen zu lassen.

Viele Jahre lang haben wir am Weltwirtschaftsforum teilgenommen, einem viertägigen Diskussionsmarathon im Januar, drei Stunden von Zürich entfernt, an dem die Teilnehmer vom frühmorgendlichen Espresso bis tief in die Nacht auf Trab sind und dabei oft in seltsam zusammengewürfelten Formationen aus CEOs, sozial Engagierten, Milliardären und Nobelpreisträgern Schlange stehen und auf Einlass in einen Saal warten – alle eifrig bestrebt, so genannte Quality Time mit Rockstars, Regierungspräsidenten und anderen Teilnehmern zu ergattern. Das klingt nach einem pompösen Spektakel, und gelegentlich ist es das auch, aber es ist nun mal einer der besten Orte, um mit Menschen in Kontakt zu treten, die eine nachhaltige Wirkung erzeugt haben. Was einen trotz der intensiven Sicherheitsvorkehrungen und der langen Tage antreibt, ist die intellektuelle Bereicherung – ein nicht enden wollendes Fest der Einsichten und Exzentrizität einiger der dauerhaft erfolgreichsten Menschen der Welt.

Unser Interviewansatz

Nachdem wir die Erschaffer für unsere Interviews gefunden hatten, brauchten wir einen frischen Ansatz, um über dieses Thema nachzudenken. Wir wollten uns nicht ausschließlich auf von Dritten verfasste Biografien verlassen oder eine weitere Umfrage mit der Bitte versenden, der Teilnehmer möge irgendwelche Kästchen in einem Massenmailing ankreuzen. Wir sind nicht sicher, ob solche Umfragen von den Führungspersönlichkeiten, die sie erhalten, überhaupt die richtige Aufmerksamkeit erhalten, und, wie Peter Drucker uns warnte, „Das wurde alles schon mal gemacht." Drucker (und viele andere) ermutigte uns dazu, anders an das Thema heranzugehen und flexible Gespräche mit einer Gruppe unterschiedlicher Menschen über die Bedeutung von Erfolg zu führen, anstatt allein auf Unternehmensführer oder Führung an sich zu fokussieren. Bis man „herausfindet, was Erfolg bedeutet", und zwar für sich selbst und für die eigene Organisation, ist die Führungsdiskussion eine „sinnlose Unterhaltung", warnte Drucker. Und wir wollten definitiv nicht bloß unsere eigenen Überzeugungen über eine Theorie bestätigt sehen, die wir zu beweisen versuchten. Wir wollten lernen!

Bis man „herausfindet, was Erfolg bedeutet", und zwar für sich selbst und für die eigene Organisation, ist die Führungsdiskussion eine „sinnlose Unterhaltung", warnte Drucker.

Die Tatsache, dass wir die überwältigende Mehrheit der porträtierten Menschen persönlich interviewt haben, anstatt uns auf Umfragen oder Angaben Dritter zu verlassen, unterscheidet dieses Buch von anderen Angeboten auf diesem Gebiet. Wir haben die Themen gemeinsam mit unseren Gesprächspartnern in ihrer Rolle als Mensch untersucht, indem wir sie gleich zu Beginn nach ihrer Definition von Erfolg und dauerhafter Führung fragten. Dies erlaubte jedem, die Richtung des Gesprächs frei zu bestimmen und uns an seinen Einsichten auf eine Weise teilhaben zu lassen, die sich andernfalls nicht ergeben hätte. Wir folgten ihrem Gesprächsfaden und stellten klärende Fragen, um die Tiefe und Kreativität ihrer Antworten zu enthüllen, statt uns an einem vorbereiteten Fragenkatalog festzuhalten. In der akademischen Forschung wird ein Dialog allzu oft beschnitten, wenn die Antwort des Befragten über das vorbestimmte Thema hinausgeht. Wir dagegen wollten den Reichtum des spontanen Dialogs fördern.

Die einzigartige Kraft dieses Projekts lag darin, dass es kein wissenschaftliches Experiment war, sondern die Krönung zahlreicher Führungsinterviews, die wir im Rahmen unserer intensiven persönlichen Beratungsarbeit in einer ganzen Bandbreite an Organisationen, Universitäten, Konferenzen, öffentlich ausgestrahlter Programme und anderen erlesenen Umgebungen über einen Zeitraum von zehn Jahren geführt haben. Wir betrachteten die daraus resultierende Datenmenge als unsere Goldmine an Informationen, die nach systematischer Analyse einige unglaubliche Erkenntnisse bot. Dieser opportunistische Ansatz ermöglichte einen ganz anderen, und wie wir meinen reicheren Dialog, als wenn wir mit einem enger gesteckten, hoch strukturierten Plan begonnen hätten. Die Gespräche setzten uns Standpunkten aus, die wir nie vorab in Betracht gezogen hätten. In einem sehr realen Sinne lieferte uns dieser journalistische Ansatz ein besseres Set an Hypothesen und eine unverbrauchte Sicht der Themen Führung und dauerhafter Erfolg.

Indem wir auf unsere Gesprächspartner mit einem solchen explorativen Dialog zugingen, lernten wir mehr, als wir erhofft oder uns vorgestellt hatten. Tatsächlich fanden wir es manchmal beunruhigend oder sogar bedrohlich, wenn diese überaus erfolgreichen Menschen manche Dinge, die wir für universell und konkret gehalten hatten – wie Kernwerte und die Definition von Erfolg – auf so unterschiedliche bis widersprüchliche Art und Weise beschrieben. Die Werte, die diese Menschen vertreten, sind ihre eigene intuitive und kunstvolle Interpretation dessen, was ihnen wichtig ist. Die Überzeugungen, die sie so leidenschaftlich verteidigten, waren keine Lebenstatsachen, sondern Wahlentscheidungen – Beurteilungen dessen, was für sie richtig war, und nicht, was alle anderen tun sollten. Während wir ihren Geschichten lauschten, fühlten wir, wie sich das Band unserer eigenen Überzeugungen auflöste.

Nach Abschluss der Interviews haben wir den Inhalt auf strukturierte Weise analysiert, um die häufigsten Verhaltens- und Denkmuster aufzudecken. Dabei haben wir 21 breite Themenkategorien identifiziert,[4] von denen die stärksten in dieses Buch aufgenommen wurden. Wir konnten dabei nicht in die Fußstapfen vieler Wirtschaftsbücher treten, in denen Unternehmen zu Paaren gruppiert werden, um ihre relative Performance anhand ihrer Geschäftsmodelle, Wachstumsraten, Gründungsdaten, Schlüsselwettbewerber, betrieblichen Effizienz oder ihres Aktienkurses oder anderer relativer Finanzdaten miteinander zu vergleichen. In unseren Interviews haben wir mit Menschen gesprochen, die nicht nur für börsennotierte Unternehmen arbeiten, sondern auch für privatwirtschaftliche und Nonprofit-Organisationen, für wissenschaftliche und Bildungsinstitutionen, Regierungsbehörden und Gemeinden. Wir hielten es nicht für vernünftig, eine Kontrollgruppe aufzustellen, um Menschen auf dieselbe Art und Weise miteinander zu vergleichen und sie in Gewinner, Verlierer oder Zweitplatzierte zu unterteilen.

Stattdessen testeten wir – als die Rohfassung unseres Manuskripts bereits stand – unsere Annahmen anhand einer einzigartigen Umfrage, mit der wir unsere Schlussfolgerungen auf den Prüfstand stellen wollten. Für diesen ambitionierten Schritt schloss unser Team eine Partnerschaft mit Prentice Hall/Pearson Education, Wharton School Publishing (WSP), Professor Yoram (Jerry) Wind, Herausgeber von WSP und Director des SEI Center for Advanced Studies in Management an der Wharton School sowie dem Studienexperten Dr. Howard Moskowitz und einem Forscherteam des Moskowitz Jacobs Design Lab. Moskowitz' bahnbrechende Forschung an der Harvard University machte ihn zum Autor von 14 Büchern und 300 wissenschaftlichen Aufsätzen, die zum Teil auf einer ausgefeilten Umfragetechnik, der so genannten Conjoint-Analyse und RDE (Rule Developing Experimentation) basiert. Diese Technik gibt es bereits seit den 1970er Jahren, aber Moskowitz hat sie dazu genutzt, die Neigung der Befragten, politisch korrekte Antworten zu geben, zu reduzieren. Es gelang ihm, in die tiefer gelegenen Schichten an Überzeugungen vorzudringen, statt sich an die Antworten zu halten, von denen die Befragten meinen, sie seien angemessen oder höflich. Moskowitz' Designlabor wendet diese Technik auf alle erdenklichen Themen an: von Konsumprodukten über Präsidentschaftswahlen bis zu Ansichten über Terrorismus.

Am 18. April 2006 stellten wir unsere Umfrage *World Success Survey* den Führungskräften und Pädagogen auf Senior- und

Juniorebene online zur Verfügung, die zum Kreis der Abonnenten von Knowledge@Wharton gehören. Innerhalb der ersten Woche antworteten weltweit 365 Personen. Diese unabhängige Datenprobe bot ein Vergleichsset und eine Validierung für die Ergebnisse unserer Interviews und wies signifikante Wahrnehmungs- und Mentalitätsunterschiede zwischen den Befragten auf, die sich in ihrem persönlichen oder beruflichen Leben als „erfolgreich" bzw. als „nicht erfolgreich" einstuften.

Zu den wichtigsten Ergebnissen dieser Umfrage gehörte die Bestätigung, dass erfolgreiche Menschen bei der Verfolgung ihrer Sache oder Berufung keinen Wert auf den Beifall anderer legen. Sie verfügen über den Wagemut, die Initiative trotz und nicht wegen des gesellschaftlichen Drucks zu ergreifen. Es ist ihnen emotional viel wichtiger, das zu tun, was sie lieben, als geliebt zu werden. Sie schwelgen nicht in ihrer Niederlage, suchen nicht nach Sündenböcken oder Schuldigen, wenn etwas schief geht, sondern legen stattdessen höchsten Wert darauf, die angestrebten Ergebnisse effektiv zu erreichen. Wie in Kapitel 7 „Der *Stolperstein* – Machen Sie immer neue Fehler" und Kapitel 8 „Wunden zu Weisheit – Vertrauen Sie Ihren Schwächen und nutzen Sie Ihre Kerninkompetenzen" besprochen wird, nutzen Erschaffer ihre Erfolge und Misserfolge als Informationen, wie sie ihre Effektivität künftig weiter steigern können. Erfolgreiche Menschen sagen auch, dass „das zu lieben, was man tut" eine notwendige Voraussetzung für Erfolg ist. In Kapitel 2 „Lieben Sie es oder verlieren Sie – Leidenschaften und die Suche nach der Bedeutung" untersuchen wir die Gefahr, die darin liegt, nicht das zu tun, was man wirklich tun möchte, weil Menschen, die mit Leidenschaft bei der Sache sind, den längeren Atem haben und ihre Wettbewerber in der entsprechenden Tätigkeit schließlich überrunden.

Unabhängig davon, ob sich die Umfrageteilnehmer selbst als „erfolgreich" oder „erfolglos" einstuften, waren alle Gruppen der Auffassung, die traditionelle Definition von Erfolg – nämlich Reichtum, Ruhm und Macht – gebe nicht wieder, was Erfolg für sie bedeutete. Auch wenn zum Beispiel Popularität und Wohlstand angenehme Ergebnisse sind, ziehen es die Befragten laut Studie vor,

Erfolg als die Fähigkeit zu definieren, „wirklich etwas zu bewegen", „einen bleibenden Eindruck zu hinterlassen" und „ein Leben persönlicher Erfüllung zu leben". Was die Erschaffer auszeichnet, ist ihre Kompromisslosigkeit in dieser Hinsicht! (Siehe „Die Freude daran, Dinge herauszufinden – Ein Blick auf die Recherchen zu diesem Buch.")

Vor allem aber hoffen wir, dass dieses Buch und die Studie *World Success Survey* einen internationalen Dialog in Gang bringen und ein Forum für dieses wichtige Thema bilden werden, das Menschen die Möglichkeit bietet, sich erstmals selbst dazu zu äußern, und zwar gemeinsam auf allen Kontinenten. Sich mit der übrigen Welt über die Neudefinition von Erfolg auszutauschen, lässt uns unsere Vorsicht wahren, insbesondere wenn wir uns dabei ertappen, Schlussfolgerungen in einem Vakuum treffen zu wollen. Die *Wissenschaft* in den Sozialwissenschaften kann sich nie dem Einfluss der persönlichen Realitäten der Menschen entziehen, die darin arbeiten. Autoren, die über Führungsthemen schreiben, würden Sie nur zu gerne davon überzeugen, sie hätten ein Patentrezept für die geheimnisvolle Zubereitung von Erfolg – aber das kann niemand.

Warum wir diese Reise unternehmen

Wir haben die bewusste Entscheidung getroffen, Einsichten zu gewinnen und sie mit anderen zu teilen, ohne das Ob und Wie einer Veränderung vorzuschreiben. Dies hier soll eine anregende Diskussion werden. Unsere Absicht ist, einen tieferen Dialog über Erfolg und das, was uns im Leben wichtig ist, zu provozieren, und nicht den Anspruch zu haben, auf alles eine Antwort zu wissen und eine weitere Lektion über Führung zu erteilen. Fest steht, dass wir von dem Geist, den Prinzipien und Praktiken der Menschen, die wir kennen gelernt haben, tief berührt und für immer verwandelt wurden. Wir laden Sie dazu ein, in deren Welt einzutauchen, und zwar unbelastet von dem Anspruch, etwas zu glauben oder nicht zu glauben. Lassen Sie sich vielmehr inspirieren, Ihren eigenen Weg zu finden. Wir hoffen, Sie können gängige Meinungen in Frage stellen und neue Möglichkeiten für dauerhaften Erfolg in Ihrem Leben, Ihren Beziehungen und Ihrer Arbeit entdecken.

Als Sie dieses Buch aufgeschlagen haben, hatten Sie vielleicht gar nicht die Absicht herauszufinden oder daran erinnert zu werden, dass Sie ein Erschaffer sind, oder eine noch größere Chance haben, ein Erschaffer zu werden, so wie die dauerhaft erfolgreichen Menschen, über die Sie hier lesen werden. Wir hoffen dennoch, dass unsere Storys genau dies deutlich machen und Ihnen jede Möglichkeit nehmen, sich zu verstecken, und dass sie Sie vielmehr dazu veranlassen, sich nach Ihren höchsten Zielen zu strecken.

Kapitel 1
Von Herausragend zu *Dauerhaft* – die Neudefinition von Erfolg

„Es war mal wieder eine schlaflose Nacht, gefolgt von einem grausamen Morgen. Wir hatten kein Geld mehr, und ich machte mir die ganze Zeit große Sorgen um all die Leute, die sich dafür geopfert hatten, für mich zu arbeiten. Sie kamen jeden Morgen, schufteten bis nachts und konnten dann kaum ihre Familien ernähren. Der Druck war fast nicht auszuhalten – manchmal musste ich auf dem Weg zum Büro anhalten und mich in den Rinnstein übergeben."

An seinem Traum festzuhalten, war das Härteste, was Ed Penhoet in seinem ganzen Leben je versucht hatte. Penhoet hatte einen angenehmen Job als Biochemiker und Professor. Dann wagte er jedoch einen Neustart als Unternehmer und mühte sich damit ab, ein junges Unternehmen halbwegs über Wasser zu halten. Bevor sich die Dinge zum Besseren wendeten, wurden sie noch schlimmer, so dass Penhout ernsthaft über den Zusammenschluss mit einem ebenso verzweifelten Wettbewerber nachdachte beziehungsweise daran, einfach aufzugeben.

„Berühmte Führungspersönlichkeiten betreiben Schönfärberei. Sie sagen Ihnen nicht die schreckliche Wahrheit über die Qualen, die Sie durchleiden müssen. Sie wollen, dass Sie denken, sie seien brillant und hätten von Anfang an alles im Griff gehabt. Das ist die Geschichte eines Revisionisten. Vielleicht hatten sie eine Idee, wo es langgehen könnte, aber das ist auch schon alles."

„Berühmte Führungspersönlichkeiten betreiben Schönfärberei. Sie sagen Ihnen nicht die schreckliche Wahrheit über die Qualen, die Sie durchleiden müssen."

Penhoet stand kurz vor einem demütigenden Zusammenbruch all dessen, wofür er rund um die Uhr sieben Tage die Woche gearbeitet hatte. Er konnte alles verlieren. Erfolg in seiner herkömmlichen Definition war an diesem Punkt nicht einmal ein theoretisches Konzept. Ed stand vor dem Gegenteil von Erfolg – hätte er die Bedeutung dieses Begriffs im Lexikon nachgeschlagen, hätte er als klarer Versager da gestanden.

Warum hat er dennoch nicht aufgegeben? Das hatte nichts mit Dickköpfigkeit zu tun. Es stand etwas viel Wichtigeres als Erfolg auf dem Spiel. Lange bevor sein Lieblingsonkel an Krebs starb, hatte Ed eine Karriere als Biochemiker begonnen, und zwar mit dem festen Entschluss, neue Wege zu finden, Grundlagenforschung für marktfähige Medikamente zu betreiben. Das war ein Lebensziel mit einer ganz besonderen Bedeutung für Penhoet.

Die meisten Menschen wollen ein Leben von Bedeutung führen. Das haben wir von dauerhaft erfolgreichen Menschen auf der ganzen Welt gehört. *„Erschaffer"* *, wie wir sie nennen, wollen ebenfalls ein Leben führen, das wichtig ist. Und in solch dunklen Momenten, wie sie Ed Penhoet in der Anfangszeit seines Startups durchlitt, werden diese Überzeugungen am stärksten auf die Probe gestellt. Das sind Zeiten, in denen sich Erschaffer nicht als erfolgreich empfinden, zumindest nicht im traditionellen Sinne der Populari-

* Die Begriffe „Erschaffer" und „dauerhaft erfolgreiche Menschen" werden in diesem Buch synonym verwendet, um Menschen zu beschreiben, die ihren eigenen Erfolg definieren und auf ihrem speziellen Gebiet mindestens 20 Jahre lang nachweislich erfolgreich gewirkt haben.

tät, des Reichtums und Einflusses. Dennoch halten sie unerschütterlich an dem fest, was für sie eine Bedeutung hat, und zwar obwohl sie bislang noch keinen Erfolg hatten, nicht wegen ihres bisherigen Erfolgs. Wenn sie vor den Dingen stehen, die nach ihrer eigenen Entdeckung für sie wirklich wichtig sind, dann bringen sie die Courage (oder Dummheit) auf, daran festzuhalten.

Es ist an der Zeit, Erfolg neu zu definieren

Tatsächlich fanden wir heraus, dass die kulturell akzeptierten Maßstäbe für Erfolg, wie man sie im Lexikon findet, für die meisten Erschaffer nie wichtig waren. Die Standardbeschreibung muss für angehende Soziopathen entwickelt worden sein. Sie lautet:

1. Die Erreichung von etwas Geplantem oder Angestrebtem.
2. Beeindruckende Errungenschaft, insbesondere Ruhm, Reichtum oder Macht.
3. Etwas, das wie geplant oder angestrebt eintritt.
4. Jemand, der eine Reihe von Leistungen vollbracht hat, insbesondere in der Erzielung von Reichtum, Ruhm oder Macht.[1]

Achten Sie darauf, dass keine der Definitionen laut Lexikon irgendeinen Hinweis auf Bedeutung, Erfüllung, Glück und dauerhafte Beziehungen enthält. Keine Erwähnung des Gefühls hundertprozentiger Lebendigkeit in Verbindung mit dem Engagement für die Sache, zu der man sich berufen fühlt. Kein Gedanke an die Schaffung eines Vermächtnisses im Dienste der Welt. Und dennoch ist es genau das, was dauerhaft erfolgreiche Menschen nach eigener Aussage am meisten schätzen. Für Erschaffer besteht die wahre Definition von Erfolg in einem Leben und einer Arbeit, die persönliche Erfüllung und dauerhafte Beziehungen mit sich bringen und die in der Welt wirklich etwas bewegen. Es stellt sich also die Frage, warum der Rest von uns irgendeine andere Definition toleriert.

Menschen, die einer fantastischen, aber vergeblichen Hoffnung auf Ruhm, Reichtum und Macht um ihrer selbst willen hinterherjagen, mögen diese Dinge vielleicht sogar erreichen – und dennoch armselige und bedauernswerte Kreaturen sein. Nicht, dass daran irgendetwas schlecht wäre, aber wir glauben, dass die derzeit offizielle Definition von Erfolg potenziell schädlich für Ihr Leben und Ihre Arbeit ist. Wenn das der Standard ist, an dem sich jede Bedeutung Ihres Lebens messen muss, dann werden Sie sich eher als Versager fühlen statt als erfolgreicher Mensch.

Die derzeit offizielle Definition von Erfolg ist potenziell schädlich für Ihr Leben und Ihre Arbeit.

Es ist sicher richtig, dass es ein klein wenig sonderbar wäre, wenn man die „beeindruckenden Errungenschaften“ einer Sache, die man „geplant oder angestrebt“ hat, nicht genießen würde. Aber wer mit Erschaffern spricht, wird hören, dass Reichtum, Ruhm und Macht für die meisten keine Ziele oder besondere Leistungen darstellen. Geld und Anerkennung sind externe Faktoren – sie sind die Ergebnisse leidenschaftlichen Engagements oft für ein völlig anderes Ziel, das nicht selten ein ganz persönliches Anliegen oder eine Berufung ist, so wie Ed Penhoets Drang, erfolgreiche Behandlungsmethoden gegen Krebs zu entwickeln. Er wählte einen Lebensweg, der seine Leidenschaft verkörpert und für ihn selbst wie auch für die Welt von Bedeutung ist.

Das war nicht einfach ein Dienst oder Ehrgeiz; es war beides gleichzeitig. Penhoets Leidenschaft war auch sein Dienst an der Welt. Auf seiner Reise von seinem Leben als Wissenschaftler zum Unternehmer, und in seiner derzeitigen Rolle als Führer eines Nonprofit-Unternehmens, kanalisierte Penhoet seine Leidenschaft und machte sie zu einem Geschäft, das den Status quo in der medizinischen Forschung veränderte. Und ja – falls Sie sich fragen, wie die Sache ausgegangen ist –, Penhoet und seine Kollegen erfreuten sich schließlich zahlreicher traditioneller Messgrößen für Erfolg, wie zum Beispiel Reichtum, aber diese Erfolgskriterien waren ihm nicht wichtig. Die Sache, der Penhoet sein Leben widmete, inspirierte die Gründung von Chiron. Diesem Unternehmen, das er 1981 mitbegründete, stand er länger als irgendeine andere Führungspersönlichkeit es jemals in dieser Branche geschafft hat, als CEO vor. Chiron ist ein 1,9 Milliarden Dollar schweres Biotechunternehmen, und Penhoet ist heute mitten in seiner zweiten Karriere als

Director der 5-Milliarden-Dollar-Stiftung seines Freunds Gorden Moore, in der er die Bereiche Wissenschaft, Ausbildung und Umwelt fördert.

Um Erfolg zu haben, müssen Sie sich zunächst von populären Täuschungen verabschieden

Wenn Sie sich unter dem Druck fühlen, die flüchtigen Ergebnisse des Erfolgs nach traditioneller Lesart zu verfolgen, dann liegt das oft daran, dass Sie von dem Zwang angetrieben werden, Ihren Lebensunterhalt zu verdienen, anderen zu gefallen oder einen bestimmten gesellschaftlichen Status zu erreichen. Ironischerweise ist es oft so, dass Erfolg verpufft, sich in Nichts auflöst oder zu Ihrem Seelenverlies wird, wenn Sie ihn um seiner selbst willen verfolgen. Erschaffer wie Penhoet sagten uns, Erfolg sei nicht von Dauer und schaffe keine Zufriedenheit, wenn es dabei nur um Reichtum, Ruhm und Macht gehe. Wenn er sich von einer der herkömmlichen Erfolgsdefinitionen hätte leiten lassen, hätte er nach eigener Aussage den Erfolg, der ihm etwas bedeutet, vermutlich nie erreicht.

Vielmehr betonen Menschen, die nach langfristigem Erfolg auf Basis ihrer ganz eigenen Definition streben, dass sich Erfolg nie ohne hohes persönliches Engagement für eine Sache einstellt, die ihnen wichtig ist und die sie auch ohne die Aussicht auf Reichtum, Ruhm, Macht oder öffentliche Anerkennung tun würden. In Wirklichkeit dauert es sehr lange, bis Erschaffer als Genies auf ihrem Gebiet gepriesen werden – meist lange nachdem sie begonnen haben, sich für ihre Überzeugung zu engagieren. Die Medienstorys über erfolgreiche Menschen und das Wunschdenken über sofortige Belohnung und Wunderpillen für Erfolg suggerieren, diese Erfolge seien über Nacht erzielt worden, aber das ist selten der Fall. Meist sieht es so aus, dass Erschaffer ihr ganzes Leben lang jeden Funken Energie einsetzen und mit größter Beharrlichkeit und mit Leib und Seele auf ihre Ziele hinarbeiten. Sie verlieben sich in eine Idee, für die sie sich über Jahre hinweg leidenschaftlich einsetzen und schaffen so etwas, das sie mit kontinuierlicher Detailbesessenheit verfolgen, und so nehmen sie die Zeit gar nicht mehr wahr. Eigentlich handelt es sich dabei um Dinge, die sie auch ohne Entlohnung einfach um ihrer selbst willen tun würden. Quincy Jones würde die Musik auch dann nicht aufgeben, wenn sie keiner hören würde, so wie Mandela nicht nachließ, bis die Apartheid aufgehoben wurde. Von einer Besessenheit kann man sich schwer lösen. Jack Welch wird ebenso wenig aufhören, sein Geschäft zu predigen, wie Maya Angelou aufhören wird, Gedichte zu schreiben und zu unterrichten. Sie machen das, weil es ihnen wichtig ist.

Nach Jahren, in denen sie sich für ihre jeweilige Sache eingesetzt haben, traf ihr Engagement eher zufällig mit der wachsenden Popularität ihrer „Sache" zusammen. Erst dann stellte sich der Erfolg ein, wie ihn das Lexikon definiert. Inzwischen genießen sie auch Erfolg im herkömmlichen Sinne, aber das ist eher das Ergebnis eines glücklichen Zufalls als ein ursprünglich angestrebtes Ziel.

Vom Erfolg betrogen und auf der Suche nach dem Sinn

Wenn man die mangelnde Übereinstimmung zwischen der Definition von Erfolg, wie sie das Lexikon bietet, und der Definition, die Ihnen als Individuum oder Organisation wichtig ist, bedenkt, dann ist es eigentlich keine Überraschung, dass jemand, der danach strebt, „etwas aus sich zu machen", anschließend oft ein merkwürdiges Gefühl der Unzufriedenheit verspürt, weil das, wofür er so hart gearbeitet hat, letztlich keine Bedeutung für ihn hat. Tatsächlich gibt es zu viele Menschen, die sich an irgendeinem Punkt ihres Lebens Ziele setzen und diese – oft auf brillanteste Weise – auch erreichen, aber hinterher feststellen, dass sie sich merkwürdig enttäuscht, leer und unglücklich fühlen. Könnte dies der Grund für den geradezu epidemischen Anstieg klinischer Depressionen und Suizide unter den reichsten Bürgern der USA, Chinas und anderer schnell wachsender Ökonomien sein, und zwar trotz des vor wenigen Jahrzehnten noch unvorstellbaren materiellen Luxus, den sich diese Bürger leisten können? Laut Prognose der Weltgesundheitsorganisation wird das Krankheitsbild der Depression als Grund für Arbeitsunfähigkeit bis zum Jahr 2020 an zweiter Stelle stehen – eine wahrhaft deprimierende Zukunftsaussicht.

Wie ist es möglich, dass man nach offizieller Definition Erfolg hat und das Empfinden von Glück gleichzeitig so vergänglich ist? Erschaffer sagen, das hänge einfach damit zusammen, dass man von dem fehlenden Bewusstsein für das, was einem im Leben wirklich wichtig ist, betrogen wird – und zwar nicht für das, was heute zählt, sondern langfristig. Aus diesem Grund gibt es so viele Lottogewinner, die schon zwei Jahre später kreuzunglücklich sind oder völlig aus der Bahn geraten. Und das ist einer der zahlreichen Gründe dafür, dass es neun von zehn Startups nicht gelingt, sich langfristig zu bewähren, und dass es so schwer ist, über mehrere Jahrzehnte eine kontinuierlich erfolgreiche Karriere zu verfolgen. Das ist auch der Grund, warum Regierungen voller unnötiger Verbissenheit und Ineffizienz sind, so die litauische Präsidentin Vaira Vike-Frieberga. Als ehemalige Psychologieprofessorin der Universität von Montreal stellte sie fest, dass „die Gesetzgeber ihre hoch fliegenden Pläne oft publik machen, bevor sie sich vergewissert haben, dass eine gemeinsame Auffassung über das herrscht, was Erfolg ausmacht beziehungsweise ob die Ziele, die sie sich setzen, wirklich wichtig sind.“ Und das mag auch der Grund dafür sein, warum viele Partnerschaften – darunter auch die Ehe – kein Happy End haben und warum die Namen so vieler Hollywood-Stars Synonyme für kurzlebige Erfolge und langfristige Süchte sind.

Magazine wie *People Magazine* und *Wall Street Journal* sind voll mit Geschichten über diese Berühmtheiten, über den Lebensstil der Reichen und Schönen und der unglaublich Enttäuschten. Das sind die Menschen, die viele von uns selbst gerne wären, und dennoch fühlen diese Idole sich oft nicht erfüllt und weitaus weniger angeregt und inspiriert, als zu dem Zeitpunkt, da sie nichts besaßen außer dem Versprechen einer hoffnungsvollen Zukunft.

Entweder Sie kennen einen Menschen, auf den diese Beschreibung zutrifft, oder Sie sind selbst einer von ihnen.

Um dieses Dilemma zu vermeiden, passen Sie auf, was Sie sich wünschen. Wenn Sie oder Ihre Organisation Erfolg ohne inhaltliche Bedeutung erzielen, dann wird dieser Erfolg nicht von langer

Dauer sein. Der Erfolg dagegen, den Erschaffer erleben, erfüllt sie nicht nur halb, anders als die meisten Menschen, die lediglich materielle Besitzstände oder andere kurzfristige Dinge anstreben.

Drei grundlegende Elemente des dauerhaften Erfolgs

In Hunderten von Interviews erfuhren wir, dass für dauerhaften Erfolg mindestens drei grundlegende Kriterien erfüllt sein müssen. Das erste Kriterium ist *Bedeutung*. Das, was Sie anstreben, muss für Sie so wichtig sein, dass Sie es als sinngebend und bedeutend empfinden. Es ist etwas, das Sie mit einer solchen Leidenschaft erfüllt, dass Sie dabei das Zeitgefühl verlieren, etwas, für das Sie bereit sind, weitere Gefolgsleute zu rekrutieren, das Sie notfalls trotz aller Kritik und vielleicht sogar heimlich und ohne jede Entlohnung tun und worauf Sie nicht einmal dann verzichten würden, wenn man Sie dafür bezahlte, es aufzugeben.

„Erfolg bedeutet den Aufbau dauerhafter Beziehungen und den Dienst am Nächsten“, so Azim Premji, Chairman des indischen Unternehmens Wipro. Nach dem Tod seines Vaters übernahm er im Alter von 21 Jahren das Ruder der Firma mit Sitz in Bangalore und verwandelte den noch jungen Herstellungsbetrieb von hydriertem Kochfett in einen Zwei-Milliarden-Dollar-IT-Dienstleister.[2] Zur Erzielung von dauerhaftem Erfolg im eigenen Leben und der eigenen beruflichen Karriere, stellt Premji die Frage: „Denken Sie nicht auch, dass der Aufbau einer bedeutungsvollen dauerhaften Beziehung zur eigenen Überzeugung über das, was einem wichtig ist im Leben, ein guter Ausgangspunkt ist?“

In Teil 1 des vorliegenden Buches, „Bedeutung – Wie erfolgreiche Menschen erfolgreich bleiben“, werden wir uns eingehend mit den vielfältigen Wegen beschäftigen, die Erschaffer verfolgen, um Bedeutung zu erlangen.

Das zweite elementare Kriterium ist der *DenkStil* – ein hoch entwickelter Sinn für Selbstverantwortung, Wagemut, Leidenschaft und verantwortlichen Optimismus. Steve Jobs sagte uns in einem Interview vor dem Beginn seiner bekannten Werbekampagne: Dauerhaft erfolgreiche Menschen „denken anders“. Sie verfügen über eine Begabung, und möglicherweise sind sie sogar genial. Aber sie verfügen außerdem über einen DenkStil, der ihre besonderen Leistungen ergänzt. Oder wie Gerard Kleisterlee sagte: „Wenn Sie Ihr Denken auf die Generierung echter Werte ausrichten und trotz aller Ablenkungen, Krisen und Komplexitäten, die auf Sie einstürmen, auf die Dinge fokussiert bleiben, die für die Werterzielung wichtig sind ..., dann sind Sie wirklich glücklich dran, denn dann verfügen Sie über ein nachhaltiges Modell“ für Ihr Leben und Ihre Arbeit. Kleisterlee ist Chairman, President und CEO des niederländischen Unternehmens Royal Philips Electronics mit mehr als 160.000 Mitarbeitern in 60 Ländern, dessen Jahresumsatz 2005 mehr als 37 Milliarden Dollar betrug.

In Teil 2 des Buches, „DenkStile – Extreme Veränderungen beginnen im Kopf“ werden wir uns mit den DenkStilen der Erschaffer beschäftigen.

Das dritte elementare Kriterium für dauerhaften Erfolg ist der *AktionsStil.* Dauerhaft erfolgreiche Menschen finden effektive Handlungswege. Das ist zwar nichts Neues, aber der AktionsStil beinhaltet mehr als das, was sich dem Auge auf den ersten Blick erschließt. Viele Erschaffer erzählten uns von Zeiten in ihrem Leben, als sie die Bedeutung ihres Anliegens ganz stark spürten, aber es schier unmöglich fanden, es umzusetzen. Machen Sie sich über die Bedeutung durchaus Gedanken, aber lassen Sie sich davon nicht lähmen.

Wer etwas anvisiert, das er als sinnstiftend und bedeutend empfindet, das ihm ideal oder womöglich sogar perfekt erscheint, dann kann das wie eine „wunderschöne Torte“ sein, die „viel zu schön ist, um gegessen zu werden“, so Alice Waters, die mit ihrer Initiative *Edible Schoolyard*[3] Wiederentdeckerin und Pionierin auf dem Gebiet der organischen Küche und entschlossen ist, die Welt Biss für Biss zu verändern. Jeder, der in seinem oder ihrem Kopf ein „perfektes Bild dessen hat, was getan werden muss und sinnvoll ist, weiß auch, dass die Umsetzung dieser Vorstellung „nie den Grad an Perfektion erreicht, die in der Fantasie existiert“, so Waters. Das liegt daran, dass die Umsetzung der Gedanken in die Tat den Idealismus und die Schönheit der Idee in Gefahr bringt, weil „der Traum bei dieser Umsetzung einen Teil seiner Perfektion einbüßt“. Und schließlich geht es um „die Freude an der Arbeit selbst – das haben wir beinahe völlig vergessen. Die Qualität der Liebe zur eigenen Arbeit ist einer der wichtigsten Werte, die wir Menschen nahe bringen können“, sagte Waters mit einem anerkennenden Blick auf die begabten Köche, die in ihrem preisgekrönten Restaurant *Chez Panisse* mit Leidenschaft schwenkten, rührten und schnitzelten und dabei wie Bildhauer wirkten, die auf jedem Teller individuelle Kunstwerke anrichteten.

„Machen Sie es, weil es die Mühe wert ist, selbst wenn das Ergebnis nicht ganz so perfekt ausfällt wie in Ihrer Fantasie“, sagte Jack Jia, der mit „nichts als einem Kopf voller Träume“ in dem Ort Chengdu der chinesischen Provinz Szechuan aufwuchs. Heute ist Jia ein Unternehmer in Serie, Präsident der Hua Yuan Science and Technology Association sowie Gründer und CEO von Baynote. „Wenn Sie nicht das tun, woran Sie glauben, wird Ihr Kopf Sie nie in Ruhe lassen; er wird Sie quälen. Wenn Ihre Idee eine echte Bedeutung für Sie hat, dann sollten Sie sie trotz aller Probleme verfolgen, die sich mit jeder neuen Herausforderung automatisch einstellen. Jeder Neubeginn, jede kreative Sache ist anfangs mit Chaos verbunden. Wenn Sie Ihre Augen offen halten und diszipliniert sind, dann bekommen Sie mehr Übung und werden mit der Zeit immer besser.“

So sieht die Realität aus, wie uns die Erschaffer unzählige Male bestätigt haben. „Also legen Sie los und machen Sie, was Ihnen wirklich wichtig ist.“ Ohne Disziplin treffen überehrgeizige Menschen jedoch auf das gegenteilige Problem – sinnentleerten Aktionismus –, warnte Peng Ong, Unternehmer und Regierungsberater mit Sitz in Singapur. Menschen, die von Handlungswut geprägt sind, stellen oft fest, dass sie den falschen Berg erklommen haben. „Sie müssen dafür sorgen, dass Sie und Ihr Team sich darüber einig sind, was der Erfolg von Ihnen verlangt. Denken Sie zuerst an das, was wirklich wichtig ist und die Menschen, denen Sie dienen wollen. Und dann richten Sie Ihre Gedanken und Ihre Kreativität darauf aus, diese Ziele zu erreichen." Zu handeln ohne zuvor bestimmt zu haben, was einem wirklich wichtig ist, ist einer der Hauptgründe für die Vergänglichkeit von Erfolg. Erschaffer wenden einen speziellen Zielsetzungsprozess an und ermutigen sogar zu Auseinandersetzungen, um sich zunächst über die Bedeutung klar zu werden.

In Teil 3 des Buches, „AktionsStile – Wie man Leidenschaft in Handlung übersetzt" fokussieren wir auf diesen und andere AktionsStile.

Drei einfache, aber nicht leicht umzusetzende Mosaiksteinchen, die zusammenpassen müssen

Auf unserer Reise mit dem Ziel, dieses Werk zu verfassen, entdeckten wir, dass drei Elemente – eine individuelle Bedeutung, ein kreativer DenkStil und ein effektiver AktionsStil – die Grundlage für dauerhaften Erfolg bilden, sofern sie aufeinander abgestimmt und auf ein gemeinsames Ziel ausgerichtet sind. Es scheint, als sei eine einheitliche Ausrichtung dieser drei Elemente nicht notwendig, wenn Sie kurzfristige Pläne umsetzen oder Erfolg nach offizieller Auslegung erreichen wollen. Je enger Sie diese drei Elemente aber miteinander verknüpfen und auf ein Ziel ausrichten, desto wahrscheinlicher ist es, dass Ihr Erfolg (den Sie für sich selbst definieren müssen) jahrzehntelang andauert. Um sich diese Konzepte leichter zu merken, können Sie die genannten Elemente als die drei Grundfarben des dauerhaften Erfolgs betrachten. Wenn man die Grundfarben Rot, Blau und Grün[4] mischt, was erhält man dann? Ein strahlend weißes Licht. Wenn es ein „richtiges" Ziel gibt, dann ist es dies. Erschaffer streben keine Ziele um ihrer selbst willen an; sie finden zunächst etwas, das sie als *bedeutend* erleben. Folglich steht die Bedeutung über allem anderen und bestimmt die übrigen Elemente des Modells. Erschaffer steuern ihre *Gedanken* so, dass sie zielgerichtet bleiben und greifen dann zu entschlossener *Handlung*, um das, was ihnen bedeutend erscheint, umzusetzen. Betrachten Sie dazu die Abbildung: Die große Chance in Leben und

Beruf besteht darin, die Schnittmenge im Zentrum – das Ziel – so groß wie möglich zu gestalten, indem man für eine größtmögliche Überschneidung aller drei Kreise sorgt.

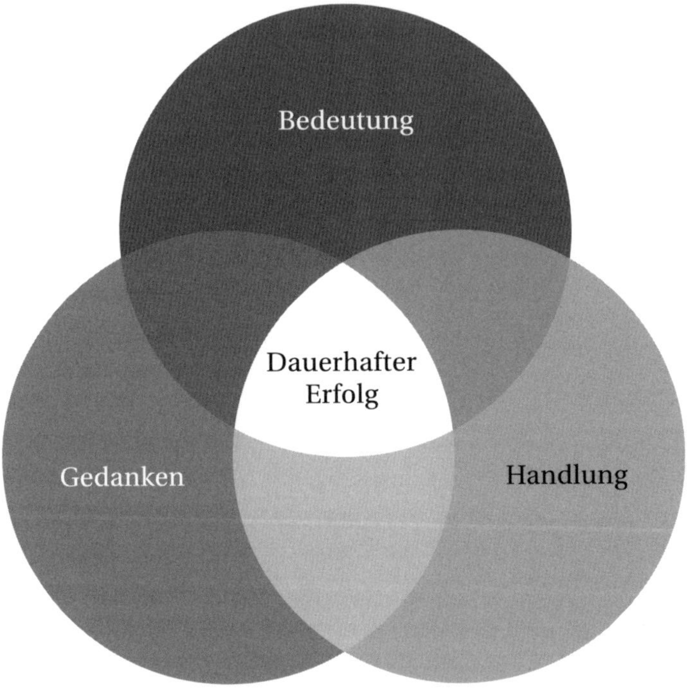

Grundfarben des dauerhaften Erfolgs

Machen Sie sich bewusst, was Ihnen wichtig ist und richten Sie Ihre Gedanken und Handlungen so aus, dass sie Ihre Definition von Bedeutung unterstützen. Das bezeichnen wir als einheitliche Ausrichtung.

Machen Sie sich bewusst, was Ihnen wichtig ist, und richten Sie Ihre *Gedanken* und *Handlungen* so aus, dass sie Ihre Definition von *Bedeutung* unterstützen. Das bezeichnen wir als einheitliche Ausrichtung. Wenn sich diese Elemente zu einem einzigen Ziel von strahlender Leuchtkraft vereinigen, werden Sie Ihre Ziele im Leben leichter erreichen und dauerhaften Erfolg erfahren.

Natürlich handelt es sich hier um ein vereinfachtes Modell für einen komplexen und oft hoch anspruchsvollen Prozess. Die drei dargestellten Kreise haben eher die Tendenz, weit auseinander zu driften statt sich zu überschneiden. Ohne das kontinuierliche Bemühen, sie zusammenzubringen, erschweren die vielfältigen Kräfte, die am Arbeitsplatz und zu Hause auf einen einwirken, diese einheitliche Ausrichtung. Wie Peter Drucker mit seinen unvergesslichen Worten sagte: „Die einzigen Dinge, die sich (in einer Organisation) von allein entwickeln, sind Unordnung, Reibung und Minderleistung."[5]

Teenager-Detektivin trifft hinreißende Reporterin

Jane Bryant Quinn, Finanzkolumnistin und Autorin des Werks *Smart and Simple Financial Strategies for Busy People* träumte als Kind davon, eine neue Nancy Drew zu werden – die heroische Teenager-Detektivin in den Romanen von Carolyn Keene. Diese beliebte Romanfigur löst Rätsel seit einer Zeit, als es Frauen noch gar nicht erlaubt war, den Beruf der Detektivin zu ergreifen. Aber als Quinn der Comic-Detektivin Brenda Starr begegnete, erklomm ihre Fantasie eine weitere Stufe. Als glamouröse Journalistin einer Tageszeitung namens *The Flash* „reist Brenda um die ganze Welt, um Rätsel zu lösen und Sensationen aufzudecken. Und nebenbei macht sie alle Männer verrückt, denen sie begegnet."[6] Brenda war eine Karrierefrau noch bevor dieser Begriff überhaupt allgemeine Verwendung fand, geschweige denn in Mode kam – eine clevere, kampfbereite, hinreißende rothaarige Femme fatale, die im Jahr 1940 von Dale (Dahlia) Messick ins Leben gerufen wurde, als es noch höchst unwahrscheinlich war, dass eine Frau überhaupt einen solchen Beruf ausüben würde.

„Als Teenager erschien mir das als Traumjob", erzählte uns Quinn, „ein Leben voller Abenteuer und Männer, bei dem man gleichzeitig etwas bewegen kann." Als Quinn ihr Diplom in freien Künsten in der Tasche hatte, klopfte sie daher bei *Newsweek* an. „Damals war es durchaus noch legal, einer Frau den Beruf einer Reporterin zu verweigern", so Quinn. Unverzagt arbeitete sie also am Posttisch. Ihr Wunsch war, journalistisch tätig zu sein. Das war ihr wichtig – ein außergewöhnliches Leben zu führen und den Menschen die Wahrheit nahe zu bringen. „Ich wollte meinen Traum verfolgen“, zwinkerte sie. Selbst wenn die Welt um sie herum dafür noch nicht bereit war. Quinn machte sich mehr als nützlich, indem sie hinter den Kulissen an so vielen Storys mitarbeitete, dass sie für die Reporter unentbehrlich wurde. Schließlich nutzte sie ihr wachsendes Interesse an Wirtschaft und Finanzen mit einer Brenda-Starr-ähnlichen Rechtschaffenheit in Bezug auf die Aufdeckung der schmutzigen Seiten, der Gefahren und Belohnungen des Investmentgeschäfts – eine Mission, die ihren Augen heute noch genauso wie vor vielen Jahren einen leidenschaftlichen Glanz verleiht (und sie gelegentlich vor Zorn aufblitzen lässt). Das ist dauerhafter Erfolg. Wenn Quinn dem Glauben gefolgt wäre, das einzig Bedeutsame sei das egoistische Bedürfnis, ab dem ersten Tag bei *Newsweek* eine Brenda Starr zu sein, und wenn sie geglaubt hätte, dies sei der einzige Weg, ihren Traum Wirklichkeit werden zu lassen, dann wäre ihr Traum womöglich ein Traum geblieben. Eine solche Einstellung hätte nur eine minimale Schnittmenge der drei Kreise erzeugt; das Ziel hätte sich zu einem winzigen Punkt verengt. Und das hätte bedeutet, dass sie ihr Ziel sehr leicht hätte verfehlen können, dass sie stattdessen frustriert gewesen und in einem anderen Beruf gelandet wäre. Damit hätte sie ihre Berufung verfehlt.

Das soll nicht heißen, dass Sie sich mit Kompromissen zufrieden geben sollen. Quinn würde dagegen halten, sie habe das keineswegs getan. Das ist der Punkt. Das Schwerste ist, sich nicht selbst im Weg zu stehen, auch wenn das Leben unglaublich unfair ist. Die Dinge scheinen bemerkenswerten Menschen besser zu gelingen, wenn sich Bedeutung, Denken und Handeln so überschneiden, dass sie ein großflächiges Ziel für ihre Träume bieten. Quinn erkannte, dass Brenda Starr nicht das eigentliche Ziel aller Wünsche war; vielmehr verkörperte sie einen Lebensstil. Quinn strebte einen größeren, langfristigeren Gewinn an. Ihre Konzentration auf eine Starr-ähnliche Bedeutung anstatt auf einen Jobtitel brachte sie früh auf das eigentliche Spielfeld, auf dem sie ihre Fähigkeiten erweitern und ihre Begabung und Kreativität unter Beweis stellen konnte.

Zu Beginn brachte ihr das keine Popularität ein. Eine Frau als Investmentberaterin genoss vor 30 Jahren keinen großen Rückhalt. Aber Jane Bryant Quinns Disziplin, auf ihr Herz und ihren Verstand zu vertrauen, äußerst wachsam zu sein und beides auf ein gemeinsames Ziel auszurichten, ohne sich auf Lob von außen zu verlassen, gab ihr die Freiheit, Leidenschaften zu entwickeln, die sie zwangsläufig zu einem erfolgreichen Menschen nach ihrer ganz eigenen Definition machten. Sie kümmerte sich weniger darum, geliebt zu werden, als darum, das zu sein, was sie liebte. Und das bedeutete für sie zahlreiche Dinge: eine Kämpferin, die Ungerechtigkeiten aufdeckte, eine Bestseller-Autorin, eine Ehefrau und Mutter von fünf Kindern. In allen Aspekten ihres Lebens führte Quinn die Gebiete Bedeutung, Denken und Handeln zusammen, und als Ergebnis war ihr Erfolg nicht nur groß, sondern dauerhaft, und er trug dazu bei, das Gesicht des Finanzjournalismus in den USA zu verändern.

Die meisten von uns sorgen sich mehr darum geliebt zu werden, als das zu sein, was sie lieben.

Das zu sein, was man liebt, bedeutet, das zu tun, was wichtig ist, und zwar im Job und außerhalb. Als Hector de J. Ruiz in jungen Jahren zusammen mit seiner Frau sein Leben und seine Karriere aufbaute, war er von der Not junger zentral- und südamerikanischer Einwanderer – der so genannten Hispanics – im Osten von Los Angeles tief erschüttert. Von großer Bedeutung war für ihn die Wahrnehmung, dass er „immer jemanden hatte, der bereit war, [ihm] zu helfen. Das bedeutete mir viel", sagte Ruiz. „Und so wurde ich schließlich erwachsen." Was für Ruiz hieß, dass er sich der Aufgabe widmete, den Unterprivilegierten dabei zu helfen, das College zu besuchen, und zwar trotz der persönlichen Kosten (und obwohl er selbst gerade erst sein Diplom erworben hatte), die das für ihn bedeutete. „Ich verdiente nur sehr wenig Geld", erinnerte sich Ruiz. Aber mit der Zeit „erkannten meine Frau und ich, dass es immer leichter wurde, je mehr wir uns engagierten. Viele Leute in East L.A. haben den Eindruck, dass die hispanische Gemeinde nicht fähig ist, auf einigen Gebieten, die man heute einfach technologisch beherrschen muss, eine entsprechende Leistung zu zeigen. Wenn Sie in East L.A. eine Umfrage machen, werden Ihnen die Menschen sagen, dass sie Angst vor Mathematik haben. Also gehe ich hin und spreche mit den Schülern über die Tatsache, dass es die Indios der Maya-Kultur in Mexiko waren, die die Zahl Null erfunden haben. Die Menschen, die eine der am höchsten entwickelten Architektur der Welt hatten, waren die Azteken. Und plötzlich sehen Sie, wie die Schüler und Schülerinnen ein Selbstwertgefühl entwickeln, und das ist es, was sie vermissen", so Ruiz, der heute CEO von Advanced Micro Devices ist, ein Unternehmen mit einem Nettoumsatz im Jahr 2005 von 5,8 Milliarden Dollar. (Er ist übrigens auch richtig gut in Mathematik.) „In der Lage zu sein, einen Beitrag dazu zu leisten, [noch bevor sein eigener Erfolg nach traditioneller Definition gesichert war] ist für meine Frau und mich überaus befriedigend gewesen."

Von Herausragend zu Dauerhaft

Als wir während der Entstehung dieses Buches begannen, anderen Menschen diese Prinzipien nahe zu bringen, fürchteten einige – und andere hofften –, wir wollten ihnen berühmte Persönlichkeiten als Vorbilder für Erfolg überstülpen, oder – das andere Extrem – wir erwarteten von ihnen Selbstlosigkeit und Perfektion, was immer das auch bedeutet. Das sind sicher alles lobenswerte Bestrebungen, aber in diesem Buch geht es nicht darum, ein Loblied auf die Leistungen unerreichbarer, überlebensgroßer Hochleister zu singen. Das funktioniert einfach nicht. Dauerhafter Erfolg basiert nicht darauf, dass man in die Fußstapfen einer anderen Person tritt, sich deren Ziele zu eigen macht oder deren Leistungen anstrebt. Dauerhafter Erfolg muss auf der Grundlage ganz persönlicher Wahlentscheidungen basieren, die jeder ganz allein treffen muss. Keine der Personen, denen Sie auf den folgenden Seiten begegnen werden, soll Ihnen als nachzuahmendes Vorbild präsentiert werden. Akzeptieren Sie sie oder lehnen Sie sie ab. Wir möchten Ihnen lediglich einige Praktiken nahe bringen, die die Erschaffer, denen wir begegnet sind, gemeinsam hatten und die sich in ihrem Leben bewährt haben. Wir hoffen vielmehr, einen kritischen Dialog über Ihren dauerhaften Erfolg und die Schaffung eines Lebens, das (für Sie) eine Bedeutung hat, anregen zu können. Dabei entdecken Sie vielleicht, dass Sie einigen Definitionen von Erfolg nachjagen, die Sie nie bewusst hinterfragt haben. Es wäre doch höchst bedauerlich, wenn dies das unbewusste Versäumnis Ihres Lebens bleiben sollte. Bis Sie das, was Ihnen wirklich wichtig ist, mit dem vergleichen, was Sie an der allgemein verbreiteten Definition von Erfolg traumatisch verfolgt, könnten diese beiden Konzepte ein unsichtbarer Tyrann sein, den Sie unwissentlich bekämpfen.

Wenn irgendetwas daran in Ihnen Unbehagen auslöst, könnte das an einer unerforschten Kluft zwischen dem liegen, was Ihnen wirklich wichtig ist und den Erwartungen, die die Welt Ihrer Meinung nach an Sie stellt. Wenn Sie in aller Klarheit über Bedeutung und Erfolg nachdenken, sind Sie plötzlich in einer stärkeren Position, um eine Antwort auf die Frage zu finden: „Warum tue ich nicht das, was ich jetzt in diesem Moment wirklich tun will?“ Es ist sehr leicht, dieser Frage auszuweichen. Aber wenn wir eines gesehen haben, das Erschaffer übereinstimmend als wahr bezeichnet haben, dann das: Auch wenn viele Dinge im Leben und im Beruf vergänglich sind und nichts für die Ewigkeit gemacht zu sein scheint, hält *Bedeutung* an, und zwar für immer. Erschaffer sagen, dass das, was sie tun (oder nicht tun), während sie auf der Erde verweilen, Bedeutung hat. Und sie fühlen, dass diese Bedeutung vielleicht sogar über ihr eigenes Leben hinaus reicht.

Lassen Sie uns betrachten, was Sie noch mit dauerhaft erfolgreichen Menschen gemeinsam haben.

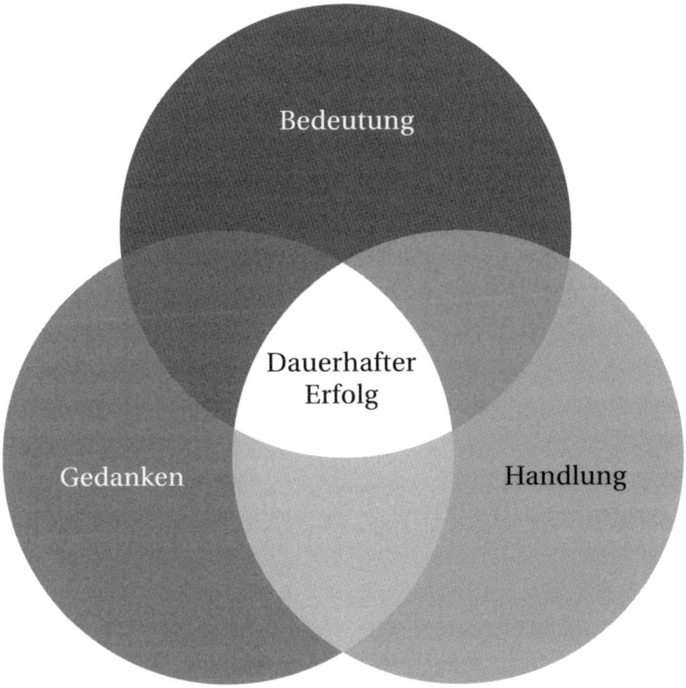

Teil 1

Bedeutung – Wie erfolgreiche Menschen erfolgreich bleiben

Über Bedeutung und darüber, wie erfolgreiche Menschen erfolgreich bleiben * Leidenschaften und die Suche nach dem Sinn * Es geht nicht um Ausgewogenheit, es geht um die Integrität der Bedeutung * Wie Sie Ihre Leidenschaften wiederentdecken, um ein (für Sie) bedeutungsvolles Leben zu führen

„Viele Dinge im Leben sind vergänglich, Bedeutung ist von Dauer."

Kapitel 2
Lieben Sie es oder verlieren Sie – Leidenschaften und die Suche nach der Bedeutung

Nur im Wörterbuch kommt Erfolg vor Fleiß.
– Mary V. Smith

Perfektion ist erreicht, nicht, wenn sich nichts mehr hinzufügen lässt, sondern wenn man nichts mehr wegnehmen kann.
– Antoine de Saint-Exupéry

Heutzutage wird viel darüber gesprochen, wie wichtig es ist, dass man das, was man tut, gerne tut. Aber die meisten Menschen glauben nicht daran. Natürlich wäre es schön, das zu tun, was man wirklich möchte, aber wenn sie es praktisch betrachten, erscheint das den meisten Menschen als ein Luxus, den sie sich nicht leisten können. Für die meisten wirkt dies wie eine sentimentale Fantasie, die auf Wunschdenken beruht.

Hören Sie gut zu – hier kommen einige wirklich schlechte Nachrichten: Es ist gefährlich, nicht das zu tun, was man wirklich tun möchte. Die unangenehme Wahrheit ist, dass wenn Sie das, was Sie tun, nicht wirklich gerne machen, Sie diese Sache an jemanden verlieren, der Ihnen genau diese Eigenschaft voraus hat! Für jeden Menschen, der seine Arbeit oder Beziehung halbherzig lebt, gibt es jemand anderen, der genau das liebt, was Sie nicht wirklich erfüllt. Dieser Andere wird härter und länger arbeiten und Sie schließlich übertrumpfen. Auch wenn das Festhalten an einer alten Rolle scheinbar mehr Sicherheit bietet, werden Sie feststellen, dass Ihre Energie schwindet und Sie auf wundersame Weise zu den Ersten gehören, die auf der Entlassungsliste stehen.

Hören Sie gut zu – hier kommen einige wirklich schlechte Nachrichten: Es ist gefährlich, nicht das zu tun, was man wirklich tun möchte.

Alles was Sie haben, ist Ihr persönliches Kapital

Sie haben vielleicht bemerkt, dass wir inzwischen in einer globalen Wirtschaft leben, in der Jobsicherheit ein Widerspruch in sich ist. Alles, was Sie haben, ist Ihr persönliches Kapital; und wir sprechen hier nicht von Geld, sondern von Ihren Begabungen, Ihren Fähigkeiten, Ihren Beziehungen und Ihrem Enthusiasmus. Dauerhaften Erfolg zu erzielen erfordert ein Maß an Beharrlichkeit und Leidenschaft, das nur Liebe aufrechterhalten kann. Ohne sie wird man unter der Last der Not oder der anhaltenden Widrigkeiten zusammenbrechen, die einen erwarten.

Ein erfülltes Leben ist genauso wichtig wie ein finanzielles Auskommen. Das ist keine Entweder-oder-Entscheidung. Erschaffer erreichen beides. Sie werden das von den meisten Menschen hören, die dauerhaften Erfolg genießen: Unternehmer, Regierungen und Religionsführer, Künstler und Pädagogen, Alleinerziehende, Sozialarbeiter, Oscar-Preisträger, Schreiner, Filialgeschäftsführer und Milliardäre. Sie werden das von den meisten hartgesottenen Militärgenerälen und Wirtschaftsbossen wie Larry Bossidy, Autor eines Buchs mit dem überaus warm und kuschelig klingenden Titel *Execution: The Discipline of Getting Things Done** hören. Bossidy wurde sicher nie der Gefühligkeit bezichtigt.

An einem bitterkalten klaren Tag in Connecticut saßen wir dicht gedrängt im Home Office des durch und durch nüchternen CEOs im Ruhestand, das sich in einer umgebauten Scheune nahe einem zugefrorenen Teich befand, und sprachen viele Stunden über Erfolg und Führung. Als wir ihn auf die Liebe ansprachen, zuckte der ehemalige CEO mit dem stählernen Blick nicht einmal mit der Wimper. „Das ist ein Imperativ der Wettbewerbsfähigkeit", so Bossidy. „Nur wenn man liebt, was man tut, arbeitet man mehr und besser als die Person, die neben einem sitzt. Wenn Sie das nicht tun, nun, dann finden wir jemanden, der es tut." Oh ja, Angst ist auch ein großer Motivator, aber Sie werden feststellen, dass Liebe ein dauerhafterer Motivator ist. Man kann jemanden sicher mit vorgehaltener Pistole zu einem Marathon zwingen, aber gewinnen wird derjenige den Lauf wohl nicht. „Sie können überleben, ohne zu lieben, was Sie tun, aber Sie werden dann immer nur zweite Garnitur sein", sagte Clara Adams Ender, Brigadegeneralin im Ruhestand. „Einen Teil Ihrer Karriere damit zu verbringen, nicht zu wissen, warum Sie das tun, was Sie tun, wird Ihnen viel Kraft rauben." Es ist gefährlich, sich nicht voll und ganz zu engagieren. Wenn Sie Erfolg haben wollen, der jeden Arbeitsplatz überdauert, dann wird Liebe der einzige Weg dahin sein.

Als ob Sie sich den Sex fürs Alter aufheben wollten

Warren Buffett liebte seine Arbeit schon lange, bevor er auch nur einen Cent in der Tasche hatte. Heute ist er einer der reichsten Männer der Welt. „Wissen Sie, es heißt immer, Erfolg bedeute, dass man bekommt, was man will, und Glück, dass man will, was man bekommt", so Buffett. „Nun, ich weiß nicht, was in diesem Fall zutrifft. Aber ich weiß, dass ich nichts anderes würde machen wollen. Ich sorge mich immer, wenn Menschen sagen, ‚Ach, das

* (deutscher Titel: *Managen heißt machen*)

mache ich jetzt für zehn Jahre. Es macht mir zwar keinen großen Spaß, aber ich mache es einfach noch zehn Jahre und dann ...' Ich finde, das ist ein bisschen so, als würde man sich den Sex fürs Alter aufheben. Keine sehr gute Idee", lachte Buffett. „Ich tänzle zur Arbeit, und dann komme ich hierher, und ich denke, ich sollte mich auf den Rücken legen und die Decke anmalen oder so – wie Michelangelo. Also, so fühlt es sich für mich an. Und es lässt nicht nach. Es macht irrsinnigen Spaß."

Die Forschungsbibliotheken sind voll mit Studien, die bestätigen, dass Liebe nicht nur ein Kuschelthema ist. Wir sprechen hier über unser Überleben auf einem wettbewerbsintensiven Markt, auf dem wir gegen zahlreiche Menschen antreten, die unseren Job mit größerer Leidenschaft haben wollen als wir. Leidenschaftliche Menschen verbringen doppelt so viel Zeit damit, über das Erreichte nachzudenken, über die Machbarkeit der vor ihnen liegenden Aufgabe und ihre Fähigkeit, sie zu bewältigen.[1] Ihre Kollegen oder Wettbewerber, die ihre Arbeit mehr lieben als Sie, arbeiten härter, probieren mehr Dinge aus, bewegen sich schneller, entwickeln mehr herausragende Ideen[2] und – ehrlich gesagt – erhalten bessere Chancen, aufzusteigen. Außerdem leisten sie einen größeren Beitrag als Menschen, die lediglich ihren Lebensunterhalt bestreiten wollen. „Die Aufgabe der Führung besteht heute darin, nicht nur Geld zu verdienen, sondern einen Sinn zu geben", sagte John Seely Brown, der mehr als zwei Jahrzehnte für die Forschung bei Xerox Park verantwortlich war. „Begabte Menschen halten nach Organisationen Ausschau, die nicht nur Geld bieten, sondern ... spirituelle Ziele, die Energie spenden ... (die) den persönlichen Werten der Menschen entsprechen, die dort arbeiten, und zwar die Art Mission, die Menschen eine Chance bietet, eine bedeutungsvolle Arbeit zu leisten."

Seien Sie also gewarnt: Die unaufhörliche Irritation, die dadurch entsteht, dass Sie das, was Sie tun, nicht lieben, macht Sie für andere unerträglich und wurde in klinischen Untersuchungen als gesundheitsschädlich festgestellt. „Wir opfern unsere Gesundheit für den Reichtum", sagte Autor und Finanzberater Robert T. Kiyosaki dazu. „Und anschließend geben wir unser ganzes Geld verzweifelt dafür aus, unsere verbleibende Gesundheit zu erhalten." Nach mehreren erfolgreichen, voneinander unabhängigen unternehmerischen Intermezzi, veränderte sich Kiyosaki im Alter von beinahe 50 Jahren beruflich noch einmal und schrieb sein erstes Buch *Rich Dad, Poor Dad***, das sich mehr als 17 Millionen Mal verkauft hat. Wäre es nicht besser, gleich das zu tun, was wir lieben, damit wir unser Wohlergehen nicht aufs Spiel setzen – in dem vergeblichen Versuch, uns einen Weg in die Freiheit zu bahnen?

Das Geheimnis des Lebens

Die Wahrscheinlichkeit ist hoch, dass Sie das Gefühl haben, als fehle irgendetwas in Ihrem Leben oder als seien Sie auf der unaufhörlichen Suche nach Sinnhaftigkeit – bis Sie eine einfache Entscheidung treffen. Diese Ungewissheiten können Sie in einer endlosen, aber noblen Suche verfolgen, bis Sie sich einfach auf den Weg machen und anderen Menschen oder einer Sache dienen. Erschaffer aus allen Teilen der Welt haben mit uns über dieses wiederkehrende Thema gesprochen.

Frances Hesselbein, Gründerin, President und Chairman des Leader to Leader Institute, vormals Peter F. Drucker Foundation, ist für ihre Führungsarbeit in großen Organisationen, Universitäten, dem US-Militär und ihren 13 Jahren als CEO der Girl Scouts of the United States of America bestens bekannt. Sie führte die riesige Nonprofit-Organisation, die heute über 236.000 Gruppen und fast eine Million Freiwillige zählt[3], durch eine Transformation. Hesselbein wurde 1998 die Medaille „Presidential Medal of Freedom" – die höchste zivile Auszeichnung der USA – verliehen, und sie war die Erste, der im Jahr 2002 die Auszeichnung „D. Eisenhower National Security Series Award" verliehen wurde.[4] Wie die meisten Erschaffer glaubt auch Hesselbein, dass „eine mächtige Synergie entsteht, wenn man den Dienst an anderen Menschen mit einer Leidenschaft für die eigene Mission, der eigenen Arbeit, verbindet."

** (deutscher Titel: *Rich Dad, Poor Dad. Was die Reichen ihren Kindern über Geld beibringen*)

„Wir sind dazu berufen, das zu tun, was wir tun, und wenn wir dieser Einladung folgen, dann ist das nie einfach nur ein Job. Wenn wir zum Dienst gerufen werden, dann finden wir Freude und Erfüllung in unserer Aufgabe", sagte Hesselbein. „Der Schlüssel für diese Erfüllung ist der Dienst, und der Schlüssel zur Führung liegt nicht in dem, wie man etwas macht, sondern in dem, wie man ist. Anderen zu dienen ist ein Teil des ‚wie man ist'-Charakters herausragender Führungspersönlichkeiten."

Ken Blanchard, Autor von Büchern zu Führungsthemen, bezeichnete dies als „Servant Leadership" – dienende Führung, deren Ziel nicht die Selbstvermarktung der Führungskraft, sondern die Förderung der Ziele der Organisation und der Karrieren der ihr unterstellten Mitarbeiter ist. Es geht allein um die einheitliche Ausrichtung der Dinge, die unser Herz uns vorgibt und dessen, was die Welt braucht. Es geht darum, das zu finden, was man liebt und genau das zu tun, um damit anderen zu dienen.

In der Zone – die Flow-Erfahrung

Im Rahmen der Recherchearbeiten zum Buch *Flow: The Psychology of Optimal Experience*[5]***, stattete das Rechercheteam der University of Chicago unter Leitung von Mihaly Csikszentmihalyi, Ph.D. (alias Dr. Mike) eine sehr unterschiedliche Gruppe von Menschen aus allen Teilen der Welt mit Beepern aus. Die Gruppe bestand aus Farmern, Wissenschaftlern, Lehrkräften, Unternehmern, Künstlern, Priestern, Nonnen und Regierungsbeamten. Wenn sie nach dem Zufallsprinzip angefunkt wurden, sollten sie in einem Tagebuch festhalten, was sie gerade taten und die Qualität ihrer Erfahrung in diesem Augenblick beschreiben. Aus einer Sammlung an Tagebucheinträgen aller Teilnehmer entstanden Muster, die die Prinzipien für das bildeten, was als „Flow Experience"

> *Wenn Sie sich tief in eine bestimmte Tätigkeit versenken und dabei jegliches Gefühl für Zeit und Raum verlieren, dann haben Sie eine Flow Experience.*

*** (deutscher Titel: *Flow: Das Geheimnis des Glücks*)

bezeichnet wurde. Wenn Sie sich tief in eine bestimmte Tätigkeit versenken und dabei jegliches Gefühl für Zeit und Raum verlieren, dann haben Sie eine Flow Experience.

Athleten beschreiben das als „in der Zone sein“ – das ist auch eine Flow Experience. Um dauerhaften Erfolg zu erzielen, müssen Sie Ihre Fähigkeit kultivieren, ganz in Ihrer Arbeit aufzugehen, und – wie Jim Kouzes und Barry Posner in *The Leadership Challenge* schreiben – Sie müssen Ihre Werte und Leidenschaften zelebrieren.

Erschaffer sind eher Freaks als Supermodels

Mit Ausnahme einiger weniger Menschen, die sich im Geschäft der äußeren Eleganz bewegen, gleichen Erschaffer eher Freaks als Supermodels. Wenn Sie feststellen, dass Sie Äußerlichkeiten vergessen, während Sie das tun, was Sie lieben, dann ist das wahrscheinlich ein Hinweis auf die Berufung in Ihrem Leben, oder zumindest darauf, dass Sie eine Ihrer Leidenschaften gefunden haben. Leidenschaft ist von Natur aus etwas Unausgeglichenes und kann auf Menschen, die Ihre Passion nicht teilen, unattraktiv und irritierend wirken. Einem Rockstar wird das Leben des größten Forschungswissenschaftlers der Welt kaum attraktiv erscheinen!

Der Punkt ist, dass man weiß, dass man auf dem richtigen Pfad ist, wenn man von einer Sache, die einem am Herzen liegt, wie ein Irrer besessen ist – so wie jemand mit Scheuklappen, der nur ein einziges Ziel im Kopf hat, selbst auf die Gefahr hin, sich während seiner Konzentration auf diese eine Sache sozial gleichgültig zu verhalten. Diese Sache zieht uns selbst dann noch an, wenn wir zu müde sind, um irgendetwas anderes zu tun. Sie verführt uns bis zu dem Punkt, dass wir das Interesse an allen anderen Dingen verlieren, sogar bis zur sozialen Inkompetenz im Kreis von Menschen, die sich keinen Deut für unsere Leidenschaft interessieren.

Das zu finden und zu tun, was Sie wirklich lieben, bietet Ihnen eine ganz andere Arbeitserfahrung. Möglicherweise fühlt es sich überhaupt nicht wie Arbeit an. Erschaffer bezeichnen ihre Arbeit üblicherweise als „irrsinnigen Spaß“. Das ist eine völlig andere Erfahrung, als wenn Sie etwas nur deswegen machen, weil Sie glauben, Sie seien dazu verpflichtet.

Tod durch PowerPoint

Orte wie die Stanford University in Kaliforniens Silicon Valley wimmeln nur so vor unternehmerischen Ideen, die nach einer aufregenden Geschäftschance in einem nicht erschlossenen Markt Ausschau halten. Studenten der Graduate School of Business sind clever genug, um zu lernen, wie man einen beeindruckenden Geschäftsplan schreibt, aber gelegentlich ist das der Tod durch PowerPoint. Viele sind so begabt, dass sie ihre Idee an Investoren verkaufen und ihre ersten Mitarbeiter anwerben können. Klingt nach einem tollen Start, ist es aber nicht. Vielmehr ist das der Grund, warum wir glauben, dass neun von zehn neu gegründeten Unternehmen, die eigentlich erfolgreich sein sollten, wieder von der Bildfläche verschwinden. Risikokapitalgeberin Ann Winblad, die seit Jahrzehnten in Startups investiert, sagt dazu, dass „wir die Finger davon lassen“, wenn die Gründer einen Geschäftsplan argumentativ vertreten, der nichts mit ihrer Identität oder dem, was ihnen wirklich wichtig ist, zu tun hat. „Für jedes Startup, das erfolgreich sein will, brauchen die Leute jedes Fünkchen an Herz, Seele und Verstand und müssen sich der Geschäftsidee hundertprozentig verschrieben haben.“ Wenn Sie den Schritt auslassen, zu erkennen, was Sie wirklich bewegt, dann laufen Sie Gefahr, dass Sie sich auf etwas einlassen, worin Sie keinen dauerhaften Erfolg erzielen können.

Technologieexpertin und Autorin Esther Dyson surfte die Dotcom-Welle, ohne an ihren Klippen zu zerschellen. Neben ihrer Autorentätigkeit investiert sie in neue Unternehmen und coacht sie in ihren frühesten Entwicklungsstadien. Dyson ist der Auffassung, ein Unternehmer „muss ein Gespür dafür haben. Wenn Sie kein musikalisches Gehör haben, können Sie die Melodie nicht erkennen, und Sie können die Musik nicht erkennen, wenn Sie nicht in dieser Welt groß geworden sind“, so Dyson. „Einmal kam ein junger Mann mit einem wirklich guten Geschäftsplan über den Aufbau einer Art [Online] Community für Familien auf mich zu. Er verstand sehr gut, wie sich mit dieser Idee Geld verdienen ließ. Also traf ich mich mit ihm. Er war vielleicht 25 Jahre alt und auf jeden Fall ein MBA-Absolvent. Seine Mutter hatte er in den letzten drei Jahren ganz eindeutig nicht ein einziges Mal angerufen. Er hatte absolut kein Gespür für Familie. Und darum lehnte ich ab. Er gelang ihm letztlich nicht, einen Kapitalgeber zu finden. Und sechs oder neun Monate später hörte ich, er habe ein Startup für College-Alumni gegründet. Das war wirklich für ihn gemacht", erinnerte sich Dyson. „Aber ein junger Mann wie er und eine Geschäftsidee, die sich an Familien richtete, das hätte einfach nicht zusammengepasst. Es war einfach nicht seine Sache. Dabei wäre es vielleicht ein großartiger Plan gewesen. Aber es war nichts, womit er sich wirklich hätte identifizieren können."

Allzu oft entwerfen Menschen hochfliegende Pläne, ohne dass sie diese lebenswichtige Verbindung zur persönlichen Bedeutung verspüren. Ohne ein explizites Verständnis ihrer Verbindung mit einer persönlichen Neugier oder Leidenschaft, die in ihrem Leben eine Bedeutung hat, nimmt das Risiko, dass eine Geschäftsidee scheitert, drastisch zu – von dem zusätzlichen Stress, der den Gründer Jahre seines Lebens kosten kann, ganz zu schweigen. Das Werk *Built To Last* enthüllte, dass eine Kernideologie – ein Katalog an zentralen Werten und ein dauerhafter Zweck – den meisten großartigen Ideen zur Schaffung visionärer Unternehmen überlegen ist. Collins' und Porras' Recherchen bestätigten, dass ideologische Klarheit in der Startphase sogar wichtiger ist als die Qualität des eigentlichen Produkts beziehungsweise der Dienstleistung! Dasselbe gilt für Ihre Karriere und Ihr Leben. Wenn Ihnen das als „unzumutbar" hoher Standard erscheint, dann denken Sie daran, dass die meisten neuen Unternehmen scheitern und das Leben nicht fair ist. Erschaffer leben nach solch unzumutbar hohen Standards, die ihnen die Überlegenheit gibt, sich dauerhaft zu behaupten und zu gedeihen.

„Die Suche gilt der Story", sagte Barbara Waugh, Autorin von *The Soul in the Computer*. „Welche Story ist Ihr Leben wert?" Das mag völlig überdimensioniert klingen, und vielleicht ist es das auch, aber wie viel Zeit Ihres restlichen Lebens wollen Sie noch verschwenden? Egal, ob sie einen Haushalt führen, ein Unternehmen oder ein ganzes Land – Erschaffer kommen zu dem Schluss, dass das zu tun, was ihnen etwas bedeutet, ein Traum ist, den zu leben es sich lohnt.

Rationaler Optimismus oder irrationaler Überschwang?

Wenn ein Mensch etwas findet, von dem er meint, dass es sein Leben wert sei – zum Beispiel sich zu verlieben – was macht er dann? Viele dumme Dinge. Wobei einer der konstruktivsten Zwänge die Neigung ist, sich auf das oder denjenigen, zu konzentrieren, was oder wen man liebt. Wer seine Leidenschaft unterdrückt, macht sich selbst zum Zyniker. Man wird zynisch, weil man zwar Gefühle hat, aber nicht verletzt werden will. Demgegenüber gewinnen Menschen, die lieben, weil sie bereit sind, das Risiko des Verletztwerdens aus den richtigen Gründen einzugehen. Sie sind offen optimistisch und dankbar für die Umstände, die dazu beigetragen haben, diese Erfahrung zu ermöglichen. Natürlich werden Sie nicht viele Storys darüber in den großen Zeitschriften finden. Das zu feiern, was in dieser Welt richtig ist und stimmt, ist extrem uncool und überhaupt nicht „in“. Auf Sicherheit bedachte Eltern, Schwiegereltern, höhere Bildungsinstitute und die Abendnachrichten lehren uns, optimistische Menschen zu ignorieren oder sie lächerlich zu machen. In einer Welt voller Gewalt, Krieg und Flucht, in der die meisten Menschen zwischen Ärger und Wut schwanken, ist es für viele schwer, zu funktionieren, wenn sie nicht vor irgendetwas Angst haben oder sich über irgendetwas Sorgen machen.

Optimismus ist eine schwer zu schluckende Pille und erscheint darüber hinaus als dummes Placebo. Optimismus wirkt wie ein unbehagliches Vakuum, etwas, das sich unrealistisch anfühlt. Unter diesen Umständen sieht es wirklich so aus, als gäbe es in unserer Gesellschaft keinen sicheren Platz für grenzenlosen Optimismus. Wie uns die Schulhof-Rowdys immer wieder wissen ließen, sind Optimisten dumm. Und sie sind vor allem irritierend, weil sie auf schlechte Nachrichten oder Rückschläge nicht überreagieren. Sie spüren zwar eine gewisse Angst, beharren aber dennoch darauf, bestimmte Dinge zu tun, und sie haben die Kühnheit, zu erwarten, dass diese Dinge tatsächlich funktionieren. Sie glauben wirklich, dass sich alles zum Guten wendet und schließlich alles klappen wird, selbst wenn es zunächst nicht so aussieht, und dass es gute Menschen gibt, denen sie einen Dienst erweisen können, worin auch immer der besteht. Optimisten sind davon überzeugt, dass es Menschen gibt, die bereit sind mitzuhelfen, ihren Traum Wirklichkeit werden zu lassen. Einige würden das als Glauben bezeichnen, vielen erscheint es allerdings sicherer, all das als grundlose Euphorie abzutun und ernsthaft vor der Naivität und fehlgeleiteten Sichtweise der Optimisten zu warnen.

Die afroamerikanische Dichterin Maya Angelou hat diese Haltung schon in ihrer Jugend beobachtet: „Wenn ein Meckerer in den Laden kam, rief mich meine Großmutter immer herbei, egal, womit ich gerade beschäftigt war, und sagte: ‚Maya, komm her und stell dich hinter den Tresen.' Dann fragte sie den Kunden, ‚Wie geht es Ihnen heute Morgen, Mr. Shephard?' Und der Mann antwortete, ‚Oh, Schwester Henderson, ich hasse den Winter, ich hasse ihn einfach. Er lässt meine Haut aufspringen, und mir wird einfach nicht warm ...' Und meine Großmutter sagte, ‚Mm-hmm', und dann blickte sie mich durchdringend an, als wollte sie sagen, ‚*Hast du das gehört*?'"

„Im Sommer kam eine andere Kundin zur Tür herein und Großmama fragte, ‚Wie geht es Ihnen, Schwester Williams?' Und diese antwortete, ‚Oh, Schwester Henderson, ich hasse den Sommer. Meine Kopfhaut schmerzt, mich juckt es überall, und meine Haut ...' Und wenn diese Kundin den Laden verließ, rief Großmutter mich und sagte, ‚Auf der ganzen Welt gibt es Menschen, die für fünf Minuten dessen, worüber sich diese Kundin beschwert hat, alles geben würden.'"

Wie Mayas Großmutter neigen Erschaffer dazu, eher die Vorteile einer Situation zu sehen als auf den Nachteilen herumzureiten. Aber hier ist das Paradox dauerhaft erfolgreicher Menschen: Sie sind optimistisch, pessimistisch und *irrational überschwänglich* – ein Ausdruck, den Alan Greenspan, ehemaliger Chef der US-Notenbank, gerne verwendete, um die Dotcom-Blase und die Immobilienmärkte zu beschreiben, als diese ein Niveau erreichten, das er für spekulativ hielt. Der Enthusiasmus von Erschaffern ist groß, aber nicht grenzenlos. Er fokussiert auf das, was sie aufbauen wollen. Wenn wir Optimismus und Pessimismus auf einer Skala messen wollten, würde die Nadel bei dauerhaft erfolgreichen Menschen eindeutig zugunsten des Optimismus ausschlagen, aber ganz so einfach ist es nicht.

„Ich habe mich verzweifelt bemüht, fokussiert und optimistisch zu bleiben – nach den schrecklichen Ereignissen des 11. September war es wirklich grauenhaft“, erzählte uns der ehemalige Bürgermeister von New York, Rudy Giuliani, bei einem Kaffee im Waldorf Hotel. „Ich konnte den Menschen nicht sagen, sie sollten tapfer sein, wenn ich nicht selbst bereit war, auf die Straße zu gehen. Aber der Führer muss optimistisch sein, schon allein deswegen, weil es niemand sonst sein wird, wenn nicht er.“

Optimisten tendieren dazu, ihre Erfolge als ihre eigene „Schuld“ zu betrachten. Sie schreiben ihren Werdegang ihren eigenen Begabungen und Anstrengungen sowie einer Reihe glücklicher Umstände zu. Sie betrachten jeden Erfolg als dauerhaft und als etwas, das auf alles in ihrem Leben Einfluss hat.

Martin Seligman, einer der Väter der „Positiven Psychologie“ bezeichnet das als einen *optimistischen attributiven (Denk)Stil.* Pessimisten neigen dazu, jeden Misserfolg auf dieselbe dreiteilige Weise zu betrachten, wie Optimisten ihre Erfolge: „durchdringend, permanent und persönlich“, so Seligman in seinem Buch *Learned Optimism*****. Das nächste Mal, wenn Sie mit einem Erfolg oder Misserfolg konfrontiert sind, achten Sie darauf, wie Sie dazu stehen. „Der Pessimist sieht die Schwierigkeiten in jeder Chance“, sagte Abraham Lincoln. „Der Optimist sieht die Chance in jeder Schwierigkeit“. Er musste es wissen. Lincoln war laut Seligman ein de-

**** (deutscher Titel: *Der Glücksfaktor – Warum Optimisten länger leben*)

pressiver Zeitgenosse, aber er war in der Lage, sich selbst am Schopf zu packen und so seine dunkelsten Tage zu überstehen. Und davon hatte er nicht wenige, denn er erlitt in seiner Karriere einen Misserfolg nach dem nächsten, bevor er während der schlimmsten Phase der amerikanischen Geschichte zum Präsidenten gewählt wurde.

„Ich bin ein Optimist", lautet eines von Winston Churchills berühmten Zitaten. „Etwas anderes scheint nicht von großem Nutzen zu sein." Auch er kämpfte mit Depressionen. Viele dauerhaft erfolgreiche Menschen leiden unter ihrer dunklen Seite – ihrem „Schatten-Ich", wie manche es nennen; einige ihr Leben lang. Es ist wichtig anzumerken, dass die Menschen, die wir kennen gelernt haben, pessimistisches Verhalten jedoch bewusst und selektiv angewendet haben, nämlich immer dann, wenn besonders viel auf dem Spiel stand. Das ist vor allem dann der Fall, wenn ein Misserfolg das eigene Leben kosten würde. Erschaffer wenden dann eher eine pessimistische Haltung an, zum Beispiel den Start abzubrechen und „das Flugzeug nochmal zu enteisen", sagte Mitgründer der Southwest Airlines, Herb Kelleher. „Wir lieben es, Spaß zu haben. In der Tat verlangen wir das sogar." Aber dabei handelt es sich um verantwortlichen Optimismus. Denn wenn die Konsequenzen tödlich sein können, geht die Sicherheit vor.

Wenn man den Tod und Steuerabgaben einmal aus der Gleichung herauslässt, ist es nicht mehr so leicht zu messen, was mit Hinblick auf Risikobereitschaft und grenzenlosen Enthusiasmus als rational gilt. Für erfolgreiche Menschen reicht die Risikobereitschaft von der Entscheidung einiger Unternehmer, alles auf eine Karte zu setzen, bis zum konservativen Experimentieren einiger anderer. Selten werden Sie hören, dass jemand aufrichtig zugibt, dass wir eigentlich nicht wissen, was im Leben oder in der Karriere eines anderen Menschen oder in der Entwicklung eines Unternehmens ein vernünftiges Risiko (wenn man den Tod außer Acht lässt) gewesen ist. Die meisten Finanzplaner raten Ihnen zum Beispiel, Ihre Geldanlagen zu diversifizieren. Das soll die Chancen steigern, dass auf lange Sicht einige Investitionen im Vergleich zu anderen überdurchschnittlich gut abschneiden und Sie so Ihre Rente aufbessern können. Viele Millionäre haben das getan. Aber es ist auch wahr, dass die meisten Milliardäre ihr Portfolio auf dem Weg zum Superreichtum nicht diversifiziert haben. Viele legen alle Eier in ein Nest. Aller Wahrscheinlichkeit nach werden solche Erfolge als unverschämtes Glück eines Wahnsinnigen betrachtet.

Wie sagte Mark Twain: „Menschen mit einer neuen Idee gelten so lange als Spinner, bis sich die Sache durchgesetzt hat." Wir werden nie erfahren, wie viele Unternehmer mit genau dem gleichen Risikoprofil und einer ähnlichen Strategie Bankrott gegangen sind. Wie dem auch sei, man kann davon ausgehen, dass zahlreiche Skeptiker und Schwarzseher den Weg säumten (die meistens Recht haben), allerdings nicht in den Fällen außergewöhnlicher Aufstiege von den tiefsten Niederungen zu milliardenschwerem Reichtum, wie es bei Oprah Winfrey oder J. K. Rowling, Autorin der Harry-Potter-Bücher, gewesen ist. Schließlich gibt es viel mehr Millionäre, die ihre Risiken diversifiziert haben, als es Milliardäre gibt. Wir können nur vermuten, dass die überwältigende Mehrheit derjenigen, die große Risiken eingegangen sind, erst dann als irrational optimistisch bezeichnet wurden, nachdem sie abgestürzt, ruiniert und aus den Schlagzeilen verschwunden sind.

Wir empfehlen keinen der beiden Wege. Niemand kann Ihnen sagen, welche Risiken Sie eingehen sollten. Wir vertreten mit Nachdruck die These, dass Sie den Weg wählen müssen, den Sie lieben, und zwar mit allen Konsequenzen, weil Sie nur dann die positive Dickköpfigkeit aufbringen, sich zu Ihrem vollen Potenzial zu entwickeln, und die Rückschläge und Fallstricke überwinden werden, die sich auf Ihrer wagemutigen Reise unvermeidlich einstellen werden.

Sie müssen lieben, was Sie tun, andernfalls können Sie sicher sein, dass jemand anderes es tun wird. Nur wer sich verliebt, mit all dem damit verbundenen rationalen und irrationalen Überschwang, hat Aussicht auf dauerhaften Erfolg.

Kapitel 3
Portfolio an Leidenschaften – Es geht nicht um Ausgewogenheit

Es ist aufregend zu sehen, wie schnell Kinder lernen und wachsen. Ich mache mir keine großen Sorgen um sie, vor allem nicht um die, die gerne Regeln brechen und keinen Anweisungen folgen. Das sind diejenigen, die sich behaupten werden, weil sie wissen, was ihnen wichtig ist.
– Michael Dell

Seine Mission im Leben zu finden, heißt die Kreuzung zwischen der großen Freude des Herzens und dem großen Hunger der Welt zu entdecken.
– Frederick Beekner

In dem Moment, in dem Sie das Baby schreien hörte, verspürte sie den Drang, das Gleiche zu tun. Welche 16-jährige allein erziehende Mutter würde das nicht? In ihre Verzweiflung mischten sich jedoch die Beharrlichkeit, die Hoffnung und der Antrieb, die ihren Weg zu herausragender Größe, den sie schließlich zurücklegte, kennzeichneten.

Maya Angelou[1] wurde die erste afroamerikanische Bestsellerautorin (*I Know Why the Caged Bird Sings*)[2], eine der bekanntesten zeitgenössischen Dichterinnen, eine mit dem Emmy-Award ausgezeichnete Schauspielerin und Produzentin, Universitätsprofessorin[3], Mentorin von Oprah Winfrey, Bürgerrechtlerin und Protégé von Martin Luther King sowie die erste afroamerikanische Frau, die zur Directors Guild of America* zugelassen wurde.

Die Menschen, die Maya eines ihrer Gedichte bei Präsident Bill Clintons Amtseinführung im Jahr 1993 haben lesen hören, kennen vielleicht ihre künstlerischen Leistungen, aber sie wissen vermutlich nicht, dass sie mit acht Jahren vom Freund ihrer Mutter sexuell missbraucht wurde. Anschließend blieb sie für vier Jahre stumm; der einzige, mit dem sie sprach, war ihr Bruder. Sie werden auch nicht wissen, dass Maya im Telegrafenamt gearbeitet, in Nachtclubs getanzt, in einem kreolischen Café gekocht, die Farbe von den Wänden eines Body Shops gekratzt und sogar als Bordellwirtin in einem Stundenhotel in San Diego gearbeitet hat, um sich und ihren Sohn Guy durchzubringen.

Angelou hat einen langen Weg hinter sich, der von ihrer Kindheit in Stamps, Arkansas, während der Rassentrennung bis zu dem führt, was sie heute ist. Wenn es ein Geheimnis für ihren Erfolg gibt, dann das, dass sie viele Wege gefunden hat, ihre Seele zu erfüllen.

„Man kann nicht einfach am Rand sitzen und sich über seinen marginalisierten Status beklagen; das reicht nicht", sagte sie Mark Thompson bei Kaffee und Kuchen im Wohnzimmer ihres Hauses in Wake Forest. „Diese Erfahrung, dieses Leben ist die einzige Zeit, in der wir wir selbst sein können."

Das ist keine Spinnerei – das würde die Selbstverantwortung für das eigene Lebensziel leugnen. Wenn Angelou auf dem Weg zur Verwirklichung ihrer Träume auf Widerstände trifft, reagiert sie wie viele dauerhaft erfolgreiche Menschen: Sie findet neue Wege, ein Problem zu betrachten. „Wenn ich etwas sehe, das mir nicht

* Verband der US-amerikanischen Filmregisseure (A.d.Ü.)

gefällt, versuche ich, es zu verändern. Wenn ich es nicht verändern kann, dann verändere ich meine Sichtweise. Indem ich die Sache aus einem anderen Blickwinkel betrachte, kann ich sie dann vielleicht doch verändern, oder ich entdecke etwas Positives daran, das ich nutzen kann und durch das sich die Sache vielleicht von allein verändert. Wenn Sie feststellen, dass die Welt einfach nicht so funktioniert, wie Sie es gerne hätten – wenn Sie trotz größter Anstrengungen nichts bewirken können –, dann verändern Sie Ihre Sichtweise."

Wenn ich etwas sehe, das mir nicht gefällt, versuche ich, es zu verändern. Wenn ich es nicht verändern kann, dann verändere ich meine Sichtweise. Indem ich die Sache aus einem anderen Blickwinkel betrachte, kann ich sie dann vielleicht doch verändern, oder ich entdecke etwas Positives daran, das ich nutzen kann und durch das sich die Sache vielleicht von allein verändert.

Der Lohn für das Tun muss das Tun selbst sein

Auf die Frage, ob ihr bei dieser Meinung auch der Moment bewusst sei, ab dem sie selbst etwas bewirken konnte, warnte Angelou, dass es nicht gut sei, so zu denken. „Das lässt man besser sein. Der Lohn für das Tun muss das Tun selbst sein." Wenn Menschen ihr sagen, dass sie ihre Arbeit lieben, antwortet sie stets mit einem schlichten „Danke schön." Und wenn man sie als „Lügnerin oder Schmierfink oder Schlimmeres" bezichtigt – „Alles das und mehr wurde mir schon an den Kopf geworfen, dann sage ich ebenfalls, ‚Danke schön.'" Wenn Sie auf Komplimente erpicht wäre, würde sie womöglich von äußeren Meinungen abhängig. Dasselbe wäre der Fall, wenn sie sich diese Art von Kritik zu Herzen nähme.

Weder die störenden noch die betörenden Einflüsse des Prominentenstatus helfen einem bei der Erreichung seiner Ziele. Angelou hat das Gefühl, beides drohe von kreativer Arbeit abzulenken. „Wie ein afrikanisches Sprichwort besagt: Ich nehme es nicht an, und ich lege es nicht ab. Denn wenn ich eines annehme (das Kompliment), muss ich das andere (die beißende Kritik) ebenfalls annehmen. Und ich muss immer noch meine Arbeit machen!"

Erfolg kann das Schlimmste sein, das Ihnen passiert, wenn Sie ihn als Bestätigung dafür sehen, dass Sie Recht haben. „Recht zu haben kann zu Selbstgerechtigkeit führen", sagte Angelou, und dann achtet man oft nicht mehr darauf, wie man sich verbessern kann. Erfolg nach herkömmlicher Definition bedeutet nicht, dass man Recht hat; er bedeutet nur, dass man etwas unternommen hat, was populär geworden ist. Wenn man seine Befindlichkeit von der öffentlichen Meinung abhängig macht, läuft man Gefahr, zu leiden statt sich zu freuen.

Angelou hat sich eine außergewöhnliche Karriere erarbeitet und führt ein Leben, das für sie selbst eine große persönliche Bedeutung hat – mit und ohne freundliche Rezensionen. Gleichzeitig hat sie einen bleibenden Eindruck in der Welt hinterlassen. Aber diese Entwicklung ist keineswegs eine kontinuierlich aufwärts zeigende Spirale gewesen. Sie wurde für ihren Wagemut, ihre eigene Erfolgsversion zu definieren, auch abgestraft. Heute, da sie auf die 80 Jahre zugeht, ist sie noch immer das Ziel von Angriffen ebenso wie von Bewunderung und ist dabei nach wie vor überaus beliebt.

Wie schafft es Maya, so produktiv zu bleiben und ihren Erfolg dauerhaft zu erhalten? Sie sagt, das liege an ihrem *Portfolio an Leidenschaften.* Nur wenige Menschen haben sich auf so vielen Interessensgebieten so erfolgreich bewiesen, aber Angelou glaubt, dass sie vielleicht auf keinem einzigen erfolgreich gewesen wäre, wenn sie sich nicht so vielen verschiedenen Gebieten gewidmet hätte. In ihrem Fall waren das Tanz, Gesang, Schauspielerei, Schriftstellerei, Unterricht, Literatur, Sonnenuntergänge, Aprilschauer, gutes Essen, großartige Freunde – und die Liste geht weiter, ohne dass offensichtliche Wiederholungen zu entdecken wären.

Auch wenn üblicherweise eine bestimmte Leidenschaft das Leben der Erschaffer dominiert und ihren Erfolg in den Augen der Öffentlichkeit definiert, ist es ein Fehler zu glauben, man müsse eine einzige Leidenschaft auf Kosten aller anderen verfolgen.

Die Antwort liegt selten in einer einzigen Sache

In dem Kinofilm *City Slickers*, verriet Jack Pallance (Curly) Billy Cristal (Mitch Robbins) das Geheimnis des Lebens. Dabei erhob er den Zeigefinger und sprach, als melde sich hier die Weisheit des Alters zu Wort: „Nur eine einzige Sache."

Die Zuschauer verließen das Kino in dem großartigen Gefühl, eine Antwort bekommen zu haben, aber das war letztlich nur „Fastfood". Das ist nichts weiter als eine Fantasie, unser zwanghaftes Bedürfnis nach einer einzigen Zauberpille zum Erreichen des Zustands „glücklich bis an ihr Lebensende". Diese Art des Denkens ist gleichzeitig auch die Quelle enormer Frustration, wenn Sie sich selbst alles andere versagen, das Sie in Ihrem Leben tun könnten. In Unternehmen ist es oft notwendig, sich auf eine Kernkompetenz zu konzentrieren – die eine Sache, die Ihre Organisation besser macht als Ihre Wettbewerber. Und in Ihrer beruflichen Laufbahn ist ein zentraler Fokus auf ein Gebiet, auf dem Sie sich wirklich engagieren wollen, ebenfalls wichtig, wie wir an späterer Stelle besprechen werden. Aber dieser Fokus sollte nicht mit einem Schmalspurleben verwechselt werden. Erschaffer mögen als Rennpferde mit Scheuklappen erscheinen, aber die meisten führen ein kompliziertes und facettenreiches Leben, angefüllt mit vielen verschiedenen persönlichen und beruflichen Leidenschaften. Der Mythos, dass man sich im Leben nur auf eine einzige Sache konzentrieren sollte, ist ein Konzept, das die meisten unserer Gesprächspartner nicht bestätigen wollten.

Ausgewogenheit ist Blödsinn

Ironischerweise beharrt die Gesellschaft einerseits darauf, dass man sich einer Sache im Leben ganz verschreiben sollte, andererseits fordern dieselben kulturellen Normen die Menschen dazu auf, ein „ausgewogenes" Leben zu führen, das in viele kleine Scheibchen unterteilt ist. Das bedeutet nicht eine, sondern mindestens vier auf wundersame Weise proportionierte zeitliche und gedankliche Verpflichtungen. Auch hier ist das Problem, davon auszugehen, dass es eine richtige Antwort gibt – die Wahrnehmung, Ausgewogenheit ließe sich durch eine Zeiteinteilung definieren wie in einem Kuchendiagramm, das das Siegel guter Haushaltsführung trägt, weil es Arbeit, Familie und die Gemeinde angemessen berücksichtigt und in dem Sie, wenn Sie Glück haben, auch noch selbst ein Plätzchen finden.

Auf die Frage, was er von Life Balance halte, machte Keith Ferrazzi, Autor des Buches *Never Eat Alone* keinen Hehl aus seiner Auffassung: „Balance ist Bullshit." – Ausgewogenheit ist Blödsinn. Ihre innere Stimme möchte darauf vielleicht erwidern: „Falsche Antwort." Doch was haben Erschaffer dazu zu sagen? Grundsätzlich dies: So wie Ausgewogenheit üblicherweise definiert wird, ist sie tatsächlich Blödsinn. Sie rangiert als populäres Konzept neben der Vorstellung, es gebe nur eine einzige Leidenschaft im Leben, und wenn man sie gefunden hat, würde man glücklich. Das funktioniert fast nie.

Wenn Ausgewogenheit so definiert wird, dass sie das Leben in vier oder fünf gleich große politisch korrekte Teile unterteilt, dann leben CEOs, Präsidenten und die meisten Nobelpreisträger kein ausbalanciertes Leben – auch nicht Nelson Mandela oder Bono. Martin Luther King, jun. und Mutter Teresa führten ebenfalls kein ausgewogenes Leben – die Liste ließe sich endlos fortführen, aber Sie wissen schon, worauf wir hinaus wollen. Dauerhaft erfolgreiche Menschen – von denen viele ein Leben führen, das für die Welt ein Geschenk ist – machen nicht viel Aufhebens um Ausgewogenheit, und zwar nicht, weil sie sie meisterhaft beherrschten, sondern weil sie alle damit beschäftigt sind, das zu tun, was ihnen am wichtigsten ist.

Jeder hat damit an irgendeinem Punkt zu kämpfen. Wer sich mit Hinblick auf ein ausbalanciertes Leben irgendwie schuldig fühlt, will wahrscheinlich nicht mehr Ausgewogenheit, sondern mehr von etwas, von dem er nicht zugeben mag, es zu wollen. Wir alle suchen ein bedeutungsvolles und kein ausgewogenes Portfolio der Leidenschaften. Der Grund, warum Ausgewogenheit so mühsam und flüchtig ist, liegt darin, dass wir sie eigentlich gar nicht wollen.

Eigentlich lechzen wir nach einem Platz für alle unsere Leidenschaften und nicht nach Ausgewogenheit, wie sie üblicherweise definiert wird.

Das verzweifelte Bedürfnis nach Ausgewogenheit hat vielleicht gar nichts mit Ausgewogenheit per se zu tun, sondern vielmehr damit, dass „wir keine Chance sehen, uns die Zeit zu gönnen, um die Dinge zu tun, die uns wirklich wichtig sind", sagte Gordon Moore, Mitgründer von Intel und weithin bekannter Autor des Buches *Moore's Law*. Neben seiner Liebe zu Rechenspielen und technologischen Erfindungen im Silicon Valley hat der großherzige und bodenständige Milliardär viele weitere Leidenschaften, die er intensiv pflegt, so wie Philanthropie, Sportfischen, Ausbildung und die Rettung des Planeten. Persönliche Ausgewogenheit könnte bedeuten, dass wir gern 80 Prozent der Zeit für die Arbeit, unsere Kinder oder zum Angeln aufwenden würden, aber das bedeutet selten „bequeme" Proportionen. Es könnte bedeuten, dass Sie Zeit brauchen, um als Nur-Hausfrau oder Nur-Hausmann zu leben, um Model T-Autos zu restaurieren, ohne dass die Familie ständig um Sie herum ist, um mit Ihren Freunden mittelalterliche Schlösser und Burgen zu erkunden oder Häuser eines sozialen Wohnprojekts zu verputzen.

Es geht darum, sich zu überlegen, ob eine vernachlässigte Leidenschaft oder gesellschaftliches Pflichtgefühl den Hunger nach Ausgewogenheit antreibt. Wer glaubt, er brauche mehr Ausgewogenheit, sollte sich folgende Frage stellen: Wenn ich diese Ausgewogenheit hätte, was würde ich tun, das ich derzeit nicht tue? Wahrscheinlich stellt eine vernachlässigte Leidenschaft die Forderung nach mehr Zeit. Passen Sie auf. Was Sie wirklich brauchen, ist eine Ausbalancierung Ihrer verschiedenen Leidenschaften. Es ist wichtig zu verstehen, dass das, was wir als Ausgewogenheit empfinden, sich mit der Zeit verändern kann und unter Umständen auf niemand anderen

Sie müssen nicht aus allem, was Ihnen wichtig ist, einen Beruf machen. Aber Sie müssen für alles, was Ihnen wichtig ist, einen Platz im Leben finden. Das ist die Ausgewogenheit, nach der Sie suchen sollten.

als auf uns selbst ausbalanciert wirkt. Sie müssen nicht aus allem, was Ihnen wichtig ist, einen Beruf machen. Aber Sie müssen für alles, was Ihnen wichtig ist, einen Platz im Leben finden. Das ist die Ausgewogenheit, nach der Sie suchen sollten.

Die Leidenschaften anderer Menschen finanzieren

Auf dem Weg zu dauerhaftem Erfolg und einem bedeutsamen Leben pflegen Erschaffer mehr als eine einzige Leidenschaft, und manchmal wird daraus eine Stiftung, mit der die Leidenschaften anderer Menschen finanziert werden. Als Jugendlicher, der im Zentrum von Pittsburg lebte, sah Bill Strickland jeden Tag Träume zerplatzen, und er verspürte ein tiefes Bedürfnis, etwas zu unternehmen, um Hoffnung zu spenden, wo es keine gab.

Eines Tages, als er an einem Klassenzimmer vorbeiging, fiel sein Blick auf etwas, das ihn einhalten ließ. Wie Strickland erzählte, „ – stoppte die Zeit. Es war ein Mittwochnachmittag, und ich hing meinen Gedanken nach, als ich am Kunstraum vorbeiging. Die Tür stand offen, und ich sah zufällig hinein. Da stand der Lehrer Frank Ross und töpferte eine große alte Keramikschale. Ich stand einfach da und war fasziniert." Für Bill war das wie Zauberei. Er verliebte sich in Keramik, aber diese Metapher veränderte sein Leben und damit Zehntausende anderer absturzgefährdeter Jugendlicher und Erwachsener. Als CEO der Manchester Bidwell Corporation und des Bidwell Training Centers, entwickelte er umfangreiche Schulungsprogramme und Schulungseinrichtungen in einer architektonischen Umgebung von Weltklasseniveau, in der seine Leidenschaft für die Kunst seine Leidenschaft für die Errichtung einer starken Gemeinde nährt.

„Eltern wissen instinktiv, dass Kunst die Basis einer guten mentalen Gesundheit und einer guten intellektuellen Entwicklung ist. Wenn sie kleine Kinder haben, fangen Eltern an, mit ihnen zu reimen. Sie zeigen ihnen, wie man in die Hände klatscht, sie singen ihnen etwas vor, und sie geben ihnen Malstifte. Wir wissen instinktiv, dass alle diese kreativen Dinge die Grundlage für eine positive menschliche Entwicklung sind. Wenn die Kinder dann fünf oder sechs Jahre alt sind, nehmen wir ihnen das alles wieder weg und fragen uns, warum dieselben Kinder 20 Jahre später verrückt werden. Meine Theorie lautet, dass wir die Kunst als Teil unserer mentalen Gesundheit brauchen", so Bill Strickland.

Ganz offensichtlich ist die Kunst nicht die einzige Leidenschaft, mit der wir unser Leben bereichern können, aber sie hat Strickland auf einzigartige Art und Weise dazu gedient, Menschen, die in Armut leben, eine Chance zu geben, an sich selbst zu glauben und ihren Leidenschaften zu vertrauen. „Sie müssen kein mittelmäßiges Leben führen. Sie müssen auch kein Leben führen, das kein positives Ergebnis hat." Wenn es überhaupt so etwas wie Ausgewogenheit gebe, so Strickland, „dann ist Kunst entscheidend für die Art und Weise, wie wir unser Leben ausbalancieren. Die Künste tragen zu diesem Teil der menschlichen Ausdrucksweise bei. Und wenn man den Menschen das wegnimmt, werden sie krank."

Leidenschaften bieten eine periphere Sichtweise

Wenn wir uns eine Auszeit nehmen, um unsere Aufmerksamkeit von einer anstrengenden Thematik auf etwas Erfreuliches und völlig anderes zu lenken – vor allem, wenn es sich dabei um eine unserer Leidenschaften handelt –, dann steigt unsere Denkkraft. Dauerhaft erfolgreiche Menschen haben festgestellt, dass sie viele wichtige Erkenntnisse gewinnen, wenn sie sich mit etwas anderem als dem zu lösenden Problem beschäftigten. Unterschätzen Sie nicht die subtile Macht, die davon ausgeht, sich vorübergehend einem anderen Thema oder Gegenstand zu widmen.

Das ist wie eine periphere Sichtweise, die uns in die Lage versetzt, mehr Facetten einer Idee oder neue Dimensionen eines Problems zu erkennen, als wenn wir unseren Blick direkt darauf richten. Das mag widersprüchlich oder merkwürdig klingen, und dennoch hat jeder von uns schon einmal eine solche Erfahrung gemacht – Ideen, die einem unter der Dusche kommen oder während man ein Kind schaukelt, sein Lieblingsspiel spielt oder auf einer langen Autofahrt tagträumt. So lange es eine Verbindung zu Ihren Leidenschaften gibt und Sie nicht nur auf Verpflichtungen fokussieren oder sich in Wunschdenken flüchten, lassen sich Vorteile aus diesem – wie wir es nennen – peripheren Denken ziehen. *Peripheres Denken* hat das Potenzial, uns mit einer Art höherer Autorität zu verbinden. Viele Menschen haben kreative Durchbrüche (die berühmten *Aha!*-Momente) während eines Gebets, einer Meditation oder sogar beim Basketballspiel.

„Ich liebe das Spiel", sagt der hoch aufgeschossene, athletisch wirkende Richard Kovacevich, der sich dieses Prinzip in seiner Arbeit und seinem Leben zu Herzen genommen hat. Nach eigener Aussage läuft er immer dann zu Hochform auf, wenn er das, was er auf dem Basketballfeld gelernt hat, tagsüber in seiner Arbeit als President, Chairman und CEO von Wells Fargo & Company anwendet. Kovacevich ist eine der am meisten respektierten Führungspersönlichkeiten eines der erfolgreichsten Finanzdienstleisters der Welt.

„Ich habe jeden Fehler gemacht, den man als Manager machen kann", so Kovacevich. „Ich bin von meiner Ausbildung her Ingenieur, auch wenn ich einen MBA-Titel habe, aber ich habe einen Abschluss als Master of Science in Ingenieurwesen. Und als solcher dachte ich, ich sitze mit meinem Rechenschieber in einem Raum und ziehe mein lineares Programm durch, und dann ergeben sich die Antworten automatisch. Die Antworten sende ich dann an die Truppen und sage ihnen, was sie tun müssen, und das würde dann auch so passieren. Nun, in meinem ersten richtigen Job habe ich all das gemacht, und nichts ist passiert", sagte Kovacevich. Er versuchte es noch einige weitere Male. „Alle nickten und sagten ‚Ja', und dann passierte immer noch nichts. Und dann sagte ich, ‚Hm, das funktioniert nicht so gut, oder?' Und so lernt man. Und was man dabei feststellt, ist, dass die Menschen der Dreh- und Angelpunkt sind. Auch wenn ich dieser Sonderling war, dieser Ingenieur, trieb ich doch 21 Jahre meines Lebens jeden Tag vier Stunden lang Sport. Beim Sport lernt man sehr schnell, dass immer alles vom Team abhängt. Es sind die besten fünf Spieler, die das Spiel gewinnen und nicht die fünf besten Spieler. Ich habe auf dem Basketballfeld mehr gelernt als in meinen Mathematikkursen. Und wenn man beginnt, diese Art an Erfahrung zusammen mit seinem Geschäfts-Know-how anzuwenden, sagt man plötzlich: ‚Wow, das ist es.'"

Heimliche Leidenschaften und die Macht des peripheren Denkens

Ein weiterer potenzieller Nutzen, der darin besteht mit peripherem Denken zu experimentieren liegt darin, dass es möglicherweise eine Leidenschaft freisetzt, eine heimliche Begabung oder eine neue Spezialität, die Sie nicht enthüllen wollten oder konnten, bis eine ganze Sammlung an Leidenschaften aufeinander trafen und Ihnen einen kurzen Blick auf das erlaubten, was Sie lieber täten, wenn niemand hinsähe und von Ihnen verlangte, irgendwelche Rechnungen zu bezahlen. Wenn Sie sich zunächst nicht selbst unter den Druck setzen, diese Leidenschaften bierernst zu nehmen – sie aber trotzdem pflegen –, kann ein Portfolio an Leidenschaften Ihnen eine einzigartige Chance bieten, die Dinge, die Ihnen wichtig sind, ehrlich zu betrachten, ohne dass Ihr größter Kritiker – Sie selbst – das verurteilt oder als nichtig abtut.

Es ist allgemein bekannt, dass man sich konzentrieren muss, wenn man ein bestimmtes Ziel erreichen will. Aber die blinde Verfolgung einer einzigen Sache ist wie die Suche nach El Dorado. Wenn Sie alles andere ausschließen und sich in Ihrem Leben nur auf eine einzige Sache beschränken, dann besteht die Gefahr, dass es Ihnen nicht gelingt, den wahren Schatz zu entdecken. Die scheuklappenartige Konzentration auf ein einziges Ziel zwingt dazu, Leidenschaften zu unterdrücken, die sich bei weiterer Entwicklung zu Genialität steigern oder schließlich zur zentralen Bedeutung für Ihre Organisation werden könnten.

Wir raten hier nicht dazu, alle bisherigen Pläne aufzugeben, sich in neuen Ideen zu verzetteln und ein Wanderphilosoph zu werden. Es ist nur einfach so, dass die kreative Verfolgung unserer Leidenschaften einen Platz in unserem Leben und unserer Arbeit hat, und Nutzen bietet, die sich weder erzwingen noch vorher-

Nehmen Sie sich jede Woche ein wenig Zeit, um jeweils mit einer anderen Ihrer Leidenschaften zu experimentieren.

sagen lassen. Peripheres Denken kann durchaus chemische Reaktionen auslösen, die in unserem Inneren nur darauf warten – ein Set an Leidenschaften, das die Welt, in der wir leben, verbessern könnte. Halten Sie diesen Teil Ihrer selbst in Ehren. Nehmen Sie sich jede Woche ein wenig Zeit, um jeweils mit einer anderen Ihrer Leidenschaften zu experimentieren.

Bill Nyes Karriere entwickelte sich auf genau diese Weise. Als wir ihn in seinem Büro nahe der Seattle Space Needle aufsuchten, war es schwer, zwischen all den knallenden, krachenden und herumsausenden wissenschaftlichen Spielzeugen einen Sitzplatz frei zu machen. Bills Augen funkelten, als er einen hell glänzenden Ball mit einer Art Schaufel in die Luft beförderte und von oben in ein turmartiges Labyrinth plumpsen ließ, in dem der Ball klackend und scheppernd durch eine gewundene Bahn nach unten rollte. „Man könnte auch ohne dies hier leben, aber warum sollte man?“, witzelte Nye, ein Satz, den er jedes Mal wiederholte, wenn er eines seiner verrückten Geräte beschrieb, als betreibe er Anschauungsunterricht in einem Klassenzimmer. Diese Dinge verkörperten die Kombination seiner drei Leidenschaften: Pädagogik, Wissenschaft und Humor. Nye war wie ein Kind davon fasziniert, wie Dinge funktionieren. So konnte man ihn dabei beobachten, wie er jedes Fahrrad, das er auftreiben konnte, in seine Einzelteile zerlegte, und es heißt, die meisten habe er auch wieder zusammenbauen können. Außerdem faszinierten ihn die Methoden, mit denen Menschen lernen. Seine Mutter war eine promovierte Pädagogin, und Nye selbst gab anderen Kindern Nachhilfeunterricht und vermittelte ihnen seine Liebe zu Mathematik und wissenschaftlichen Fächern. Er studierte Maschinenbau an der Cornell University und arbeitete anschließend bei Boeing International als Flugzeugdesigner.

Dann wollte Nye seine Kompetenz auf einem Gebiet testen, das an seinem Arbeitsplatz damals nicht gefragt war – die Komödie. Er bewarb sich bei einem Wettbewerb, bei dem das beste Steve-Martin-

Double gesucht wurde, und er gewann, obwohl er Steve Martin nicht im Entferntesten ähnlich sieht. Sein profundes wissenschaftliches Verständnis von Martins makabrem Humor habe ihn zum Sieger gemacht, behauptete Nye. Außerdem begann er mit Stegreifauftritten in Comedy Clubs und trat nebenher in der lokalen TV-Show *Almost Alive* auf.

In seiner Freizeit gab er Schülern, die in Mathematik und wissenschaftlichen Fächern Schwierigkeiten hatten, ehrenamtlich Nachhilfeunterricht und hielt im Pacific Science Center für Kinder Vorführungen, in denen er die grundlegenden Prinzipien der Wissenschaft erklärte – „zum Beispiel wie man flüssigen Stickstoffrauch aus der Nase bläst", so Nye. „Versuchen Sie das aber nicht bei sich zu Hause", warnte er. „Man muss lange üben, bevor man diesen Stunt sicher beherrscht."

Jahrelang wollte er eine TV-Show moderieren, in der sich seine Liebe zu Pädagogik, Wissenschaft und Unfug verbinden ließ, aber selbst seine Freunde sagten ihm, er sei verrückt. Sogar Nye gibt zu, dass diese Idee verrückt war – sie war noch nie zuvor erfolgreich umgesetzt worden –, aber er sah nicht ein, warum ihn das davon abhalten sollte, es dennoch zu versuchen. Nye beschloss, die Priorität seiner Leidenschaften zu verändern. „Oder darf ich sagen, *die Welt zu verändern*", rief er lachend. Er gab seinen Broterwerb auf und nahm eine Teilzeitstelle als Ingenieur an, die ihm dabei half, seine neue Vollzeittätigkeit als Komödienschreiber zu finanzieren. Er erhielt Fördermittel vom Energieministerium und der National Science Foundation und versammelte eine kreative Gruppe an Freunden – die engsten Freunde, mit denen er seine intimsten Spielzeuge geteilt hatte, „wie zum Beispiel Teleskope". Das Ergebnis war die TV-Show *Bill Nye The Science Guy*. Daraus wurde schließlich eine TV-Serie mit 100 Folgen, die 28 Emmys gewann, Tausende von Kindern beeinflusste und noch heute von Disney vertrieben wird. Jetzt, nachdem Nye drei Leidenschaften in einer Karriere vereinigt hat, was wäre für ihn die ultimative Leistung? „Wenn eines der Kinder, die die Show gesehen haben, ein Heilmittel für Krebs finden würde", sagte Nye und machte eine Pause, „das wäre ziemlich cool."

Wo Sie für Ihre leidenschaftlichen Ablenkungen bezahlt werden können

Unternehmen wie Google ermuntern ihre Angestellten dazu, 15-20 Prozent ihrer Zeit auf diese Art unfokussierte Entdeckungsreise zu gehen, egal wie chaotisch sie erscheinen mag. Anstatt die Mitarbeiter zu Hause heimlich tüfteln zu lassen, wo die Idee möglicherweise aufgrund von Vernachlässigung stirbt oder sich aber so gut entwickelt, dass die Mitarbeiter das Unternehmen verlassen und ein eigenes Startup gründen, dient die 20-Prozent-Regel dazu, sie zur Entwicklung bahnbrechender Ideen anzuspornen und diese zu unterstützen. Die Mitarbeiter können ihre Ideen – deren geistige Eigentümer sie werden – jeweils an einem Tag in der Woche entwickeln, oder sie können die Tage zusammenlegen und dann einige Wochen am Stück darauf verwenden.

Die bezahlte Arbeitszeit macht aus den Mitarbeitern eine Art unternehmerische CEOs, die wie Startups ihre eigenen Projekte lancieren, bis der Tag gekommen ist, an dem die Projekte so weit gediehen sind, dass sie dem Management vorgestellt werden können. Krishna Barat, Chefwissenschaftler von Google, erfand auf diese Weise *Google News*. Sein persönliches Medieninteresse und seine Erinnerung daran, wie er als Kind in Indien mit seinem Großvater den BBC-Nachrichten lauschte, ließen ihn nach den Ereignissen vom 11. September 2001 aktiv werden, als die Jagd nach den Neuigkeiten über die Geschehnisse des Tages besonders offensichtlich machte, wie schwer sie zu finden und zu sortieren waren. Als CEO Eric Schmidt vorbei kam und ihm grünes Licht gab und die Google-Gründer Larry Page und Sergey Brin ebenfalls zustimmten, wurde Barats Traum zu einem Vollzeitprojekt.

Leider sieht die Realitätswahrnehmung der meisten Menschen so aus, dass sie sich ausschließlich um ihre direkten Arbeitsaufgaben zu kümmern haben. Und so haben sie vielleicht das Gefühl, es fehle ihnen an Zeit, Geld oder Energie, um einen Ausflug zur Erkundung ihrer Leidenschaften zu unternehmen, vor allem, wenn ihr Unternehmen ihnen keine Unterstützung dabei bietet. Wenn Sie in der gleichen Situation sind, wie die meisten Menschen, müssen Sie arbeiten, um Ihre Miete zu bezahlen und den Lebensunterhalt Ihrer Familie zu bestreiten. Und so stellen Sie Ihre Leidenschaften hinten an, bis andere kritische Bedürfnisse oder Ziele erfüllt sind. Wie Sie höchstwahrscheinlich bereits wissen, hatte die überwältigende Mehrheit der Entrepreneure und dauerhaft erfolgreichen Menschen die gleichen Sorgen und Einschränkungen. Sie hatten Angst – und taten es trotzdem. Nur wenige Leidenschaften sind durch ein bequemes Finanzpolster vorfinanziert; Sie müssen sie mit Schweiß erarbeiten, wann immer Sie es schaffen, sie irgendwo zwischen Ihre anderen Verpflichtungen zu pressen.

„Wir müssen unsere Fantasien austesten, ansonsten bleiben es Fantasien“, sagte Herminia Ibarra. „Entweder die Fantasie findet eine Umsetzung in der realen Welt, in Form eines bezahlten Jobs, oder wir bleiben emotional an eine Fantasiekarriere gebunden, aus der wir ohne es zu merken herauswachsen; während wir auf die Erleuchtung blendender Einsichten warten, ziehen die Chancen an uns vorbei. Um uns selbst zu erneuern, müssen wir aus unseren Gedanken heraustreten und handeln. Wir lernen, wer wir geworden sind – in der Praxis und nicht in der Theorie –, indem wir austesten, was Fantasie und was Realität ist, und nicht indem wir alles nur theoretisch durchspielen. Sich selbst zu kennen, ist unerlässlich, aber das ist üblicherweise das Ergebnis der Neuausrichtung, und nicht ihr erster Input“, sagte Ibarra. „Die meisten Menschen entwickeln neue Arbeitsidentitäten zunächst nebenbei, indem sie Vorhaben außerhalb ihrer beruflichen Aktivitäten und in Wochenendprojekten verfolgen. Der einzige Weg, um herauszufinden, was wir wirklich tun wollen, besteht darin, es auszuprobieren.“[5]

Leben verändern für 64 Cent das Stück

In Chittagong, Bangladesh, bekamen die Besitzer eines kleinen Geschäfts für mohammedanische Ornamente während der 1930er und 1940er Jahre ein Kind nach dem nächsten – insgesamt 14. Wie es in diesem Teil der Welt üblich war, starben fünf davon vor ihrem fünften Geburtstag.

Als Jugendlicher pilgerte Muhammad Yunus als drittes der neun verbliebenen Kinder Tausende von Meilen von Bangladesh durch Indien zum First Pakistan National Boy Scout Jamboree**. Das veränderte das Leben des 13-Jährigen und säte (oder besser: enthüllte) drei sehr unterschiedliche Leidenschaften, die damals eine sehr sonderbare Kombination ergaben: Sozialarbeit, Pädagogik und Wirtschaft. Yunus liebte Wirtschaft und erhielt ein Fulbright-Stipendium, um Wirtschaft studieren zu können. Innerhalb weniger Jahre promovierte er und wurde Professor in den USA. Mit 32 Jahren kehrte er nach Bangladesh zurück und bekam kurz nachdem das Land von Pakistan unabhängig wurde[6], einen Job in der Regierung. Er langweilte sich schier zu Tode, aber dann veränderte eine epische Tragödie sein Leben erneut.

Im Jahr 1974 forderte eine schreckliche Flut zehn Mal so viele Menschenleben wie der Tsunami im Dezember 2004: In Bangladesh starben mehr als 1,5 Millionen Menschen. In der Zeit, als das ärmste der armen Länder um sein Überleben kämpfte, erfand Yunus das Konzept der Kleinstdarlehen – das Grameen Bank Project –, das mit allen traditionellen Bankregeln brach.

Von der Bettelschale zur Gelddose

„Denken Sie daran, was es bedeutet, eine Mutter zu haben, die nach einem mühevollen und langen Arbeitstag, an dem sie einen Bambusstuhl gefertigt hat, gerade genug Geld hat, um gemeinsam mit ihren Kindern zu verhungern“, sagte er und nippte an seinem heißen Tee. Wie bereits ihre Eltern war auch diese Mutter gezwungen, quasi wie eine Leibeigene den größten Teil ihrer Einnahmen an lokale Schläger und Zwischenhändler abzuliefern, so dass ihr nur wenige Pennys zum Leben übrig blieben.

Yunus machte alle Bewohner des Dorfes Jobra ausfindig, die auf diese Weise lebten und traf auf 42 Familien in „schreckenerregenden Lebensumständen“. 1976 vergab er an jede Familie Darlehen

** eine Art jährliches Pfadfindergroßlager (A.d.Ü.)

– ohne Sicherheiten und ohne Kreditauskünfte. Insgesamt vergab er Kredite in Höhe von 27 Dollar. Ungefähr 64 Cent pro Kreditnehmer waren genug, um alle vom Hunger zu befreien und erste Schritte in Richtung Veränderung zu unternehmen. Diese Kleinstdarlehen reichten aus, dass die Dorfbewohner sich mit kleinen Unternehmen selbstständig machen und ihre Produkte verkaufen konnten.

Im Jahr 2005 hatte die Grameen Bank an Millionen von Familien Kredite in Höhe von insgesamt 5 Milliarden Dollar vergeben. Yunus' heute berühmter Traum „bestand darin, Bettelschalen in Gelddosen zu verwandeln". Yunus machte aus vielen verschiedenen Leidenschaften eine überzeugende Mission, die in der ganzen Welt – von Harlem bis Sri Lanka – ähnliche Programme hervorgerufen hat.

Die Paranoiden überleben, aber die Leidenschaftlichen prosperieren

Der umstrittene Paul Hewson formte zwei seiner Leidenschaften zu je einer Karriere, die ihn beide gleichermaßen berühmt und berüchtigt gemacht haben. Zunächst müssen wir eingestehen, dass wir diesen Erschaffer bei unserem ersten zufälligen Zusammentreffen in New York weder erkannten noch irgendetwas von seinen musikalischen und sozialen Aktivitäten wussten. Wir standen während des Weltwirtschaftsforums herum und unterhielten uns über unsere Ehefrauen, als sich dieser kleine, struppige, irisch klingende Typ mit einer transparenten Sonnenbrille, wie sie Möchtegern-Rockstars gerne tragen, in unsere Unterhaltung einmischte. Er prahlte damit, dass er seine Highschool-Liebe, Alison „Ali" Stewart, geheiratet habe, immer noch mit ihr verheiratet sei und sie zusammen vier Kinder hätten.

Nach einigen Augenblicken wurde klar, dass wir die Trottel waren. Vor uns stand Bono, wie Paul Hewson liebevoll genannt wird, und explodierte geradezu vor ansteckender Begeisterung und Scherzen, die alle Aufmerksamkeit auf ihn lenkten, obwohl wir einfach nur da standen und uns vor einer Pressekonferenz, die er kurz darauf mit Bill Gates halten sollte, locker unterhielten. Wie sich herausstellte, wollte das ungewöhnlichste Paar philanthropischer Aktivisten des neuen Jahrtausends – Gates und Bono – seine jüngste HIV-Initiative ankündigen.

Drei Jahrzehnte zuvor entdeckte Bono eine Anzeige zur Gründung einer Band, die nach den üblichen künstlerischen Anfängen und Rückschlägen schließlich zu der weltberühmten Band U2 wurde. In seinen musikalischen und sozialen Aktivitäten beschäftigt sich Bono mit tief greifenden Themen: Liebe und Hass, Leben und Tod, Macht und Politik. Inzwischen wird Kritik laut, ob seine größte Liebe – die Musik – und seine zweite Leidenschaft – der soziale Aktivismus – nicht an Fortschrittlichkeit und Überlegenheit zugunsten der Selbstbeweihräucherung oder politischen Korrektheit eingebüßt haben. Der Grund für diese Kritik ist sein wachsender Kreis an reichen, berühmten und mächtigen Freunden.

„Gehen Sie nicht mit dem Feind ins Bett?“, zielte ein anonymer Passant unter die Gürtellinie, als wir schon etwas verspätet auf dem Weg zum nächsten Meeting durch die Halle eilten. Dieser Angriff bezog sich auf Bonos Umgang mit Wirtschaftsmagnaten, seinen engen Kontakt zu Bill Gates und seine repräsentativen Auftritte mit Bush und Clinton. Bono ignorierte die Provokation und ging anschließend zum Gegenangriff über.

„Wollen Sie wirklich, dass diese Ideen sterben?“, schnappte er. „Hier handelt es sich um einen täglichen Holocaust.[7] 25 Millionen HIV-positive Afrikaner werden Ende dieses Jahrzehnts 40 Millionen AIDS-Waisen hinterlassen.“ Für einen Moment blieb er in der Halle stehen. Dann seufzte er, sein erhitztes Gemüt kühlte sich ab, und der Streiter verwandelte sich wieder in einen Werber für die Sache. „Es ist Zeit, dass wir das verdammt nochmal in den Griff kriegen, oder nicht? Es ist erbärmlich, wirklich feige. Und das muss nicht sein. Wir können etwas dagegen tun.“

Bono und seine Mitstreiter Bill und Melinda Gates wurden für ihre außergewöhnliche Allianz zur Gewinnung ansonsten eher verfeindeter wirtschaftlicher und politischer Mächte für die gemeinsame Bekämpfung globaler gesellschaftlicher Probleme vom *Time Magazine* zu den „Menschen des Jahres 2005“ gewählt.

Für Erschaffer zählt jede Leidenschaft

Reiche Menschen spenden seit Generationen viel Geld für soziale Zwecke. Einige bewirken wirklich etwas, andere nicht. Aber wenn man mit Gates und Bono zusammensitzt, wird offensichtlich, dass das Ziel, dauerhaft etwas bewirken zu wollen, schon immer genauso groß gewesen ist wie die philanthropische Leidenschaft. Ob sie in einer afrikanischen Hütte auf dem Lehmboden hocken oder in Washington D.C. mit den Reichen und Berühmten Champagner trinken, Gates und Bono wissen, wie man in der Welt der Politik und Wirtschaft Strippen zieht.

„Es ist schon erstaunlich, wenn man bedenkt, dass wir die erste Generation sind, die die extreme Armut wirklich abschaffen kann ... [aber] wir benutzen unsere eigenen lahmen Ausreden darüber, wie schwer es ist [gesellschaftliche Veränderungen zu bewirken], um unsere Inaktivität zu rechtfertigen“, sagte Bono gegenüber der World Association of Reporters in einem dringenden Appell an die Medien und die Öffentlichkeit, das Programm zu unterstützen. „Seien Sie ehrlich. Wir verfügen über die Wissenschaft, die Technologie und den Reichtum. Was uns fehlt, ist der Wille – und das ist kein Grund, den die Geschichte akzeptieren wird.“[8]

Dagegen wird die Geschichte die zahlreichen Leidenschaften der Ärztin und Geschichtenerzählerin Naomi Remen honorieren. „Ich war die einzige, die in der Vorschule schon wusste, was sie werden wollte“, sagte sie. Remen gehört zu den wenigen Menschen, die wir kennen gelernt haben, die schon früh wussten, welchen Beruf sie ergreifen würden. Allerdings hatte sie unkonventionelle Vorstellungen über Medizin und Heilung.

„Aufgrund meiner eigenen Erfahrung mit chronischer Krankheit, wusste ich, dass Heilung mehr ist als eine Krankheit körperlich zu kurieren. Ich hatte die Vorstellung, es könnte eine Beziehung zwischen Geist und Körper geben, aber das galt als absurd.“ Nach ihrem Studium am kalifornischen Esalen Institut – einem Zentrum der damals aufstrebenden Human-Potenzial-Bewegung – wo sich zahlreiche dieser Ideen in ihrem Verständnis von Krankheit verwoben, begann Remen 1972 als junge promovierte Ärztin an der Stanford Medical School.

Dr. Remens Kurs *The Healer's Art* wird inzwischen an mehr als 200 Fakultäten von 46 Medizinschulen gelehrt. Ihre Bücher sind unter den Praktizierenden von Heilberufen und in der Öffentlichkeit weit verbreitet und wurden in 13 Sprachen übersetzt. Remen ist eine international anerkannte Dozentin, Ärztin und Beraterin für Ärzte und deren Krebspatienten. Ihre Arbeit wurde in Bill Moyers bahnbrechender TV-Serie des US-Kanals PBS *Healing and the Mind* vorgestellt. Ihre Bücher *Kitchen Table Wisdom: Stories That Heal**** und *My Grandfather's Blessings: Stories of Strength, Refuge, and Belonging* sind Dauerbestseller. Viele tausend Menschen haben sich in ihrer Heilung und ihrer Heilarbeit von Dr. Remens Büchern und ihrem Beispiel leiten lassen.

Jahrzehnte zuvor war sie allerdings wegen ihrer Erkenntnisse über die Medizin ausgelacht worden. „Als ich das erste Mal bei Grand Rounds**** referierte, sprach ich über einen gesunden Weg, mit einer Krankheit umzugehen sowie über die Möglichkeit, trotzdem ein gutes, wenn auch kein einfaches Leben zu führen. Ich präsentierte die Krankheitsgeschichten von Patienten, die durch ihre Erfahrung mit Leiden als Menschen gewachsen waren und an Weisheit und Tiefgang gewonnen hatten, und ich schlug vor, dies könne ein Teil unseres Ziels als Mediziner werden. Anfangs saßen 400 Ärzte im Saal. Als ich mit meinem Referat fertig war, waren drei Viertel gegangen.“ Wie empfand sie diese Ablehnung? „Merkwürdigerweise war mir das egal“, sann Remen nach. „Was für mich zählte, war die Tatsache, dass ein Viertel der Ärzte sitzen geblieben war. Wissen Sie, Visionen werden nie durch eine Mehrheitswahl umgesetzt.“

*** (deutscher Titel: *Dem Leben trauen. Geschichten, die gut tun*)
**** medizinisches Symposium (A.d.Ü.)

Remen ist eine der Mitbegründerinnen des Commonweal Cancer Help Program, eines der ersten betreuten Wohnprojekte für Krebskranke. „Ich glaube, eine der wichtigsten Lektionen, die ich aus der Arbeit mit krebskranken Menschen gelernt habe, ist, dass Menschen fähig sind, einige der schwierigsten Erfahrungen in ihrem Leben zu nutzen, um zu lernen, besser zu leben und den Menschen um sie herum dabei zu helfen, ebenfalls besser zu leben."

Führungspersönlichkeiten geben, was gebraucht, nicht, was erwartet wird

„Oft erkennen Führer ihr Führungspotenzial nicht, vor allem, wenn sie noch jung sind", sagte Remen. Sie haben vielleicht eine Vielzahl an Leidenschaften, die nicht zusammenpassen. „Ihre Erfahrung ist die des Andersseins; die Erfahrung, nicht dazuzugehören, ein eckiger Pflock zu sein, der in ein rundes Loch getrieben werden soll. Und das kann sich sehr schmerzhaft und einsam anfühlen. Gelegentlich sagen mir auch Medizinstudenten, sie fühlten sich in der heutigen Medizin völlig fehl am Platze und erwägten, das Studium an den Nagel zu hängen. Ich ermutige sie dazu, nicht länger zu versuchen, in dieses System zu passen, weil sich ihre Form der Medizin noch nicht durchgesetzt hat. Das ist Teil der Zukunft. Sie werden nie die Medizin finden, die zu ihnen passt, sie werden sie selbst schaffen müssen. Und wenn sie sie für sich selbst erschaffen, dann erschaffen sie sie für uns alle."

„Viele der größten Führungsfiguren der Welt wurden zu ihrer Zeit weder als herausragend noch überhaupt als führend angesehen. Leidenschaft ist das, was Führer dazu befähigt, trotz des gesellschaftlichen Drucks ihre Integrität zu wahren", so Remen weiter. „Echte Führungspersönlichkeiten wurden dazu geboren, das zu tun, was sie tun. Das wussten sie vielleicht noch nicht, als sie jung waren, aber es gibt ein inneres Leitsystem, das sie für ihre Zeit und die ungestillten Bedürfnisse ihrer Kultur perfekt macht."

„Führer sind Menschen, die ihre Werte nicht verraten, um Zustimmung zu erhalten. Sie hören auf ihre innere Sinngebung. Und aus diesem Grund ist Führung oft etwas anderes als Erfolg. Erfolg ist kulturell definiert. Wenn Sie der Kultur geben, was sie erwartet, dann wird sie Sie dafür belohnen. Ein Führer ist dagegen jemand, der der Kultur gibt, was sie braucht, und nicht, was sie erwartet", fuhr Remen fort. „Eine echte Führungspersönlichkeit heilt die Wunden der Kultur. Viele der größten Führungsfiguren wurden zu ihrer Zeit weder respektiert noch als erfolgreich erachtet, wobei sie uns im Rückblick einen großen Dienst erwiesen haben."

Erschaffer wie Remen, Gates und Bono haben sich unermüdlich für die wichtigen Anliegen in ihrem Leben eingesetzt und fanden es dabei immer besonders reizvoll, wenn sie die gängigen Meinungen darüber, wie etwas seit Jahrtausenden geschieht und weiterhin zu geschehen habe, in Frage stellen konnten.

Diese Art der Überzeugung entwickelt über erstaunliche Wege eine magnetische Anziehungskraft. Warren Buffett, der zweitreichste Mann der Welt, legte sein Vermögen in die Hände des reichsten Paars der Welt, damit dieses etwas täte, von dem er ursprünglich gehofft hatte, seine verstorbene Frau hätte es erreichen können: mit seinen Milliarden etwas Nachhaltiges zu bewirken. Buffett macht sein Beruf als Investor „so viel Spaß, dass ich niemals in den Ruhestand gehen werde". Aber er ist darauf bedacht, dass sein Erbe sozialen Zwecken dienen und nicht seine Kinder verrückt machen soll. Er ist davon überzeugt, dass Melinda und Bill Gates das gelingen wird. Ist es da eine Überraschung, dass Bill Gates und Bono in ihrer Effektivität als gesellschaftliche Aktivisten gewachsen sind, wenn zu ihren persönlichen Leidenschaften Menschen wie Melinda Gates und Ali Stewart gehören? Diese beiden Frauen sind handfeste Philanthropinnen und keine hochtrabenden Ehrendamen, und sie haben ihren Ehemännern auf überaus wichtige Art und Weise den Weg gezeigt. Manch ein Erschaffer wurde von seinen diversen Leidenschaften wie ein Kampfschiff auf eine historische Mission geschickt, die letztlich nichts mehr mit den Anfängen gemein hatte. Solche Missionen zielen darauf ab, Dinge in Teilen der Welt zu verbessern, in denen sich das Leben seit Generationen nicht verbessert hat. Jede Leidenschaft zählt.

Kapitel 4
Warum erfolgreiche Menschen erfolgreich bleiben – Integrität und Bedeutung

Der Sinn des Lebens liegt nicht darin, glücklich zu sein, sondern nützlich, ehrbar und mitfühlend, damit es einen Unterschied macht, dass Sie gelebt haben – und gut gelebt haben.
– Ralph Waldo Emerson

Rugby kann brutal sein. Er hörte den markerschütternden Schrei und für den Bruchteil einer Sekunde dachte er, jemand sei verletzt worden, bis er merkte, dass dieser jemand er selbst war. Er konnte fühlen, wie sein Kniegelenk auseinanderriss. Ein fürchterlicher Schmerz jagte durch sein Bein, als er sich im Zeitlupentempo gequält auf dem Spielfeld rollte. Und dann konnte er sich nicht mehr bewegen. Mit einem Schlag zerplatzten alle seine Zukunftspläne.

Nachdem Rickie jahrelang mit seiner Legasthenie gekämpft hatte, wurde ihm schmerzhaft klar, dass er nie ein Highschool-Diplom erreichen würde. So wie viele Kinder, die sich mit schulischem Lernen schwer tun, hatte er gehofft, über ein Sportstipendium aufs College gehen zu können. Aber nun waren diese Träume dahin, und das tat mehr weh als sein Knie. Er schaffte es, wieder auf die Beine zu kommen, aber aufs College ging Rickie nie. Während er sich mühselig in Richtung Highschool-Diplom abrackerte, sagte sein Schuldirektor zu ihm: „Ich bin sicher, dass du entweder im Gefängnis landen oder Millionär werden wirst." (Er saß übrigens wegen Hinterziehung von Zollgebühren auf den Verkauf von Schallplatten tatsächlich für kurze Zeit im Gefängnis.) Rickie dachte neu darüber nach, was ihm wirklich wichtig war, und das half ihm, seine Situation aus einem anderen Blickwinkel zu betrachten. Er liebte Rockmusik und Partys, und so widmete er sich die nächsten zwei Jahrzehnte mit grenzenloser Begeisterung dem Ziel, ein Experte auf beiden Gebieten zu werden. Da er aufgrund seiner Legasthenie nie richtig schreiben lernte, ging der 16-Jährige 1986 von der Schule ab und startete ein britisches Magazin, das sich ironischerweise *Student* nannte. Er bettelte um Interviews und rekrutierte ehrenamtliche Artikelschreiber, denen jeder Grund recht war, um mit Rockstars abzuhängen und der ihnen die Aussicht eröffnete, mit den Musikern ein paar Joints zu rauchen.

Ohne Geld, um für diesen bunt gemischten Haufen ein Büro anmieten zu können, nahm Rickie mit dem vorlieb, was er sich leisten konnte: eine mietfreie Krypta, in der die Särge zu Schreibtischen umfunktioniert wurden. Die gruselige Atmosphäre dieses Ortes verblasste bald, als seine Leidenschaft für Unterhaltung, wilde Partys und den Aufbau von Beziehungen rund um das Thema Musik sein Team an den extremen Rand der Popkultur katapultierte. Was in der Highschool ein Verhaltensproblem gewesen war, entwickelte sich hier zu seiner Genialität als schamloser Promoter. Er hatte gelernt, seine Legasthenie positiv zu nutzen, indem er darauf bestand, dass jede neue Idee so überzeugend vereinfacht wurde, dass er sie begreifen konnte. Rickie erwies seinem speziellen Talent dadurch eine Ehre, dass er den ganzen langweiligen Wust an konventionellem Denken eliminierte, um faszinierende Marketingbotschaften und politisch nicht korrekten Hype zu erzeugen. Mit 20 Jahren gründete er einen Schallplattenversand, danach einen Schallplattenladen und ein Aufnahmestudio, und zwar alles unter dem Namen Virgin. Richard Branson war ein Mann geworden, dessen Name als Synonym für die hippsten Aktionen in der

Musikbranche galt, die die Medien der alten Garde einerseits genügend alarmierten, um eine riesige Nachfrage unter der englischen Jugend auszulösen, und die andererseits nur knapp dem Totalverbot durch die Behörden entgingen. Bransons Marke Virgin eroberte die Welt im Sturm.

Das letzte Mal, als Mark Thompson mit Branson sprach, war Mark auf den letzten Metern seiner bevorzugten Joggingrunde auf Belvedere Island in der Bucht von San Francisco. Plötzlich klingelte sein Mobiltelefon. „Bitte bleiben Sie dran, Sir", sagte eine unbekannte Stimme. „Mr. Branson befindet sich am anderen Ende der Jacht und bat mich, Sie anzurufen." Thompson nahm einen Schluck Gatorade. „Mark, hier ist Richard Branson. Wir haben uns vor einigen Monaten in L.A. kennen gelernt", erinnerte ihn Branson. Dieses Zusammentreffen hatte auf einem dieser klapprigen, mottenzerfressenen Sofas stattgefunden, wie man sie üblicherweise in den Aufenthaltsräumen von Kongresszentren findet, in denen die Referenten darauf warten, bis sie mit ihrem Vortrag an der Reihe sind. „Rufe ich gerade ungelegen an?", fuhr Branson fort. Thompson war von seiner Joggingrunde noch immer außer Atem. „Klingt so, als hätten Sie gerade noch mehr Spaß als ich."

Branson befand sich mit seiner Frau und seinen Kindern auf einem Segeltörn in der Karibik. In den 1980er Jahren hatte er mit einem weinenden Auge das wilde Virgin Music verkauft, um Geld für neue Vorhaben wie die Fluggesellschaft Virgin Atlantic und eine wachsende Konstellation an Unternehmen zu beschaffen, die von seinem Branding-Genie getrieben wurden. Branson sieht sich noch immer als eine Art populistischer David, der gegen fest verankerte, monopolistische Goliath-Marken kämpft, von denen er meint, dass sie ihre Kundenversprechen nicht erfüllen. Ob es sich dabei um British Airways, Coca-Cola oder die NASA handelt, wann immer die alte Garde unaufmerksam wird, verspürt er die moralische Verpflichtung, die Plattform dieser Goliaths in Brand zu setzen. Seine Sex Pistols sind lange von der Bildfläche verschwunden, aber sein Sinn für außergewöhnliche Abenteuer und ikonoklastische Schlagzeilen, die alle gängigen Meinungen provozieren, werden niemals verschwinden – ob es sich um die Softporno-Werbung für Virgin Atlantic in Ihrem Hotelzimmer handelt oder um ein neues Weltraumrennen.

Aber das war nicht der Grund für seinen Anruf an diesem Tag. Branson war von dem neuen Virgin-Mobiltelefon begeistert, das eine auf Jugendliche ausgerichtete Neuheit enthielt: Prepaid-Minuten. Sie stellen sich jetzt vielleicht einen energiegeladenen Einheizer vor, aber seine ruhige, warme und persönliche Art ist eigentlich genau das Gegenteil. Branson erinnerte sich aus dem kurzen Gespräch, das sie vor fünf Monaten geführt hatten, dass Thompson umfangreiche Beratungserfahrung im Konsumeinzelhandel hatte. Branson suchte nun persönlich nach jeder Möglichkeit, seine Telefone im Einzelhandel zu positionieren.

Branson ist ein Mann, der nie wieder auch nur einen einzigen Tag in seinem Leben arbeiten muss. Aber hier war er – bei der Arbeit – und aktivierte sein Netzwerk an Beziehungen, um seine nächste Geschäftsidee auf den Markt zu bringen. Sir Richard arbeitete während seines Urlaubs mit seiner Familie und tätigte selbst in den Abendstunden noch Anrufe, um sein Produkt zu promoten. Dabei würde man meinen, er hätte die Zeiten, in denen er solche Dinge selbst tun musste, längst hinter sich gelassen. Einen Milliardär wie ihn muss man einfach bewundern. Unter den hunderten von Menschen, die wir für dieses Buch interviewt haben, gibt es mehr als ein Dutzend Milliardäre, und alle arbeiten nach wie vor mit ungebrochenem Eifer. Man fragt sich, was mit diesen Menschen los ist, dass sie selbst zu einem Zeitpunkt im Leben noch so leidenschaftlich involviert sind, an dem man meinen könnte, sie seien längst „angekommen“ und müssten sich nicht mehr so abrackern.

Betrachten Sie Leidenschaft nicht als triviales Streben

Für einige von ihnen war Reichtum Grund genug dafür, hart zu arbeiten und erschien als ein Weg, um mithalten zu können, doch selbst dann war Reichtum per se selten ihr Fokus. Reichtum unterminierte nie ihre wilde Entschlossenheit, etwas um seiner selbst willen zu erschaffen. Die Vorhaben der Erschaffer sind nichts wovon sie sich jemals verabschieden oder aufs Altenteil zurückziehen können. Und darum bleiben sie auch dauerhaft erfolgreich. Sie zu fragen, warum sie immer noch „arbeiten“ heißt, ihre Leidenschaften als triviales Streben abzutun. Wir machten diesen Fehler mehr als einmal während unserer Interviews. Es schien eine unschuldige Frage zu sein, demonstrierte aber letztlich nur, dass wir nicht verstanden hatten, wie ein Erschaffer tickt.

Sie zu fragen, warum sie immer noch „arbeiten“ heißt, ihre Leidenschaften als triviales Streben abzutun.

Man könne ihn genauso gut fragen, warum er „weiter leben“ wolle, sagte Amazon-Gründer Jeff Bezos und wand sich, als ob er sich fragte, wieso er bei einem dieser zweistündigen Vortragsdinner in Davos neben uns festsaß. „Sie betrachten mein Leben im Rückspiegel!“, dröhnte er mit dem schallendem Gelächter, das zu seinem Markenzeichen geworden war.

Sein gut gelauntes äußeres Auftreten paart sich mit einer wilden inneren Entschlossenheit und Analysefähigkeit. Bezos sagte, er habe seine Geschäftsidee nicht mit einer Exit-Strategie begonnen, die auf eine lebenslange Rente abzielte. Er habe den Einzelhandel revolutionieren wollen. Bezos Nettovermögen betrug 1999, als er sich auf dem Titelblatt des *Time Magazine* als *Person of the Year* wiederfand, weit mehr als 10 Milliarden Dollar. Damals sagte er, er versuche einen neuen Weg zu finden, Geschäfte zu betreiben, „aber wir (Amazon) haben noch einen sehr langen Weg vor uns.“ Als die Dotcom-Hysterie zusammenbrach, sah es so aus, als ginge es mit seinem Vermögen ebenfalls bergab. Aber das tat seinem grenzenlosen Optimismus keinen Abbruch. Er war entschlossen, das Geschäft, an das er glaubte, aufzubauen, und er wollte nicht aufgeben, wie so viele vor ihm, die gescheitert waren.

Heute hat sich sein Traum offensichtlich erfüllt, und seine Milliarden machen einen gesicherteren Eindruck. Was aber zählt, ist Ersteres und nicht die Sicherheit seines Vermögens. Wobei Bezos glaubt, dass es noch viel zu tun gibt, bis seine Vision Wirklichkeit geworden ist.

Die Frage, warum Erschaffer weiter an ihrem Werk arbeiten und sich nach all den Jahren immer noch so intensiv engagieren, wird als absurd wahrgenommen, da sie an dem zentralen Punkt in ihrem Leben vorbei geht. Tatsächlich wird sie als beinahe beleidigend wahrgenommen, als ein Mangel an Anerkennung der tiefen Gefühle, die sie für ihr Anlegen hegen. Natürlich brauchen wir keine schlaflosen Nächte damit verbringen, uns über Milliardäre Sorgen zu machen; sie können sich sehr gut um sich selbst kümmern. Falls Ihnen die Leistungen und Errungenschaften der Erschaffer als Landung auf der Trauminsel erscheint, werden Sie allerdings feststellen, dass der Versuch, ihre Schatzkarte zu stehlen, eine selbstzerstörerische Übung ist. Die wahre Botschaft lautet, dass jeder seine anhaltenden, aufdringlichen Träume ernster nehmen sollte. Erschaffer haben nicht so lange so hart gearbeitet, um als Belohnung den Rest ihres Lebens am Strand verbringen zu können und das aufzugeben, was ihnen so viel bedeutet. Sie haben kein Endziel. Ihre Leidenschaften geben ihrem Leben einen Sinn, der nichts anderes ist als eine lebenslange Besessenheit, der sie gar nicht entkommen wollen.

Ein Wert, den Erschaffer teilen

Menschen sind von den Lebensstilen der Reichen und Schönen fasziniert, weil sie sich womöglich nach den Huldigungen, dem Glamour und der imaginären Selbstzufriedenheit sehnen, die mit diesem Leben einhergehen. Es mag verlockend sein zu glauben, man könnte zu Erfolg kommen, indem man die Lebensläufe reicher und berühmter Menschen studiert und ihre Handlungen als Leitfaden für sein eigenes Leben nimmt. Damit gerät man jedoch nur in eine Sackgasse. Und das ist auch nicht das, was Milliardäre und herausragende CEOs tun. Das ist nicht das, was Helden und Heldinnen wie Mutter Teresa oder Mahatma Gandhi taten. Das ist nicht das, was die dauerhaft erfolgreichen Menschen dieser Welt tun.

Wenn es eine Sache gibt, die alle konsequent verfolgen – ein Wert, den sie alle teilen –, dann ist es die Integrität der Sache, die ihnen so wichtig ist. Wann immer sie vor einer Entscheidung stehen, suchen sie nach der für sie persönlichen Bedeutung, die in der sich bietenden Chance liegt. Wenn sie keine finden, verschwenden sie damit keine Zeit.

Wenn es eine Sache gibt, die alle konsequent verfolgen – ein Wert, den sie alle teilen –, dann ist das die Integrität der Sache, die ihnen so wichtig ist.

Es mag sonderbar erscheinen, Richard Branson in diesem Kontext zu sehen, aber es gibt deutliche Hinweise dafür, dass er Werte hat. Eine unerschütterliche Integrität seines einzigartigen Gefühls für persönliche Bedeutung ist seit jeher einer dieser Werte gewesen. Zu seinen anderen Werte und Leidenschaften gehören der Mut zum Risiko und „keine Angst davor, neue Dinge auszuprobieren", was geradezu eine Untertreibung für jemanden ist, der mehr als einmal in seinem Leben an Grenzen gegangen ist. Branson glaubt an Loyalität zu Menschen, die er kennt und denen er vertraut. Er ist leidenschaftlich in dem Vorhaben, große Monopolmarken zu stürzen, von denen er behauptet, dass sie „Leuten das Fell über die Ohren ziehen", und man hört ihn oft sagen, dass „sich selbst nicht so wichtig zu nehmen", „Dinge einfach zu halten" und „Spaß zu haben" zu den Kernwerten gehören, die jeder zu seinen Kernkompetenzen machen sollte.

Viele Menschen bewundern ihn für das, was er erreicht hat. Andere halten ihn für übergeschnappt oder Schlimmeres. Wie dem auch sei, es ist nicht sehr wahrscheinlich, dass viele Menschen etwas mit Sir Richards besonderen Talenten und seinen besonderen Lebenserfahrungen gemeinsam haben. Dennoch können wir alle einige Lektionen über die Sinnfindung und Erschaffung von bedeutsamen Dingen durch kreative Denkprozesse und effektive Handlungen lernen.

Es gab einmal eine Zeit, da Branson nichts anderes als ein Teenager mit zerplatzten Träumen und düsteren Zukunftsaussichten war, und dennoch hörte er nicht auf, ausgiebig über seine Optionen nachzudenken und darüber, dass es an ihm lag, sich eine Zukunft zu erarbeiten, die für ihn persönlich eine Bedeutung hatte. Wenn Branson in diesem Jahrtausend geboren und der Täuschung der politischen Korrektheit erlegen wäre, hätte man ihn wahrscheinlich als Kind mit besonderem Förderbedarf gebrandmarkt. Wohlmeinende Menschen würden seine Anpassung an die Welt normaler (sprich *durchschnittlicher*) Menschen beschleunigen. Seine Legasthenie und seine physischen Verletzungen würden als Grund für seine unterdurchschnittlichen schulischen Leistungen gelten und nicht – wie Branson sie genutzt hat – als Stützpfeiler für ein außergewöhnliches Leben.

Richard Bransons Leidenschaft für simple und oft außergewöhnliche Ideen haben seinem Marketing die Macht verliehen, das pompöse Wortgeklingel des Wettbewerbs zu durchbrechen und Dinge einprägsam und überzeugend zu machen. „Wie kann ich erwarten, dass jemand anderes die Botschaft versteht, wenn ich sie selbst nicht verstehe? Das Gute an Legasthenie ist, dass man für mich alles vereinfachen muss", sagte Branson. „Durch diese Vereinfachung verstehe [selbst] ich, worum es geht und kann es dann anderen Menschen erklären." Egal, wie ihre jeweilige Situation ist, in einem sind Erschaffer konsequent: Sie suchen stets nach der Bedeutung, die in ihrem Leben und ihrer Arbeit etwas bewegt. Selbst Bransons *Leiden* und *Leidenschaften* bieten ein Beispiel dafür, auch wenn Sie ihn ansonsten vielleicht eher nicht als Vorbild betrachten.

In den 30 Jahren unserer Zusammenarbeit mit Teams in Organisationen, die wir bei der Verbesserung ihrer Performance unterstützen, haben wir routinemäßig getan, was fast jeder Managementcoach macht: eine Übung zur Bestimmung der persönlichen Kernwerte, um das, was jemand sagt und das, was er tut, miteinander zu vergleichen. Diese Übung deckt oft eine riesige Kluft zwischen beidem auf, und dieses Problem ist weitaus gefährlicher, als es auf den ersten Blick den Anschein hat. In diesen Sitzungen warten die meisten Menschen mit einer Liste an Werten auf, von denen sie glauben, dass sie sie haben sollten, um ihre Aufgabe gut zu machen und nach außen hin gut dazustehen. Und schlimmer noch – viele Managementteams zwingen ihren Organisationen diese Werte auch noch als Religion auf. Managementteams ohne Vision entwickeln Mission Statements für ihre Mitarbeiter, die ihrerseits leicht zynisch werden, wenn offensichtlich ist, dass nicht das gelebt wird, was gepredigt wird und sich die hehren Worte als Plattitüden entpuppen.[1] Die Recherchen für dieses Buch haben gezeigt, dass visionäre Unternehmen einen festen Katalog an Kernwerten brauchen, die alle ihre Entscheidungen und Handlungen bestimmen, wobei es keinen allgemeingültigen Wertekatalog für alle Unternehmen gibt.[2]

Wie wir in *Built To Last* gelernt haben, können weder Individuen noch Organisation „eine Kernideologie *erschaffen* oder *festlegen*. Eine Kernideologie wird entdeckt. Sie entsteht nicht aus der Betrachtung der äußeren Umgebung, sondern aus der Introspektion. Sie muss authentisch sein. Sie können sie nicht vortäuschen. Ebenso wenig können Sie sie intellektualisieren. Fragen Sie nicht, ‚Welche Kernwerte sollten wir haben?' Fragen Sie vielmehr: ‚Welche Kernwerte haben wir tatsächlich?' Die Kernwerte und Kernabsichten müssen tief verinnerlicht sein, sonst sind sie nicht Kern. Werte, von denen Sie glauben, Ihre Organisation sollte sie haben, die aber ehrlicherweise nicht zu den tatsächlichen Kernwerten Ihrer Organisation gehören, sollten nicht mit den authentischen Kernwerten vermischt werden.“[3] Andernfalls entsteht eine heftige Gegenreaktion, und das gilt für Unternehmen genauso wie für den einzelnen Menschen.

Wahrscheinlich gibt es keine bessere Bühne im Leben als die Politik, um aufzuzeigen, wie grundverschieden Werte interpretiert werden können, die dennoch dauerhaft sind. Die amerikanische Bevölkerung wählt ihre Kandidaten zum Beispiel stets auf Basis eines gemeinsamen Wertekatalogs, zu dem stets ein Wert gehört, den Erschaffer so sehr schätzen: die Integrität der Dinge, die ihnen wirklich wichtig sind. Allerdings kann man sich kaum eine weiter auseinander klaffende Definitionen der Bedeutung dieses Satzes vorstellen, als die jeweilige Interpretation der Demokraten und Republikaner.

Die Beurteilung von Werten übersteigt die Möglichkeiten dieses Buches. Unsere Botschaft lautet, dass eine nachhaltige Wirkung und das Bekenntnis zur Integrität (der persönlichen Bedeutung) als Kernwert Hand in Hand gehen müssen. Dieser Kernwert ist für uns nicht weniger optional als er für Kennedy, Carter, Reagan, Bush sen., Clinton und George W. war und ist – um nur einige US-Präsidenten aus der jüngeren Zeit zu nennen –, die über Jahrzehnte ihrer Laufbahn politisch erfolgreich waren, egal wie wir ihr Vermächtnis beurteilen. Viele hundert Millionen Amerikaner lieben oder hassen sie. Auch wenn sie an irgendeinem Punkt vielleicht Taktiken voneinander abgeschaut haben, ist keiner dieser Führer genau dem Weg eines anderen gefolgt, noch haben sie ihre jeweiligen Werte oder das, was ihnen wirklich wichtig ist, auf exakt dieselbe Weise definiert wie ihre Vorgänger – nicht einmal Vater und Sohn.

Ganz offensichtlich haben sich diese sechs Präsidenten stark voneinander unterschieden, sowohl hinsichtlich ihrer jeweiligen Werte, Charaktere, Persönlichkeiten oder Prioritäten. Es ist jedoch erstaunlich, dass sie immerhin so viel Attraktivität gemeinsam hatten, dass sie in dasselbe Amt gewählt wurden. Sie alle waren Männer mit tief verankerten Zielen und Missionen, aber die Details ihrer Amtsführung waren höchst unterschiedlich. Auch wenn ihre Kernideologien erheblich voneinander abwichen, veränderten sie sich selten. Sowohl Carter als auch Reagan erfreuten sich im Laufe ihres außergewöhnlichen Lebens jeweils zweier 20 Jahre dauernder Karrieren. Sie entwickelten beide ihre ureigene Definition von Erfolg und erneuerten sie im Verlauf ihrer Lebensabschnitte.

Während Ronald Reagans zweiter Amtszeit als Gouverneur von Kalifornien traf er in Sacramento mit einer Gruppe von Highschool-Schülern zusammen, die sich auf einer Exkursion befand. Reagan erzählte ihnen, dass er während seiner Highschool-Zeit eher für sein gutes Aussehen als für seinen Intellekt bekannt war. „Ich war ein C-Schüler, der sich krumm legte, um ein B-Schauspieler zu werden", witzelte er. Als Teenager war er nicht sicher, ob er in der Lage wäre, einen Rollentext auswendig zu lernen, geschweige denn, das Regierungsgeschäft zu verstehen. Seine Fähigkeiten auf beiden

Gebieten sind seit langem Anlass zu tiefer Bewunderung und großem Spott, wobei auf seine 53 Filme, die er im Verlauf von zwei Jahrzehnten drehte, eine der einflussreichsten Karrieren der politischen Geschichte folgte. Dabei ließ er es nie an Eindeutigkeit über den einen Wert vermissen, den alle Erschaffer gemeinsam haben: die Integrität dessen, was für sie Bedeutung hat. Reagan entwickelte seine eigene Definition von Erfolg und zwei lange, befriedigende Karrieren, die beide eine – wenn auch nicht gleichermaßen – nachhaltige Wirkung hatten.

Sein Vorgänger Jimmy Carter wurde in einem Wahldebakel aus dem Amt gefegt, als Reagan die Präsidentschaftswahlen von 1980 mit überwältigender Mehrheit gewann. Das war eine sehr öffentliche Demütigung. Wie Reagan war auch Carter sehr eindeutig, was seine Werte betraf und was er glaubte, tun zu müssen. Und das trug zu zwei Jahrzehnten Erfolg in seiner ersten Karriere bei. Hier haben wir eine weitere außergewöhnliche Story, die Legende geworden ist. Jimmy Carter wuchs in relativer Abgeschiedenheit außerhalb des Ortes Plains im Bundesstaat Georgia auf, einer 500-Seelen-Gemeinde, mit „ausschließlich schwarzen Spielkameraden in einer Ära der völligen Rassentrennung während der Jahre der Großen Depression, als die wohlhabendsten Einwohner der Gemeinde die ‚Sharecroppers'* waren, deren Jahreseinkommen 75 Dollar betrug", erzählte er uns während eines Interviews im Carter Center. Kein Familienmitglied hatte je zuvor die Highschool abgeschlossen – und dieser junge Mann ging aufs College, studierte Kernphysik, stieg in die Politik ein und wurde zum 39. Präsidenten der USA gewählt. Nach seiner ersten Amtszeit musste er seine Definition von Erfolg allerdings neu formulieren. „Als ich das Weiße Haus verließ, war ich völlig verzweifelt", sagte Carter. „Ich hatte mit dieser Niederlage nicht gerechnet. Ich hatte alles, was ich besaß – ein sehr erfolgreiches Unternehmen – in blindem Vertrauen investiert. Und dann stellte ich fest, dass ich in den vier Jahren, in denen ich im Weißen Haus war, eine Million Dollar Schulden angehäuft hatte, die ich nicht zurückzahlen konnte." Zunächst wollte er wieder nach Georgia ziehen, aber „da gab es keine Jobs".

---

* Pächter kleiner Farmen, die die Pacht teilweise in Naturalien zahlen (A.d.Ü.)

Als Carter nach dem Ende seiner ersten Amtszeit als US-Präsident buchstäblich vor die Tür gesetzt wurde, litt er unter tiefen Depressionen. „Ich glaube, jeder muss sich im Leben auf Scheitern oder Enttäuschungen, geplatzte Träume oder sogar Blamagen vorbereiten", sagte er. „Wir müssen uns darauf vorbereiten, sie wenn möglich anzunehmen. Wir müssen uns an veränderte Zeiten anpassen, aber an unveränderlichen Prinzipien festhalten. Wenn Sie eine extreme, unangenehme Veränderung in Ihrem Leben erfahren, welches sind dann Ihre Prinzipien, an denen Sie unter allen Umständen festhalten und auf denen Sie ein neues Leben aufbauen, ein erweitertes, ein besseres, ein aufregenderes Leben?" Er fuhr fort: „In meinem Fall war das eine stabile Familie, eine Gemeinde, zu der ich gehörte, aber in erster Linie mein religiöser Glaube. Ich bete jeden Sonntag in meiner kleinen Kirche, wobei die wichtigsten Themen meines Gebets selbstlose Liebe, Mitgefühl, Vergebung, Gerechtigkeit, Demut und Dienen sind. Das ist eine perfekte Beschreibung eines erfolgreichen Menschen in Gottes Augen. Niemand kann diese Perfektion aufbringen. Aber ich würde sagen, in den dunkelsten Zeiten des Lebens kann das eine starke Inspiration sein, mit deren Hilfe man Verzweiflung, Enttäuschung und Scheitern überwinden kann. Jeder von uns muss auf seine ganz eigene Art und Weise kämpfen, um einen Maßstab für Erfolg zu definieren."

Jeder von uns muss auf seine ganz eigene Art und Weise kämpfen, um einen Maßstab für Erfolg zu definieren.

Carter beschloss „was auch immer meine Frau und ich – als ehemaliger Präsident und First Lady – an Talenten, Fähigkeiten und Einfluss hatten, zu nutzen, um den Rest der Welt kennen zu lernen und uns den Problemen einiger Menschen zu widmen, die während meiner Präsidentschaft nun wirklich nicht meine höchste Priorität – ja, nicht einmal meine mittlere Priorität – waren. Als Präsident muss man hauptsächlich Krisen bewältigen." Und als Präsident hatte sich Carter mit der Sowjetunion und dem Nahen Osten beschäftigen müssen. Seither hat er sich den Themen Krankheit, Mangel an Wohnraum und demokratische Wahlen in Entwicklungsländern der ganzen Welt gewidmet – „Dinge, die mir während meiner Zeit als Präsident nicht einmal bewusst waren."

Zwei Jahrzehnte nach Beginn seiner zweiten Karriere erhielt Carter für seine humanitäre Arbeit den Friedensnobelpreis.

Egal, ob Sie ihn als Präsident mochten oder hassten oder seine heutigen Ansichten über Werte und Fundamentalismus befürworten oder ablehnen – Carter hat nach wie vor eine nachhaltige Wirkung auf das Leben von Millionen von Menschen. Nach einer verheerenden Niederlage schuf er seine neue Definition von Erfolg. Und Sie können sicher sein, dass sie ihm mehr bedeutet als irgendeine frühere Definition. Er fand einen viel besseren „Job“, den er seit mehr als einem Vierteljahrhundert ausübt und für den Rest seines Lebens weiter ausüben wird. „Ich würde sagen, dass jeder Mensch erfolgreich sein kann. Egal, ob Sie ein geistig zurückgebliebenes Kind sind, in bitterer Armut leben oder andere Mängel erleiden – Sie können die Erfolgsmaßstäbe in den Augen Gottes übernehmen: Gerechtigkeit, Frieden, Demut, Dienstbarkeit, Vergebung, Mitgefühl, Liebe. Sie müssen nicht reich, mächtig, berühmt, gesund oder intelligent sein, um diese Eigenschaften zu zeigen.“

Carters zweite Karriere führte uns zu einer neuen Definition dessen, was es heißt, ein ehemaliger US-Präsident zu sein. Auch George H.W. Bush sen. war von der Wahlniederlage nach seiner ersten Amtszeit niedergeschlagen. Aber als er und sein neuer Freund Bill Clinton nach den Katastrophen des Tsunami im Jahr 2004 und des Hurrikans Katrina im Jahr 2005 sich mit vereinten Kräften dafür einsetzten, den Opfern zu helfen, zeigten beide ein erneutes Engagement, Aufgaben auf internationaler Ebene zu übernehmen, statt in ihren alten, überaus erfolgreichen Rollen als politische Gegner ihre jeweiligen Parteien zu unterstützen. Beide Präsidenten hatten viele Jahre nach dem Ende ihrer Amtszeit ein relativ ruhiges Leben geführt, bevor sie sich auf weithin sichtbare Weise für neue Themen engagierten. Aber als sie es dann taten, wendeten sie den Kernwert an, den dauerhaft erfolgreiche Menschen ihr Leben lang pflegen: die Integrität der persönlichen Bedeutung einer Sache, durch die sich wirklich etwas bewegen lässt. Noch bevor Bill Clinton das Weiße Haus verließ, erzählte er uns, er bewundere Carters Beispiel mehr als alles andere und vermute, er werde wohl einen ähnlichen Weg gehen. Ob seine Clinton Global

Initiative mit ihrer hochkarätigen Starbesetzung nun ein selbstloser Dienst an der Menschheit oder ein Ausdruck seines eigenen charismatischen und öffentlichkeitswirksamen Führungsstils war, ist eigentlich unwichtig. Wenn Clintons kolossale Mittelzusagen, die er von Spendern erhalten hat – insgesamt 2 Milliarden Dollar für ungefähr 200 soziale Projekte – schließlich weitere 20 oder 30 Jahre lang öffentliche Dienste finanzieren, die ihm wirklich etwas bedeuten, dann wird er dauerhaften Erfolg erzielt haben.

Ungefähr sechs Jahre nachdem er das Weiße Haus verlassen hatte, rief George Bush sen. die Auszeichnung The George Bush Award for Excellence in Public Service ins Leben, die Menschen verliehen wird, deren Arbeit Bushs Kernwerte widerspiegelt, so wie Integrität der Bedeutung einer Sache und ein couragiertes Engagement für eine nachhaltige Veränderung. Zu den Personen, denen diese Auszeichnung verliehen wurde, gehören der ehemalige deutsche Bundeskanzler Helmut Kohl, der ehemalige Präsident der Sowjetunion Michail Gorbatschow, der demokratische Senator Edward Kennedy und der Evangelist Billy Graham. Bush lobte Graham ebenso wie die anderen drei Kandidaten für ihren unermüdlichen Einsatz für tiefe und nachhaltige Überzeugungen.

In der Tat setzt sich Grahams Arbeit seit mehr als einem halben Jahrhundert fort. Er ist „eine Ikone, die für ein Land unerlässlich ist, in dem die Religion seit nunmehr zwei Jahrhunderten nicht das Opium, sondern die Lyrik des Volkes ist“[4], schrieb das *Time Magazine*, als es ihn auf die Liste der 100 wichtigsten Menschen des [20.] Jahrhunderts setzte. „Seine transparente und überzeugende Aufrichtigkeit lässt sich nicht leugnen.“ Wie viele US-Präsidenten erfahren haben, „bewirbt man sich bei uns nicht um das Präsidentenamt, indem man seine religiöse Skepsis bekundet oder Billy Graham schlecht macht.“

Auch wenn Erschaffer ihr Leben und ihre beruflichen Karrieren auf der richtigen Bahn halten, indem sie der persönlichen Bedeutung einen hohen Stellenwert beimessen, variieren die individuelle Interpretation und der Ausdruck dessen, was wichtig ist, enorm. Im Fall des Unternehmers Richard Branson heißt das, dass er das

Wortgeklingel der Wettbewerber auf eine Botschaft reduziert, die Eindruck auf einen bestimmten Kundentyp macht, für den er „ein besseres Angebot" parat hat. Spirituellen Führern wie Rabbi Singer des Jüdischen Weltkongresses und Seiner Heiligkeit des 14. Dalai Lama Tenzin Gyatso ist nicht die Vermarktung ihrer eigenen Marken an Spiritualität wichtig, es ist vielmehr ihr Anliegen, Frieden und Einigkeit in die Welt zu tragen und die Menschen dazu zu bewegen, ihre Religion so zu leben, dass sie eine Brücke zwischen Menschen aller Glaubensrichtungen bildet.

Stellen Sie sich Branson und den Dalai Lama in ihrer jeweiligen Ecke der Erde zur selben Zeit vor. Das Staatsoberhaupt und der geistige Führer des tibetischen Volkes unternimmt seine stumme Pilgerreise zum Gebet. Eine halbe Weltreise entfernt herrscht in Oxfordshire ein heißer, stickiger Sommertag. Sir Richard dreht das Volumen und die sexuellen Anspielungen für eine kreischende Masse auf, während ein zölibatärer Dalai Lama in seinen leuchtend orangen Gewändern im Schneidersitz neben seinem lauwarmen Tee religiöse Gesänge anstimmt. Mark Thompson fragte diesen „einfachen Mönch", wie er sich selbst nennt, welche Leidenschaften er in seinem Leben nicht nachgegangen ist. Er sah an sich herab, richtete seinen Blick deutlich wahrnehmbar auf die Gegend unter seinem Bauchnabel und sagte dann mit einem Augenzwinkern: „Dafür ist mein Leben ohne das weniger kompliziert gewesen."

Wie viele spirituelle Führer zieht der Dalai Lama, wenn er im Central Park von New York (und an jedem anderen Ort seiner Reisen um die Welt) auftaucht, riesige Menschenmassen an. Die Zahl seiner Fans würde jeden Veranstalter von Rockkonzerten, inklusive Branson, vor Neid erblassen lassen. Wichtig ist hier die Tatsache, dass Branson und der Dalai Lama zwar unterschiedlicher nicht sein könnten und in der Verfolgung ihrer Ziele entgegengesetzte Wege gehen, sie aber beide Populisten sind – wenn man den ganzen Showrummel und die farbenprächtige Garderobe außer Acht lässt. An diesem Punkt sind ihre Werte deckungsgleich. Beide leben eine Story als „Underdogs", die gegen alle Widerstände ankämpfen, indem sie eine Alternative zu den großen Monopolisten des Fundamentalismus bieten. Beide wollen den normalen Bürgern und dem Rest der Welt etwas bieten, das sie für den besseren Weg halten. Sie glauben, dass Werte wie der individuelle kreative Ausdruck und Glück per se Konzepte sind, die unserem Leben eine Bedeutung verleihen, die wir alle anstreben sollten, egal wie sehr das gegen jeden Instinkt, wie unausführbar oder gefährlich es sei, erscheinen mag.

Wie sich herausstellt, haben alle Geschichten dauerhaft erfolgreicher Menschen einige kuriose Qualitäten gemeinsam. Was erfolgreiche Menschen dauerhaft erfolgreich macht, ist ihre Dickköpfigkeit, mit der sie an ihrem Weg auf Basis ihrer persönlichen Werte festhalten, statt einen magischen Pfad einzuschlagen, dem jeder andere folgt. Die Lektion lautet hier, dass wir uns nicht einfach das Wertesystem eines anderen Menschen zu eigen machen können – oder zumindest nicht sollten. Das wäre eine Verletzung der Integrität dessen, was uns in unserem Leben wichtig ist. Es ist eine ganz persönliche Entscheidung, herauszufinden, was Ihnen wichtig ist. Nur Sie können diese Wahl treffen.

Wie sich herausstellt, haben alle Geschichten dauerhaft erfolgreicher Menschen einige kuriose Qualitäten gemeinsam.

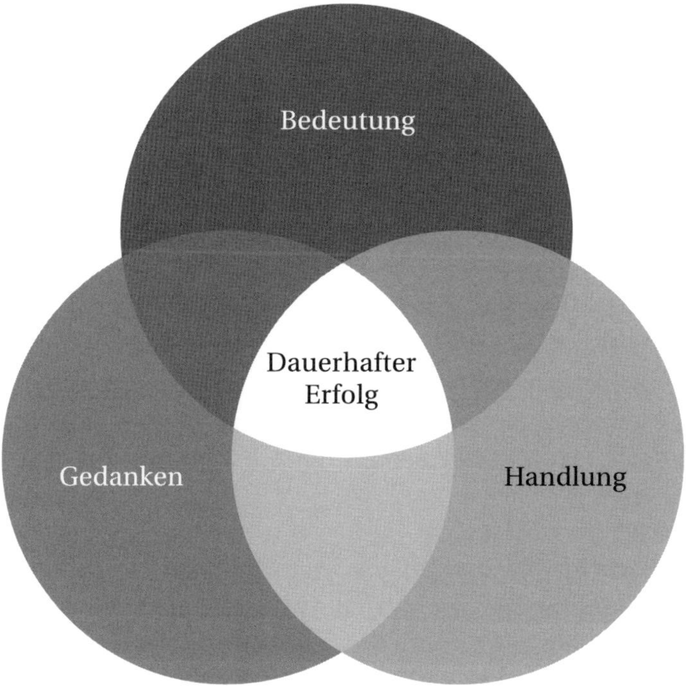

Teil 2

DenkStile – Extreme Veränderungen beginnen im Kopf

Über Gedanken * Einführung in DenkStile * Wie extreme Veränderungen im Kopf beginnen * Vertrauen Sie Ihren Schwächen * Nutzen Sie Ihre Kerninkompetenzen, um dauerhaften Erfolg zu erzielen

„Lassen Sie uns eines festhalten. Der erste DenkStil für dauerhaften Erfolg lautet: Erfolg hängt nicht von außen ab."

Kapitel 5
Der stille Schrei – Warum es so verdammt hart ist, das zu tun, was einem wichtig ist

Wer nicht aus ganzem Herzen weinen kann, kann auch nicht aus ganzem Herzen lachen.
– Golda Meir

Das ist wie beim Zauberer von Oz. Wir verlangen nach einem Zauberer, wenn wir Herz, Verstand und Mut suchen, doch der Zauberer sagt uns, dass wir all diese Dinge bereits besitzen. Wir müssen sie nur benutzen. Wer an sein großes, unbezähmbares Ich glaubt, ist zu allem fähig.
– Marva Collins

Es gibt mindestens vier gute Gründe (achten Sie darauf, dass Sie immer gute Gründe haben), um sich ablenken, einschüchtern und davon abbringen zu lassen, das Leben zu führen, das Sie wirklich führen wollen. Erfolgreiche Menschen erzählten uns, sie hätten weitaus weniger Gründe gehabt, ihre Träume zu verfolgen, als Gründe, sie aufzugeben.

„Manchmal fühlt es sich an, als sei man von Anfang an ausgezählt und habe bereits verloren!“, seufzte Shelly Lazarus, CEO von Ogilvy and Mather, eine der mächtigsten Werbeagenturen der Welt. Egal, mit wem man auf der Welt spreche (die Werbeagentur hat Niederlassungen in mehr als 70 Ländern), höre man stets die gleiche Litanei über den steinigen Pfad, den diese Menschen gegangen sind. Fast alle erfolgreichen Menschen können eine Geschichte über interne Qualen erzählen, ob sie aus Boston, Brüssel oder Bangalore stammen.

Betrachten Sie sich selbst als „Held Ihrer eigenen Mini-Serie“, sagte Lazarus. (Dazu neigen wir natürlich sowieso.) Ob Sie zulassen, dass die Kräfte gegen Sie arbeiten und Sie niederringen, oder ob Sie sich stattdessen entscheiden, Ihre Pläne wagemutig voranzutreiben: Ein gewisses Maß an Leiden gehört dazu. Aber das ist den Kampf wert. „Die gute Nachricht ist, dass Sie am Ende meist glücklicher sind, wenn Sie sich schließlich dazu durchringen, das zu tun, was Ihnen etwas bedeutet.“

Der stille Schrei

Happyends stellen sich ein, wenn man auf die kleine Stimme in seinem Kopf hört – manche bezeichnen sie als Flüstern –, die uns sagt, was uns wirklich wichtig ist. Diese Stimme klingt wie ein Echo, das in jeder Zelle unseres Körpers widerhallt und versucht, sich als stiller Schrei Gehör zu verschaffen. Dabei handelt es sich um ein nagendes und oft irritierendes „Bedürfnis“, das nach einer Antwort verlangt.

Die Tragödie der meisten Menschen ist, dass es einen ganzen Chor an anderen Stimmen gibt, die versuchen, dieses Flüstern zu übertönen. Ob es Ihre eigenen Selbstzweifel sind oder die Befürchtungen Ihrer Familie und Geschäftspartner, es gibt viele Kräfte, die ein Interesse daran haben, dass Sie sich nicht verändern. Diese Kräfte würden sich wohler fühlen, wenn riskante Ideen wie die Verfolgung Ihrer Leidenschaften in Ihrem tiefsten Innern weggeschlossen würden. Aber selbst, wenn Sie Ihren Traum in die

Verliese Ihrer Seele sperren, können Sie seinen verzweifelten, weit entfernten Schrei in der Nacht noch hören. Bei all den lauten „rationalen" Stimmen, die an der Oberfläche tönen, stehen die Chancen schlecht, dass Sie der flüsternden Stimme in Ihrem Geiste Gehör schenken. Diese Verbannung Ihres Traums wird dazu führen, dass Sie sich schlecht fühlen. Erschaffer verfolgen ihre Träume trotz aller Selbstzweifel, wahnhafter Chefs, verzweifelter Ehepartner und Schwiegereltern mit einem ausgeprägten Kontrollbedürfnis. Und natürlich sind da immer auch diese aggressiven Pfeile von außen: Medienbotschaften, denen zufolge Sie unmöglich erfolgreich oder glücklich sein können, wenn Sie nicht die richtigen Dinge konsumieren.

Vier gute Gründe, um gleich hier aufzugeben, bevor Sie etwas wirklich Dummes machen

Es gibt mindestens vier Fallen, die unsere Fähigkeit beeinträchtigen, auf den stillen Schrei zu reagieren, und sie werden Ihnen sehr bekannt vorkommen. Sie denken vielleicht, dass dauerhaft erfolgreiche Menschen diese Probleme nicht hätten, doch lassen Sie sich versichern, dass Erschaffer mit jedem einzelnen mehr als hinreichende Erfahrung haben.

Falle Nr. 1: Ihr Traum gilt als etwas, womit man keine Karriere machen kann

Die Behauptung, Ihre Idee sei nichts, womit man Karriere machen könne, dient oft als Ausrede für (legitime oder nicht legitime) Sorgen um Sicherheit und Auskommen. Dauerhaft erfolgreiche Menschen sagen, dieses Thema komme immer dann auf, wenn man verkünde, man wolle etwas aus Spaß an der Sache machen. „Um Gottes willen, damit kannst du doch kein Geld verdienen", warnen die Stimmen. „Was hast du dir dabei gedacht?", rufen andere. Erschaffer erheben sich über diesen Lärm.

Als Kind liebte Tom Kriegsspielzeug und alles, was mit Weltraum zu tun hatte, und so entwickelte er schon als Teenager eine Leidenschaft für Marinegeschichte. Sehprobleme machten seine Hoffnungen auf eine Militärlaufbahn zunichte. Nach einem Englischstudium wandte sich Tom praktischeren Dingen zu. Er begann als Versicherungsmakler zu arbeiten und wurde dann für eine Maklerfirma tätig, die dem Großvater seiner Frau gehörte. Am Ende kaufte er das Unternehmen. Das bescherte ihm ein „gutes Auskommen“. Dieses lukrative Kleinunternehmen zu verlassen, um Romanschreiber zu werden, wäre völlig verrückt gewesen. Ungefähr 12 Jahre lang hörte Tom den stillen Schrei, wenn er an seinen Traum dachte. Er verschlang Militärliteratur im Namen der Recherche. Dennoch waren seine einzigen Gehversucher als Autor ein Leserbrief und ein kurzer Artikel über die MX-Rakete.[1] Fast zwei Jahrzehnte verstrichen, bevor der erste Roman entstand. Thomas Leo Clancy jun.s erstes Buch *The Hunt for Red October** wurde veröffentlicht.[2] Literaturkritiker sind bis heute der Meinung, Clancy sei kein herausragender Autor, aber seine Thriller verkaufen sich wie heiße Semmeln – als Bücher, Videospiele und Kinofilme.

Als er fünfzig wurde, hatte Tom Clancy bereits mehrere Bestseller gelandet und unterschrieb einen Vertrag mit den Verlagshäusern Pearson Custom Publishing und Penguin Putnam, Inc., die beide zu Pearson Education gehören und ihm 50 Millionen Dollar für die (englischen) Weltrechte an gerade einmal zwei seiner zahlreichen Romane zahlten. Dann unterschrieb er einen Vierjahresvertrag über Buch- und Multimediarechte für weitere 25 Millionen Dollar. Und Tom lief sich gerade erst warm!

Sicher, Sie werden nicht jeden Tag einem Tom Clancy über den Weg laufen. Aber hier kommt die Auflösung: Dauerhaft erfolgreiche Menschen ringen sich irgendwann dazu durch, auf ihren inneren stillen Schrei zu reagieren. Egal, ob ihr Traum von anderen als der Mühe wert beurteilt wird oder nicht: An irgendeinem Punkt machen sie sich trotz aller Widerstände dazu auf, ihn umzusetzen. Das ist der einzige Weg, der zu dauerhaftem Erfolg führt.

---

* (deutscher Titel: *Jagd auf Roter Oktober*)

Falle Nr. 2: Strahlend glänzende Objekte für unsere Hauseinfahrt, unseren Lebenslauf und unseren Ringfinger

Wenn es nach der populären Kultur ginge, würden wir unser Leben der unermüdlichen Verfolgung von Dingen widmen, ohne die wir angeblich nicht leben können – als ob tatsächlich mit Coke, 200-Dollar-Turnschuhen, coolen Klamotten und Persönlichkeitsanalyse plus einer neuen, anderen und besseren Ehefrau beziehungsweise einem neuen, anderen und besseren Ehemann, Liebhaber, Freund und Arbeitskollegen alles besser würde.

Wir wollen unsere Kollegen beeindrucken und unsere Angehörigen mit Errungenschaften zufrieden stellen, von denen wir meinen, dass uns andere um sie beneiden. Gleichzeitig versuchen wir selbst, dem Schmerz des Neids zu entkommen. Auf der Suche nach Anerkennung überladen wir unsere Einfahrten, Lebensläufe und Ringfinger mit so genannten Big Shiny Objects (BSO) – strahlend glänzenden Objekten: schicken Autos, Clubmitgliedschaften, Designerklamotten, Diplomen, teuren Immobilien oder irgendwelchen anderen Dingen, von denen es heißt, sie gehörten unabdingbar zum Lebensstil der Reichen, Cleveren und Berühmten.

Das soll hier keine hochmoralische und heuchlerische Aufforderung dazu sein, sich von Ihren materiellen Besitzständen oder Ihrer Ausbildung zu distanzieren. (Wir hängen selbst sehr an unseren Besitztümern und Diplomen und haben zahlreiche Erschaffer kennen gelernt, die an ihren hängen.) Viele Experten, die von sich behauptet haben, Antimaterialisten zu sein, hüten ihre eigenen heimlichen Besitzstände oder streben nach noch größeren BSOs – wie noch größerer Macht, Ruhm oder spirituellem Elitismus, um ihr unersättliches Ego-Monster zu füttern.

In der Regel haben wir von unseren Gesprächspartnern nichts Derartiges gehört, dass strahlend glänzende Objekte per se schlecht wären, aber andererseits hat auch kein Erschaffer gesagt, er erwarte, dass diese Dinge ihn glücklich machen.

Besitzen wir die Dinge oder besitzen die Dinge uns?

Auch wenn an dem Besitz von materiellen Gütern nichts grundsätzlich Schlechtes ist, stecken zu viele Menschen in der Anschaffungsmühle fest und jagen allem hinterher, von dem sie glauben, es verbessere ihr Leben. Das Problem ist, dass sie nie genug von dem bekommen können, was sie nicht wirklich brauchen, um glücklich zu sein. Kein Wunder, dass Menschen chronisch depressiv werden! Wie stöhnten die Rolling Stones? „I can't get no satisfaction." Um zufrieden zu sein, müssen Sie darauf hören, was Ihnen wichtig ist, und nicht auf das, was Ihnen Freunde, Feinde und Familie weis machen wollen.

Ironischerweise steigt zum Beispiel mit zunehmendem Reichtum und wachsendem Appetit auf immer schönere und teurere materielle Güter auch das Risiko, dass man kaum noch etwas auf der Welt als gut genug empfindet. Je mehr man sich davon abhängig macht, von anderen für seinen erlesenen Geschmack und seinen Besitz gepriesen zu werden, desto mehr schrumpft die Welt des Tolerierbaren. Und desto weniger kann man sich noch an irgendetwas erfreuen. Anstatt ohne Anstrengung eine größere Bandbreite an unterschiedlichen Freuden zu erfahren, nehmen der Stress und die vermeintliche Verpflichtung zu, einen exquisiten Stil wahren zu müssen.

David Stern kennt seit 40 Jahren die Gefahren, die von Superstarruhm und strahlend glänzenden Objekten ausgehen, aus erster Hand. Der Vorsitzende der National Basketball Association hat den Ruf, ein harter – ja, sogar umstrittener – Hund in seinem Job zu sein, aber wenn man ihn trifft, ist er der bodenständigste, reizendste Mensch, den man sich vorstellen kann. Er sagte uns, dass die Athleten, „die das Spiel wegen der Herausforderung lieben" und nicht wegen der „reizenden Nebensächlichkeiten", die damit verbunden sein können, bessere Beziehungen, weniger Probleme und „langfristig mehr Spaß" hätten – welche Überraschung.

Stern erhörte seinen eigenen stillen Schrei vor rund 40 Jahren, als er die Columbia Law School abgeschlossen hatte und als Externer für die NBA juristische Aufgaben übernahm. Er liebte es, auch wenn die Zukunft der noch jungen NBA zum damaligem Zeitpunkt noch einigermaßen ungewiss war. 1978 wurde ihm ein „Zweijahresvertrag als Vollzeitjurist" angeboten, um die Rechtsabteilung aufzubauen. 1984 wurde er zum Vorsitzenden der NBA gewählt, im selben Jahr, in dem die Profikarriere der Basketball-Legende Michael Jordan begann. Stern schaffte den Turnaround der damals nahezu bankrotten NBA zu einer über zwei Jahrzehnte überaus erfolgreichen, schnell wachsenden globalen Marke.

„Als ich begann, war mein Job reines Krisenmanagement. Es gab Prozesse zwischen Eignern und Ligen und zwischen Spielern und Ligen, und es ging so unendlich viel Zeit für Tarifverhandlungen und den ganzen täglichen Wust an Problemen drauf – Sorgen über Clubfusionen, fehlendes Geld für die Gehälter, wie machen wir dies oder jenes bis hin zu Drogenskandalen. Am Anfang hatten wir Spieler, denen man Drogenmissbrauch nachgewiesen hatte, und wir hatten das Problem, die erste Liga zu sein, bei der solche Vorkommnisse festgestellt wurden. Damit mussten wir irgendwie fertig werden", so Stern. Die NBA hatte weder Glamour noch strahlend glänzende Objekte zu bieten, um Stern in derart schweren Zeiten bei der Stange zu halten. Es war seine Loyalität zu dem, was ihm persönlich etwas bedeutete – der stille Schrei –, seine Leidenschaft, die ihn weitermachen ließ. „Damals waren wir das Gegenteil von Groucho Marx. Wir waren glücklich über jeden Club, der uns wollte. Wenn man kämpfen muss, dann ist das so."

„Man tut gut daran, dankbar zu sein – und niemals zu vergessen, woher man kommt und mit wie wenig man angefangen hat", so Stern.

Strahlend glänzende Objekte und das Leben danach

Ein einfacher Weg, um festzustellen, ob die Dinge Sie besitzen, oder umgekehrt, ist die Antwort auf die Frage: Würden Sie den ganzen Krempel auch noch haben wollen, wenn sie den Menschen, die Ihnen wichtig sind, völlig egal wären? Was, wenn sie sie hassen würden? Die Idee ist hier, darüber nachzudenken, wessen strahlend glänzende Objekte es eigentlich sind. Letztlich kann nichts, was man lediglich hat oder tut, uns langfristig das bieten, wonach wir uns sehnen; das kann nur die authentische Erfahrung, das Gefühl, mit allen Sinnen zu leben.

Eine beliebte Übung bei Führungstrainings besteht darin, die Teilnehmer ihre eigene Grabrede schreiben zu lassen. Das Problem hierbei ist, dass die Teilnehmer dazu neigen, eine hochfliegende Liste an Eigenschaften zu erstellen, die auf die anderen Anwesenden beeindruckend oder herzerwärmend klingen sollen – als ginge es darum, den Preis als beliebtester Toter zu gewinnen! Bei einem echten Begräbnis werden die Angehörigen immer eine Geschichte über den Verstorbenen spinnen, mit der sie sich selbst wohlfühlen. „Wenn Sie aber die Wahrheit wissen wollen", sagte der König des Networkings und Autor des Buches *Never Eat Alone,* Keith Ferrazzi, „dann gehen Sie hinterher zum Leichenschmaus. Da erfahren Sie, was der Tote wirklich für ein Mensch war."

Die brasilianische Psychologin Tina de Souza erinnerte sich, dass sie „mit einer Patientin sprach, die mir sagte, sie hasse es, wenn jemand ihre Besitztümer anfasse. ‚Oh, fass mein Auto nicht an. Mach meinen Kleiderschrank ja nicht auf, tu dies nicht, tu das nicht, das ist alles meins, meins, meins.' Die arme Frau war völlig zwanghaft. Ich sagte ihr, ‚Hören Sie, stellen Sie sich vor, Sie wären soeben gestorben. Okay? Sie sind nicht mehr da. Und nun denken Sie an Ihre ganzen Besitztümer, an Ihre schönen Kleider in Ihrem Schrank. Wahrscheinlich stöbern die Menschen, die Sie lieben, Ihre Familie oder Ihre Nachbarn gerade in Ihren Sachen und sichten Ihre Schätze. Wer will dieses hässliche Ding? Und wer will das dort? Warum hat sie den geheiratet?'" Alles, was man hinterlässt, wird befingert, missverstanden und im Nachhinein kritisiert, sagte de Souza. Was ist Ihnen unter diesen Umständen wirklich wichtig? Wenn Sie Ihre Besitztümer und Beziehungen aus der Perspektive eines Verstorbenen betrachten, dann werden Sie hoffentlich Menschen und Dinge finden, die Ihnen wirklich wichtig sind. Das ist eine sehr brutale Art und Weise, darüber nachzudenken, aber es ist interessant zu sehen, was einem wirklich etwas bedeutet, wenn man diese Übung macht. Ist irgendetwas davon überhaupt wichtig? Gehen Sie auch nicht davon aus, dass irgendetwas, nur weil es eine Sache ist, unbedeutend sei. Machen Sie eine offene und ehrliche Inventur ohne jede Voreingenommenheit, was für Sie gut und was schlecht ist. Wenn Sie Ihre Vorstellungskraft benutzen, um Ihre Besitztümer und Beziehungen aus der Post-mortem-Perspektive zu betrachten, können Sie unbezahlbare Einsichten darüber gewinnen, in welche Bereiche Sie mehr und in welche Sie weniger Zeit und Energie investieren sollten.

Falle Nr. 3: Die Verführung der Kompetenz

Von klein auf wird den meisten von uns eingetrichtert, sie sollten etwas aus sich machen. Allerdings ist die Wahrscheinlichkeit groß, dass die Menschen, die uns sagen, was wir aus uns machen sollen, selbst keine gute Vorstellung davon haben, was sie aus ihrem eigenen Leben machen sollen. Es ist ein Fehler, wichtige Entscheidungen über seine berufliche Karriere und sein Leben ausschließlich auf der Verfolgung eines Traums aufzubauen, den andere Menschen für richtig halten.

„Die gängige Meinung lautet, dass Sie auf diejenigen hören sollten, die Sie am besten kennen", sagt Herminia Ibarra in *How to Stay Stuck in the Wrong Career.*[3] „Freunde und Familie – mit denen Sie die meiste Zeit verbringen – kennen Ihre wahre Natur, und sie wollen nur Ihr Bestes. Fachleute fügen eine Prise Pragmatismus hinzu und sorgen dafür, dass Sie mit beiden Beinen auf dem Boden der Realität bleiben. Aber wenn es um Ihre private oder berufliche Neuausrichtung geht, sind die Menschen, die Sie am besten kennen, höchstwahrscheinlich eher ein Hindernis als eine Hilfe. Sie mögen vielleicht Unterstützung leisten wollen, neigen aber dazu oder versuchen sogar mit allen Mitteln, Ihre alte Identität zu erhalten, die Sie unbedingt abwerfen wollen." Seien Sie vor der natürlichen Neigung auf der Hut, rational zu verteidigen, was Sie nach Meinung anderer tun sollten. Menschen sind Begründungsmaschinen. Wir haben oft allerlei rationale Begründungen dafür, warum wir uns anstrengen, in einem Beruf ziemlich gut zu sein, den wir eigentlich nicht besonders mögen.

Der Unterschied zwischen „ziemlich gut“ und „herausragend“ ist riesig. Das ist der Unterschied zwischen einem halb erfüllten Leben und dauerhaftem Erfolg. Wir wollen das hier die Verführung der Kompetenz nennen (beziehungsweise unsere natürliche Tendenz, einem „Falschen Profit“ nachzujagen). Die meisten Menschen sind perfekt in der Lage, die erforderlichen Fähigkeiten für eine Karriere zu entwickeln, die sie unter gesellschaftlichem oder wirtschaftlichem Druck ausgesucht haben. Üblicherweise haben sie sich das selbst aufgezwungen, oft ist es aber auch das Ergebnis der Verführung, politisch korrekt zu handeln oder anderen zu gefallen, indem man ihnen gibt, was sie erwarten. Vielleicht haben sie ihre Wahl getroffen, weil damit ein bestimmter Status verbunden war, oder weil sie dachten, das sei eine „sichere“ Wahl. Es gibt keine sichere Wahl, wenn es um dauerhaften Erfolg geht; es sei denn, die Wahl basiere auf echter Bedeutung.

Ist es Ihnen wichtiger, geliebt zu werden als das zu tun, was Sie lieben? Haben Sie das Gefühl, Sie müssten wählen zwischen den Menschen, die Ihnen wichtig sind, und den Dingen, die Ihnen wichtig sind?

Ist es Ihnen wichtiger, geliebt zu werden als das zu tun, was Sie lieben? Haben Sie das Gefühl, Sie müssten wählen zwischen den Menschen, die Ihnen wichtig sind, und den Dingen, die Ihnen wichtig sind?

Freude empfindet man in dieser Welt immer trotz irgendeiner Sache

In seinem Buch *Talking to Ducks* erklärt James A. Kitchens, dass es zwei Arten von Freude gibt: innere Freude und äußere Freude. Innere Freude kommt von innen, wohingegen äußere Freude kommt und geht, je nachdem, was in unserer Umgebung passiert. Sie ist extrinsisch, weil sie von außen ausgelöst wird. Wenn sich die Umstände in die eine Richtung verändern, kommt Freude auf. Wenn sich das Glück gegen uns wendet, verschwindet die Freude. Menschen, die dauerhaften Erfolg erzielt haben, verfolgen ihre Ziele, weil sie ihnen wichtig sind, oft trotz Popularität beziehungsweise Anerkennung. Die meisten Menschen machen es andersherum: Sie tun bestimmte Dinge, obwohl ihnen andere viel wichtiger sind, nämlich weil sie Popularität und Anerkennung brauchen.

Yvon Chouinard schien sich nie groß um politische Korrektheit zu scheren. Im Alter von 14 Jahren begann er 1953 mit dem Bergsteigen und ist seit Jahrzehnten als ausgesprochener Umweltschützer bekannt. Bergsteiger benutzten damals Felshaken aus Weicheisen – es gab keine anderen –, die, einmal in den Fels geschlagen, dort verblieben und so „die Umwelt verschandelten“. Im Jahr 1957 suchte Yvon Chouinard einen Schrottplatz auf und erstand dort einen gebrauchten, kohlebefeuerten Glühofen, einen 138 Pfund schweren Amboss, einige Brennscheren und Hämmer und brachte sich selbst bei, wie man Eisen schmiedet.[4] Chouinard, der mit Anfang Zwanzig bereits zu den besten Bergsteigern der Welt gehörte, schmiedete seine ersten wiederverwendbaren Felshaken aus dem Schneideblatt eines Mähdreschers und probierte sie bei seinen Besteigungen des Lost Arrow Chimney und der Nordwand des Sentinel Rock im Yosemite aus. Bald verbreitete sich die Neuigkeit, und seine Freunde wollten auch diese wiederverwendbaren Felshaken aus gehärtetem Stahl haben. Bevor Chouinard sich versah, war er ein Geschäftsmann. Pro Stunde schmiedete er zwei Felshaken, die er für 1,50 Dollar das Stück verkaufte. Darüber hinaus ergänzte er sein Einkommen durch den Betrieb von Sammelstellen für recycelbare Dosen und Flaschen. So diente er der Umwelt, und gleichzeitig diente die Umwelt ihm.

Als eingefleischter Umweltschützer behauptete er, die Vorstellung, ein Geschäftsmann zu sein, sei ihm peinlich. „Ich liebte Outdoor-Aktivitäten“, sagte Yvon, „aber ich war mir nicht sicher, ob das Geschäft damit ein lohnenswertes Ziel wäre.“ Selbst heute, im Alter von fast 70 Jahren, sagt der Outdoor-Fan von sich, er tue sich immer noch schwer damit, sich selbst als Geschäftsmann zu bezeichnen, „so wie es schwer fällt einzugestehen, dass man Alkoholiker oder sogar Rechtsanwalt ist.“ Aber Chouinard erkannte, dass er sein Unternehmen als Plattform für seine Leidenschaften nutzen konnte. 1973 gründete er gemeinsam mit einigen Surfern in Ventura, Kalifornien, den Outdoor-Ausrüster Patagonia, Inc. – ein

Unternehmen, dessen derzeitiger Jahresumsatz mehr als eine Viertelmilliarde Dollar beträgt. Dessen „Mission Statement lautet, dass es mittels seines Geschäfts nach Lösungen für die Umweltkrise sucht. Ich weise jeden im Unternehmen ständig darauf hin, dass das der eigentliche Grund für unsere Existenz ist. Wir sind nicht im Geschäft, um Gewinne zu erzielen. Wir sind auch nicht dazu da, ein Produkt herzustellen. Wir sind da, um die Art und Weise zu verändern, wie andere Unternehmen Geschäfte machen." Chouinard, der außerdem Autor des Buches *Let My People Go Surfing* ist, ließ sich nicht durch seine extreme Aversion gegen das „Business" und die Kompromisse, von denen er und seine grünen Freunde glaubten, sie seien mit der Geschäftswelt verbunden, von seinem Traum abbringen. Chouinard kam zu dem Schluss, dass, wenn man „die Welt und die Regierung verändern" wolle, man dies „von innen nach außen in die Welt tragen" müsse, und zwar indem man die Art und Weise verändere, wie Geschäfte gemacht werden.

Wenn Humor kein Spaß ist

„Ich begann als ein öder Kommunalreporter, der in den 1970er Jahren über öde kommunalpolitische Sitzungen schrieb, von denen viele offenbar immer noch andauern", sagte Humorist und Bestsellerautor Dave Barry. „Dann wurde ich ein öder schreibender Coach, der vergeblich versuchte, öde Geschäftsleute weniger öde zu machen. Das war irgendwie ein öder Job. Aber alle anderen fanden, das sei eine gute Sache. Schließlich konnte ich davon leben", sagte er. „Ich war bereits ein Mann in den mittleren Jahren und hatte eine Familie zu ernähren und eine Hypothek abzuzahlen, als sich der *Miami Herald* bei mir meldete." Er war nebenher als Kolumnenschreiber tätig gewesen, und der *Miami Herald* bot ihm einen Vollzeitjob als Humorkolumnist an. „Es war ein wenig beängstigend [einen sicheren Beraterjob zu kündigen], aber aus meiner Sicht hatte ich keine Wahl." Für Barry war Humor eine Versuchung, der er einfach nachgeben musste. Es war ein „unaufhörlicher Reiz. Und glauben Sie mir, Komiker sind überhaupt keine amüsanten Zeitgenossen, wenn sie unaufhörlich gereizt sind."

Sie haben vielleicht bemerkt, dass einige Leute „glückliche Menschen hassen", genauso wie sie sich über unglückliche Menschen auslassen, so Barry. Wenn Sie etwas finden, das Sie wirklich lieben und das Ihnen sehr am Herzen liegt, dann hat die Verfolgung dieses Traums die Tendenz, Sie zu einer ausgelassenen Schwärmerei zu veranlassen, die die Bürolangweiler ärgert.

Im Jahr 1988 gewann Barry den Pulitzer-Preis für Kommentare und sagte, es sei kein Zufall, „dass ich besser in den Dingen bin, die ich gut kann. Und das sind normalerweise die Dinge, die mir Spaß machen." Barry sagt, er habe viele Freunde und Kollegen, die sich dazu entschlossen hätten, ihre Leidenschaften – den stillen Schrei – zu verfolgen, und zwar entgegen der Urteile wohlmeinender Angehöriger. „Als sie sich entschieden, das zu tun, was sie wirklich gerne tun, verdienten einige mehr Geld und andere nicht, aber alle sind wesentlich besser in dem was sie tun, und sie haben einen Mordsspaß."

Wenn Sie Lob und Bewunderung suchen, dann arbeiten Sie auf der Bühne

„Einige Menschen machen es wegen der Aufmerksamkeit", sagte Barry über seine Entscheidung, Kolumnist zu werden. „Aber damit begibt man sich auf Glatteis. Sie wissen nie, was Menschen von Ihrer Arbeit halten, und das kann sich jeden Tag ändern. Wenn Sie Lob und Bewunderung suchen, dann arbeiten Sie auf der Bühne. Wenn Sie liebend gern schreiben, dann schreiben Sie."

Jemand der die Gefahren der öffentlichen Anerkennung kennt, ist Sally Field, Schauspielerin und Regisseurin, die auch nach vier Jahrzehnten in Film und Fernsehen noch sehr beliebt ist. Die dümmlichen Rollen als Strandschönheit, fliegende Nonne und Freundin von wüsten Jungs, die Field in den Anfangsjahren ihrer Karriere gespielt hat, ließen ihr Potenzial als ernst zu nehmende Schauspielerin beziehungsweise ihre späteren Emmy- und Oscar-gekrönten Leistungen niemals erahnen. „Meine Karriere war alles andere als orthodox, und ich wollte mehr als alles andere von

Ihnen respektiert werden“, sagte sie der Academy, als sie ihren zweiten Oscar entgegennahm. „Bei meinem ersten Oscar hatte ich dieses Gefühl nicht, aber jetzt fühle ich es, ich fühle, dass Sie mich mögen – jetzt, in diesem Augenblick mögen Sie mich!“[5] Die meisten von uns winden sich vor Scham, wenn sie an dieses berühmte und peinliche Eingeständnis denken.

Sie können nicht darauf warten, für das, was Ihnen wichtig ist, bejubelt zu werden

Sie müssen nicht unbedingt im Showbiz tätig sein, um die gleiche intensive Sorge darüber zu empfinden, ob Sie geliebt werden. Wenn dem so ist, dann gestehen Sie es sich ein (natürlich nicht öffentlich), sondern nur vor sich selbst. Wir alle kennen den nicht so stillen Schrei, der nach Anerkennung ruft. Möglicherweise verachten wir diesen Teil von uns, aber unser Ego hält an diesem Bedürfnis fest. Dieser egoistische Wunsch lässt sich vielleicht nie ganz besiegen, aber wenn Sie dauerhaft erfolgreich sein wollen, müssen Sie ihn bewusst steuern. Sie können nicht auf jubelnde Zustimmung für das warten, was Ihnen wichtig ist.

Rob Reiner spielte Michael „Meathead“ Stivic in der klassischen mit dem Emmy Award ausgezeichneten Serie *All in the Family* und führte bei verschiedenen Filmen Regie, darunter *When Harry Met Sally***. Dieser Film aus dem Jahr 1989 enthält eine klassische Szene, in der Billy Cristal mit Med Ryan in Katz's Deli sitzt und sie zur großen und verblüfften Freude aller Gäste in Hörweite einen Orgasmus vortäuscht. „Ich hätte bitte gerne einmal das, was sie gerade hatte!“, ruft eine Kundin dem Kellner zu, die die Szene am Nebentisch mitgehört hat. (Wie sich herausstellt, ist diese Kundin Estelle Reiner, Robs Mutter, und Billy Cristal der Autor dieses legendären Ausrufs.) „Ist das nicht, was wir alle vom Leben wollen?“, fragte Reiner. Wir sehen jemanden, der über alle Maßen enthusiastisch ist, weil er seine Freuden auslebt, ohne sich um öffentliche Akzeptanz oder politische Korrektheit zu kümmern. Würden Sie

** (deutscher Titel: *Harry und Sally*)

das nicht auch in Ihrem Leben wollen, und zwar, ohne es vortäuschen zu müssen? „Nun, ich denke, das ist, was Sie – hoffentlich – wollen, nämlich ..... diese Art Freiheit und Glück zu verspüren. Das wollen wir alle."

Sally Field glaubt, eine praktische Methode dafür zu haben. „Das Einzige, worüber Sie Macht haben, ist, in dem, was Sie tun, wirklich gut zu sein. Das ist alles, mehr gibt's nicht!" Field schwärmte uns vor, wie viel besser es ihr gehe, wenn sie das tue, was ihr wirklich wichtig sei, anstatt „an sich zu arbeiten" und sich Gedanken darüber zu machen, was sie nach Meinung anderer Leute tun sollte. Sie werden an späterer Stelle in diesem Buch noch mehr darüber lesen, wie Sie aktiv werden statt Nabelbeschau zu betreiben. „Es ist das Herumsitzen und Nörgeln, das einen verrückt macht." Dabei riskiert man, sich zu dem verleiten zu lassen, was politisch korrekt ist, anstatt das zu tun, was einem wichtig ist. „Die Methode, mit der man eine Führungspersönlichkeit, ein Vorbild oder etwas ähnlich Hochtrabendes wird, liegt darin, etwas zurückgeben zu können. Der einzige Weg, der Sie dahin führt, dass Sie überhaupt etwas zurückzugeben haben, ist, etwas zu tun. Bewegen Sie Ihren Allerwertesten und TUN Sie etwas! Und das heißt nicht unbedingt soziales Engagement in Wohnprojekten für Unterprivilegierte – das ist natürlich gut, keine Frage, aber gemeint ist: Werden Sie Arzt, Rechtsanwalt oder Indianerhäuptling. Arbeiten Sie wie ein Pferd, und erreichen Sie etwas für sich selbst – etwas Besonderes. Werden Sie herausragend in der Sache, die Sie wirklich lieben. Und wenn Sie sagen, es gibt aber nichts, das mir wirklich am Herzen liegt, nun, dann haben Sie ein echtes Problem. Dann sollten Sie sich hinsetzen und sich fragen: ‚Warum gibt es nichts, was mir wirklich wichtig ist?' Sie müssen zurückblicken und sich jeden Moment Ihres Lebens in Erinnerung rufen, um herauszufinden, welches die eine Sache war, die Sie wirklich gerne getan haben", sagte Field.

Viele Menschen warten auf eine Erleuchtung, darauf, von einer blitzartigen Eingebung getroffen zu werden oder eine ganz eindeutige, alles übertönende Antwort zu erhalten. So funktioniert das fast nie. In Wirklichkeit dauert es meist Jahre, in denen man sich herantastet, in denen man übt und ausprobiert, ohne es richtig hinzubekommen, dabei aber das Gefühl hat, dass man der Sache immer näher kommt und es heiß und heißer wird. Das gleicht häufig einer Karte, auf der viele scheinbar wirre Punkte mit Linien zu einem stimmigen Bild verbunden werden müssen.

Manchmal erleben Sie einen Moment, in dem Sie plötzlich alles in ganz klarem Licht sehen, aber diese Entdeckung ist üblicherweise das Ergebnis zahlreicher Versuche, um herauszufinden, ob etwas dabei ist, das funktioniert (auch eine Idee, die in dem Buch *Built to Last* untersucht wird). Und nach viel Haareraufen und Herumexperimentieren beginnt alles schließlich einen Sinn zu ergeben – aber das passiert nur selten gleich zu Beginn.

Falle Nr. 4: Die „Tyrannei des ODER"

Eine große Quelle der Schuldgefühle und Verwirrung über den stillen Schrei resultiert aus dem Dilemma, ob Sie anderen gefallen ODER nicht gefallen sollten. Die Gesellschaft zählt auf die erste Option, und Sie haben vielleicht Sorge, es könne verdammt egoistisch sein, Letzteres zu wagen.

Erschaffer denken darüber anders: Regt es Sie an UND ist es gleichzeitig für andere von Nutzen? Dient es Ihnen und anderen? Für dauerhaft erfolgreiche Menschen ist das Leben selten eine Entweder-oder-Angelegenheit. Erfolgreiche Menschen sagen, dass sie an ihrer Arbeit festhalten, egal was passiert, sofern sie ihre Arbeit als etwas betrachten, das Gutes tut und ihnen gut tut.

Führer „visionärer" Unternehmen betrachten das als „Genialität des UND anstatt der Tyrannei des ODER".[6] Zum Beispiel betrachten sie Geld zu verdienen UND etwas Herausragendes zu bewirken nicht als einen Widerspruch. Das gilt auch für dauerhaft erfolgreiche Menschen. Sie glauben nicht, dass man sich entscheiden muss, entweder einer Sache oder sich selbst zu dienen. Sie entscheiden sich für beides. Darüber hinaus ist die Genialität des UND für Erschaffer kein 50:50-Deal, sondern eine hundertprozentige Sache. Die Leidenschaft, die sie morgens aufstehen lässt ist, ist dieselbe, die sie anregt und gleichzeitig anderen Menschen dient. Dauerhaft erfolgreiche Menschen sind zu dem Schluss gekommen, dass ihr Engagement, etwas für andere zu tun, auch ihnen selbst dient.

Dauerhaft erfolgreiche Menschen sind zu dem Schluss gekommen, dass ihr Engagement, etwas für andere zu tun, auch ihnen selbst dient.

Was ihre Ziele betrifft, sind sie gleichzeitig praktisch UND idealistisch. Sie widmen sich dem Anliegen, das ihnen langfristig am Herzen liegt UND fokussieren darauf, jeden Tag etwas zu leisten, wobei die Zustimmung der Allgemeinheit nicht ihre Hauptsorge ist.[7] In der Tat ist die Genialität des UND nicht allein eine Frage der Ausbalancierung kurzfristiger und langfristiger Anliegen oder des Einklangs Ihrer Bedürfnisse mit denen Ihrer Stakeholder. Sie ist all das und mehr. Diese These steht eigentlich auf drei Beinen oder besser gesagt: basiert auf drei Kreisen, wie in Kapitel 1 dargestellt. Es geht darum, Bedeutung und Gedanken UND Handlung so einheitlich auszurichten, dass man etwas bewirkt.

Achten Sie darauf, dass anderen zu dienen nicht dasselbe ist wie anderen zu gefallen. Die meisten von uns verspüren das Bedürfnis, sich externe Zustimmung einzuholen, dass ihre Mission sinnvoll ist und rationale Argumente dafür zu finden, dass das, was sie tun, wirklich wichtig ist. Indem sie bewusst oder unbewusst danach streben, geliebt zu werden, beeinträchtigen sie unvermeidlich die Schaffung dessen, was sie lieben.

Wenn Sie Ihre große Liebe noch nicht gefunden haben, dann suchen Sie weiter

„Der einzige Weg, um echte Zufriedenheit zu erlangen, ist, das zu tun, von dem man glaubt, dass es eine herausragende Arbeit ist", sagte Apple-Mitgründer und CEO Steve Jobs in seiner heute berühmten Einführungsrede, die er 2005 in engstem Kreis an der Stanford University hielt.[8] Und die einzige Art und Weise, eine herausragende Arbeit zu leisten, ist, das zu lieben, was man tut. Wenn Sie Ihre Herzensangelegenheit noch nicht gefunden haben, dann suchen Sie weiter. Das gilt für die Arbeit genauso wie für Ihre private Liebe. Wie bei allen Herzensangelegenheiten spüren Sie genau, wenn es soweit ist. Und wie jede herausragende Beziehung wird sie im Laufe der Jahre immer besser. Also halten Sie weiter danach Ausschau, bis Sie sie finden. Geben Sie sich nicht mit Kompromissen zufrieden", drängte Jobs.

Jobs ledige Mutter hatte es sehr schwer und entschied sich noch vor seiner Geburt, ihren Sohn zur Adoption freizugeben, um seine Chancen im Leben zu verbessern. Als sie erfuhr, dass keiner in der Familie, die ihn adoptieren wollte, einen College-Abschluss hatte, geriet sie in Panik und weigerte sich über Monate, die Adoptionsurkunde zu unterschreiben, bis die neuen Eltern ihres Sohns versprachen, ihm eine erstklassige Ausbildung angedeihen zu lassen. Für eine Arbeiterfamilie war das eine große Verpflichtung.

„Ich hatte keinen blassen Schimmer, was ich mit meinem Leben anfangen sollte und auch keine Idee, wie das College mir dabei behilflich sein konnte. Und da stand ich nun und gab das ganze Geld aus, das meine Eltern ihr Leben lang gespart hatten. Also beschloss ich, das College zu verlassen (nach nur sechs Monaten) und darauf zu vertrauen, dass sich alles zum Guten wenden würde. Ich hatte damals mächtige Angst, aber wenn ich heute zurückblicke, dann war das eine der besten Entscheidungen, die ich je getroffen habe", erzählte Jobs den Stanford-Studenten. „Ich hatte kein eigenes Zimmer und schlief daher in den Zimmern meiner Freunde auf dem Fußboden. Ich sammelte leere Cola-Pfandflaschen, um mit dem Geld Essen zu kaufen und lief jeden Sonntag sieben Meilen von einem Ende der Stadt zum anderen, um im Hare-Krishna-Tempel eine anständige Mahlzeit zu bekommen. Ich liebte es. Und viele Erfahrungen aus Situationen, in die ich gestolpert bin, indem ich einfach meiner Neugier und meinem Instinkt folgte, sollten sich später als unbezahlbar erweisen."

Als Studienabbrecher konnte Job jedes „Fach belegen", das ihm Spaß machte. Er fühlte sich von der Schönheit und Anmut einer (ihm) neuen Kunstform angezogen: Kalligraphie. „Nichts davon barg auch nur die entfernteste Aussicht auf irgendeine praktische

Anwendungsmöglichkeit in meinem Leben“, so Jobs. Aber es war genau die Leidenschaft für schöne Schriften, die ihn zehn Jahre später wieder einholte, als er den Mac entwickelte. Hätte er sich nicht mit Kalligraphie beschäftigt, „hätten PCs vielleicht nicht die wunderschöne Typographie, die sie heute bieten. Natürlich war es unmöglich, damals schon vorauszusehen, zu welchem Bild sich die vielen Punkte einmal verbinden würden. Aber aus der Rückschau zehn Jahre später ergab sich ein glasklares Bild.“

Als Steve Jobs und Steve Wozniak in den 1970er Jahren das Unternehmen Apple gründeten, verfolgten sie das hehre Ziel, jeden Haushalt mit einem Computer auszustatten. Die beiden Steves prognostizierten die Zukunft mit größter Genauigkeit, nur dass es nicht ihr Unternehmen war, dass alle diese Computer auslieferte. Apple liegt heute voll im Trend und wächst schneller als je zuvor, aber es hält nach mehr als 30 Jahren im Geschäft immer noch einen relativ kleinen Marktanteil.

Was vielleicht wichtiger ist, ist die Tatsache, dass Jobs frühe Vision, einen nützlichen und schönen elektronischen Helfer zu erschaffen, das Computerwesen für alle Zeiten definiert hat. Dieser nachhaltige Eindruck, den Jobs in der Geschichte hinterlassen hat, wird ihn und sein Unternehmen überdauern. Seine Leidenschaft gegen alle Widerstände auszuleben, macht einen nicht unbedingt zum größten und reichsten Menschen, aber geht es denn wirklich darum? Versuchen Sie, sich eine Welt ohne Apple und Pixar vorzustellen, und Sie werden erkennen, was es bedeutet, eine Technologie um Kreativität und Schönheit zu ergänzen, die beides nie zu ihren Vorzügen zählte, bevor sich Apple und Pixar nicht darauf konzentrierten. Erschaffer sagen, ein Vermächtnis wie dieses mache das Leben lebenswert.

„Ihre Zeit ist begrenzt, also verschwenden Sie sie nicht darauf, das Leben eines anderen zu leben“, sagte Jobs beschwörend. „Lassen Sie sich nicht von Dogmen leiten, sonst müssten Sie nach dem Dafürhalten anderer Menschen leben. Lassen Sie nicht zu, dass der Lärm der Meinung Dritter Ihre innere Stimme zum Schweigen bringt, und haben Sie vor allem den Mut, Ihrem Herzen und Ihrem

Instinkt zu folgen. Diese wissen manchmal schon längst, was Sie wirklich werden wollen. Alles andere ist zweitrangig."

Die Lektion, die wir von überaus erfolgreichen Menschen lernen können, lautet, dass wir aufpassen müssen, was wir uns wünschen, aber dass uns das nicht davon abhalten sollte, unseren Weg zum Erfolg neu zu definieren. Die Dinge entgegen und nicht wegen politischer Korrektheit zu verfolgen – egal, ob es sich dabei um einen kleinen Schritt in Ihrem Leben oder einen Riesenschritt in Ihrer beruflichen Karriere handelt –, ist der Preis für beinahe jedes Leben mit nachhaltiger Wirkung.

Kapitel 6
Die Sache hat Charisma – Sie müssen nicht charismatisch sein, um Erfolg zu haben

Man erweckt zum Leben, was einem am Herzen liegt.
– Antoine de Saint-Exupéry

Nervös lief sie eine schummrige Gasse zwischen der 16. und 17. Straße in San Francisco auf und ab, in dem Versuch, „genügend Jobs“ zu verrichten, um ihren Zuhälter bezahlen zu können, als ihr um drei Uhr morgens ein außergewöhnlicher Gedanke kam. „Ich arbeite auf der Straße, bin süchtig und obdachlos und schlafe in der Gosse. Eines Tages werde ich an einem Ort sein, an dem ich anderen Menschen von diesem Horror berichten werde. Ich soll die Dinge verändern“, erinnerte sich Norma Hotaling.

„Mein nächster Gedanke erstickte diese hoffnungsvolle Idee natürlich sofort im Keim. *Du bist nur eine drogensüchtige Hure – und etwas anderes wirst du nie sein.*“ Norma schnitt eine Grimasse, seufzte und fuhr sich dabei durch die Haare. Sie trägt eine Metallplatte, Drähte und Schrauben in ihrem Schädel, um die Folgen der Schläge zu kurieren, die sie erhielt, als sie sich eines Zuhälters entledigen wollte. Jeden Morgen begab sie sich zu einem schmierigen Hotel, in dem Dealer und Drogenabhängige herumhingen. „Es war jedes Mal ein Alptraum, wenn ich dort ankam – der Gestank und der Lärm der Obdachlosen, die betrunken waren oder halluzinierten. Man wusste nie, was einen erwartete, wenn man hereinkam, insbesondere, wenn man kein Geld hatte. Manchmal kam ich ohne ‚Ausrüstung' (eine Nadel) und fand keine Möglichkeit, eine geliehene Nadel abzuwaschen.

Es dauerte noch sieben weitere gefährliche Jahre des Kampfes gegen die Abhängigkeit, in denen sie immer wieder rückfällig wurde und zu Heroin und Kokain griff, bis sie sich schließlich in eine Gefängniszelle sperren ließ, um sich ein letztes Mal entgiften zu lassen.

Als Norma Hotaling aus ihrem „Geschäft" ausstieg, versuchten ihre Bekannten und Kollegen, sie wieder auf die Straße zu ziehen, und die Sachbearbeiter der Kommunalbehörden bezeichneten sie als unqualifiziert, als sie ankündigte, sie werde das *The Sage Project* starten, ein Zentrum, das andere Frauen darin unterstützt, von der Straße wegzukommen und ein neues Leben zu beginnen. Heute zwängt Hotaling ihren Traum in mehrere kleine Arbeitszellen zwischen den ungestrichenen Wänden eines abgeschlossenen Eisenzauns in San Franciscos Mission Disctrict. Als Ex-Prostituierte, Ex-Verbrecherin und ehemalige Heroinabhängige, fühlt sie sich noch immer schrecklich unqualifiziert, wenn sie hört, dass jemand sie als Führungsfigur bezeichnet. Aber nach 30 Jahren, „in der Gosse, in der ich Freunde habe sterben sehen, gibt es nach wie vor viel zu viele Mädchen zu retten", als dass sie darauf verzichten würde, Frauen von der Straße zu holen, nur weil sie keine Ausbildung als Sozialarbeiterin habe. In Wirklichkeit ist es ihre persönliche Erfahrung mit den Qualen, die diese Frauen erleiden, die sie dazu befähigt, andere Frauen aus dem Teufelskreis von Drogen und Prostitution zu befreien.

Es war nicht gerade eine Hilfe, dass viele Leute, die sie während ihrer eigenen Befreiung von der Drogensucht um Unterstützung bat, sie für die Aufgabe, die sie sich ausgesucht hatte, für unqualifiziert hielten. „Niemand befindet sich auf einer niedrigeren Stufe der sozialen Leiter als eine ehemalige drogensüchtige Hure", so Hotaling. Als sie aber so dringend Hilfe wollte, dass sie sich mit aller Leidenschaft darauf konzentrierte, „kamen unglaubliche Menschen auf mich zu". Sie nahm Kontakt zu Menschen auf, die ein sinnerfülltes Leben führten, und das spornte sie dazu an, auch ihrem eigenen Leben einen Sinn zu geben. Und mit der Zeit wuchs das Team, das ihre Arbeit unterstützt, kontinuierlich an.

Aufgrund von widrigen Umständen, Genen oder beidem fehlte vielen Erschaffern, mit denen wir gesprochen haben, die Art des Selbstvertrauens, das man bei einer Führungsfigur erwarten würde. Viele waren eher zögerliche bis nervöse introvertierte Menschen. Aber sobald wir über das sprachen, was ihnen wirklich wichtig war, machten sie eine Verwandlung durch, die an den schüchternen, wohl erzogenen Clark Kent erinnerte, der eine Telefonzelle betrat und kurz darauf als Superman wieder herauskam. Trotz der Gefühle, die Norma Hotaling über sich selbst hegt, hat ihre Sache das Charisma, das sie braucht, um schwere Zeiten durchzustehen, um eine große Unterstützung der Gemeinde zu bekommen und sich und andere dauerhaft zu motivieren oder Hürden wie ein geringes Selbstwertgefühl und begrenztes Wissen auf einem bestimmten Sachgebiet zu überwinden.

„Es gab für mich eigentlich nur zwei Möglichkeiten", betonte Hotaling mit feuchten Augen, „Ich mache dieses Projekt und bewirke etwas, oder ich bringe mich um. So einfach und so hart ist das." Was könnten wir alle mit auch nur einem Bruchteil dieser Klarheit bewerkstelligen?

„Ich bin extrem verletzlich und sensibel, und dennoch muss ich mein Innerstes nach außen kehren und eine derart private Geschichte immer und immer wieder in der Öffentlichkeit erzählen. Ich mache diese Arbeit seit 20 Jahren, und es ist immer noch sehr schwer", sagte sie. „Jedes Mal, wenn ich auftrete, sind gefühllose Menschen dabei, die das, was ich repräsentiere, hassen. Führung ist fast so etwas wie Märtyrertum, wenn man so will. Eine Weile lang dachte ich, ich könnte das in den Griff kriegen, indem ich mein neues privates Leben von meinem neuen ‚Job' als Führungsfigur abtrenne. Aber das war ein großer Fehler", so Hotaling.

„Man kann die Dinge, die einem wichtig sind, nicht von seinem Leben trennen. Das war für mich unmöglich und auch ungesund. Das ist wie eine erneute Prostitution – um zu überleben, dass man für Geld vergewaltigt wird, muss man für seine verschiedenen Körperteile Preisschilder aufstellen: Lippen, Brüste, Vagina. Das sind aber keine separaten Teile meines Ichs, genauso wenig wie ich die Bedeutung meiner Arbeit von meinem Leben abtrennen kann", fuhr Hotaling fort.

„Um das, was einem wichtig ist, auf eine gesunde Art und Weise zu machen, kann man nicht so tun, als sei man eine Maschine oder sich selbst zu einer Maschine abtöten – sich selbst zu entwenden, funktioniert nicht. Sie müssen alles fühlen und benutzen."

„Um das, was einem wichtig ist, auf eine gesunde Art und Weise zu machen, kann man nicht so tun, als sei man eine Maschine oder sich selbst zu einer Maschine abtöten – sich selbst zu entwenden, funktioniert nicht. Sie müssen alles fühlen und benutzen. Meine Geschichte ist nicht mein Job; meine Geschichte bin ich – auch wenn es mir weh tut, das wiederholen zu müssen. Mein Anliegen ist mein Leben. Es hilft mir heute, offener über den Horror zu sprechen als noch vor fünf Jahren, als ich mich politisch korrekt verhielt. Heute weine ich viel mehr, und das hilft."

Hotaling wurde nach Korea zu einem Treffen mit Führern von Nonprofit-Organisationen und Regierungsbehörden eingeladen, nachdem eine dreijährige Zusammenarbeit, die von der Arbeit des *Sage*-Projekts inspiriert war, zu einem neuen Gesetz geführt hatte. „Ich hörte von einer Gruppe von Überlebenden – Frauen, die trotz des Stigmas bereit waren, über die Qualen zu sprechen, die sie erlebt hatten." Nach der Überwindung einiger logistischer Probleme kam Hotaling schließlich mit einer Gruppe von 15 mutigen Frauen zusammen. „Auf meiner Reise dorthin war ich allein", sagte sie, „aber als ich ankam, sprangen alle auf, applaudierten und weinten. Wir haben zusammen geweint. Sie sagten, sie stützten sich eine halbe Weltreise entfernt auf das Erbe der Arbeit von *Sage.* Ich war nicht mehr allein. Ich arbeite immer mit und für meine Schwestern." Und dafür steht sie jeden Morgen auf. Selbst wenn ihre Gefühle in tiefe Finsternis abrutschen – das Licht ihrer Überzeugung sagt ihr, dass ihre Arbeit größer und dauerhafter ist, als sie selbst. Ihr Hadern über ihren vermeintlichen oder echten Mangel an formaler Qualifikation wird von der Dringlichkeit des Bedarfs an ihrer Arbeit beiseite gedrängt. Diese Arbeit muss getan werden, mit ihr oder ohne sie. Diese Arbeit lebt in ihrem Inneren, und es würde ihrem Herzen Leid zufügen, wenn sie nicht mehr daran teilhätte.

Inzwischen sieht es so aus, als erhöre die Welt ihre Botschaft. Unter anderen zahlreichen Auszeichnungen wurde Hotaling von Oprah Winfrey der *Use Your Life Award* verliehen, mit dem sie Norma Hotalings mutige Arbeit für *Sage* pries – ein Projekt, das Hunderte von jungen Frauen und Ausreißerinnen vor Kriminalität, Drogenabhängigkeit, Prostitution und Tod gerettet hat. „Mein ‚spirituelles Beratungsgremium' sind die Frauen, die gestorben sind", sagte Hotaling. „Als ich verängstigt und ohne Hoffnung war, erinnerte ich mich an die Schwestern, die vor mir gelebt und ihr Leben gegeben haben, um zu verstehen, was gebraucht wird."

Der Mut, einen Schritt nach vorn zu wagen

Viele Erschaffer werden Ihnen sagen, dass die Überwindung der Grenzen im eigenen Kopf – trotz der Realität ihrer schmerzhaften Vergangenheit – eine ihrer schwersten, notwendigsten und lohnenswerten Leistungen war.

„Die geistige Entkolonisierung ist der erste Schritt", sagte Roberta Jamieson, Häuptling der Six Nations of the Grand River*, dem Reservat, in dem sie aufgewachsen war. Auf ihrem Weg ins College war sie von der Behandlung der indianischen Bevölkerung so schockiert, dass sie ihre früheren Berufsziele über den Haufen warf,

* Irokesen sechs verschiedener indianischer Stämme im kanadischen Grand-River-Gebiet (A.d.Ü.)

um stattdessen die erste Aboriginal mit einem Juraabschluss in Kanada zu werden. Sie wurde außerdem eine der ersten Rechtsanwältinnen in Kanada, die sich für Schlichtungen statt gerichtliche Prozesse aussprach, und zwar auf Basis der langen Geschichte friedlicher Konfliktbeilegung, die in ihrer Stammesgemeinde üblich war. Heute ist sie CEO der Stiftung National Aboriginal Achievement Foundation in Toronto. „Wir müssen unsere geistige Unterdrückung loswerden", bemerkte sie. „Wir sind nicht länger Gefangene, sondern Teil einer langen und großartigen Historie. Wir sind berechtigt, Entscheidungen zu treffen. Wir haben Begabungen, die unseren Leuten gehören. Es ist unsere Verantwortung, diese Talente anderen zur Verfügung zu stellen. Werfen wir die Fesseln ab, die uns niederhalten. Hören wir auf, an uns und anderen herumzuziehen weil wir uns nicht wohl in unserer Haut fühlen", forderte Jamieson. „Als wir auf die Welt kamen, haben wir Instruktionen mitbekommen – eine Art Werkzeugkasten an Talenten und speziellen Begabungen. Unsere Lebensaufgabe besteht darin, diese Werkzeuge der siebten Generation zur Verfügung zu stellen. Wie viel Kraft und Willen hätten Sie, wenn Sie wüssten, dass Ihre Entscheidungen auf Ihre Gemeinde und Ihr Land sieben Generationen lang Einfluss haben würden?" Als Jamieson gebeten wurde, die Rolle als Häuptling zu übernehmen, lehnte sie zweimal ab. Als ihr klar wurde, dass sie auf einzigartige Weise zur Erfüllung der Bedürfnisse ihrer ethnischen Gemeinde beitragen konnte, sagte sie schließlich zu. Und dennoch ging sie nach dem Ende ihrer Amtszeit in ihren vorhergehenden Job zurück. „Wichtig war, zu dienen, als dieser Dienst erforderlich war. Ich bin nicht die Art von Mensch, die um jeden Preis der Boss sein muss, nur um der Boss zu sein."

Wie Norma Hotaling ließ sich Jamieson in eine Führungsrolle berufen, weil die Sache an sich Charisma hatte. Dasselbe galt für die Wissenschaftlerin Dr. Francine „Penny" Patterson. Sie ist nie ganz warm mit der Vorstellung geworden, eine Organisation zu „führen", folglich betrachtet sie die Situation einfach nie auf diese Weise. Als junges Mädchen schmuggelte Penny Echsen und Schlangen in ihr Zimmer und beobachtete sie stundenlang, fasziniert von der Vorstellung, was diese kleinen Kreaturen wohl denken mochten. „Mehr war nicht nötig, um mich völlig zu verzaubern", sagte Patterson mit glänzenden Augen. Als sie während ihrer Hochschulzeit an der Stanford University die Gelegenheit hatte, ein Gorillababy aufzuziehen, war sie völlig aus dem Häuschen. „Ich konnte mein Glück kaum fassen und machte in der Nacht zuvor kein Auge zu. Ich war nervös und aufgeregt, den kleinen Gorilla zu treffen, der in meinen Augen das ultimative Tier ist.“ Sie hatte damals keine Ahnung, dass diese zeitlich begrenzte Aufgabe die nächsten 30 Jahre ihres Lebens bestimmen würde.

Niemand hatte damit gerechnet, dass Patterson wie ein moderner Dr. Doolittle den kühnen Versuch wagen würde, dem Gorilla Zeichensprache beizubringen. Die wissenschaftliche Gemeinde spaltete sich. „Es fanden Konferenzen statt, deren einziges Ziel darin bestand, zu demonstrieren, dass wir Betrüger waren“, seufzte sie. „Es gab Wissenschaftler und Philosophen, die entschieden, dass es sich bei unserem Vorhaben um etwas Undurchführbares handelte, also konnte hier irgendetwas nicht stimmen.“ Einem Tier beizubringen, ein menschliches Gespräch zu führen, war – überflüssig zu erwähnen – „umstritten, da es die Weltsicht auf eine Weise veränderte, die vielen Menschen nicht geheuer war“. Die Angriffe auf ihre Glaubwürdigkeit ließen nicht nach. „Ich denke, es ist ein Segen, dass solche Dinge an mir abprallen, so dass ich mich auf die positiven Dinge konzentrieren und weitermachen kann. Das trifft nicht auf alle meine Kollegen zu, von denen sich einige noch an jedes kritische Wort erinnern.“ Aber es stand nach Pattersons Auffassung viel zu viel auf dem Spiel, als dass sie sich in einer Opferhaltung hätte lähmen lassen können. „Das hätte eine konstante Behinderung sein können, die einen irgendwann in die Depression hätte treiben können. Dann hätte ich irgendwann vielleicht einfach aufgegeben.“

Aber das tat sie nicht. Seit mehr als drei Jahrzehnten hat ihre Leidenschaft diese stattliche Blondine in einen Stahlkäfig geführt, in dem sie Koko von Angesicht zu Angesicht gegenüber steht – einer riesigen Affendame, die zu einer haarigen Gelehrten von 300 Pfund Lebendgewicht herangewachsen ist, die rechnen kann, Bilder malt, die hohe Preise erzielen, und die „in der Lage ist, unter Verwendung von 1.000 gestenartigen Worten ihre Gedanken und

Gefühle auszudrücken.“[1] Sie erinnern sich vielleicht an das inzwischen berühmte Cover der Zeitschrift *National Geographic*, auf dem ein riesiger Gorilla ein kleines Kätzchen wiegt. Das war Koko. Sie hat die Wahrnehmung der Welt über das, wozu ein wildes Tier in der Lage ist, revolutioniert.

Rund um die Uhr an jedem Tag des Jahres mit Koko zu verbringen, ist für Patterson ein lebenslanger Genuss. Menschen um Unterstützung zu bitten, nun ja, das ist eine ganz andere Sache gewesen. „Ich werde schrecklich nervös, wenn ich diese Meetings abhalten muss. Aus psychischer Sicht bin ich ein hoffnungsloser Fall. Ich muss jede steinreiche und überaus wichtige Person bitten, diese Sache zu unterstützen. Ich muss sie davon überzeugen, wie wichtig dieses Anliegen ist. Ich muss jeden einzelnen ansprechen, und das macht mir Angst.“

Das Einzige, was ihr über dieses flaue Gefühl im Magen hinweg hilft, ist ihre Überzeugung, dass ihre Sache eine moralische Autorität besitzt, auch wenn sie das Gefühl hat, sie selbst habe das nicht. Patterson hasst es, um Geld zu bitten. Sie kann kaum ihr Zittern ausreichend unter Kontrolle halten, um die Telefonnummer zu wählen. Ihre Stimme bebt. Aber wenn sie den potenziellen Sponsor am Telefon hat, dann strotzt ihr Herz nur so vor charismatischer Energie: „Es ist eine Minute vor zwölf, und dann verlieren wir sie“, fleht sie. „Wenn die Uhr zwölf schlägt, wird der engste Verwandte der Menschen – der Gorilla – tot und für immer ausgerottet sein.“ Heute machen Prominente wie Peter Gabriel, Sting und Robin Williams ihre Aufgabe ein wenig leichter.

Wenn die Sache Charisma hat, blühen selbst Mauerblümchen in der Öffentlichkeit auf

Das Konzept der charismatischen Führungspersönlichkeit hat in der letzten Zeit viel schlechte Presse erhalten. Dabei schießen die Kritiker möglicherweise am Ziel vorbei. Es geht nicht darum, ob Sie schüchtern, demütig, extrovertiert oder extrem forsch sind oder auch nicht. Es ist nicht Ihre Persönlichkeit, die dauerhaften Erfolg bestimmt, sondern das, was Sie mit Ihrer Persönlichkeit anfangen. Ob Sie ein zu großes oder zu kleines Ego haben, kann alle möglichen Probleme aufwerfen, und wir lassen Ihnen sicher kein Fehlverhalten durchgehen. Aber wir haben herausgefunden, dass Erschaffer alles Mögliche sein können. Und sie haben alle Arten an psychologischen Problemen, die ein Dr. Phil. besser beschreiben kann. Einige sind schrecklich schüchtern und andere wirken von geradezu aggressiver Offenheit – das hängt nur davon ab, ob Sie sich für das interessieren, was ihnen wichtig ist, oder nicht. Wenn es Sie interessiert, dann sind das interessante Menschen. Wenn nicht, wirken manche direkt widerlich.

Es ist nicht Ihre Persönlichkeit, die dauerhaften Erfolg bestimmt, sondern das, was Sie mit Ihrer Persönlichkeit anfangen.

Der grundlegende Unterschied zwischen Erschaffern und anderen Menschen ist, dass Erschaffer etwas gefunden haben, das ihnen wirklich wichtig ist. Sie sind daher so leidenschaftlich engagiert, dass sie über den Ballast ihrer Persönlichkeit hinauswachsen, der sie andernfalls niederhalten würde. Was auch immer sie tun, hat für sie eine so große Bedeutung, dass die Sache selbst Charisma bietet, und daraus ziehen sie Energie wie aus einer Steckdose. Dauerhaft erfolgreiche Menschen – ob sie Mauerblümchen oder großschnäuzige Unternehmer sind – dienen der Sache, und die Sache dient ihnen. Die Sache rekrutiert sie, und sie werden von ihrer Macht angehoben. Wenn Sie das erleben, dann kommt ein größeres, gewinnenderes „Ich“ zum Vorschein.

Der gebürtige Taiwaner und Ingenieur Jen-Hsuan Huang, Gründer und CEO des Multimilliarden-Dollar-Videochipherstellers Nvidia, ist stets ehrgeizig gewesen, aber nach eigener Beschreibung introvertiert – bis er vor einen Computerbildschirm tritt, um Ihnen zu zeigen, woran sein Team arbeitet. Wenn er das tut, dann ist das so, als knie er vor einem Altar, einem Schrein für sein Lebenswerk. Die tiefe Verehrung, die er der Schönheit und Anmut dessen entgegenbringt, was er und sein Team herstellen, sitzt emotional ganz tief und wirkt auf einen Nicht-Techie ein wenig kurios. Seine Ehrfurcht vor der Sache ist in der Tat der Schrein. Seine Begeisterung über seine Mission verleiht ihm – nun – Charisma.

Auch wenn der freundliche, sanfte Huang behauptet, er wäre lieber „zu Hause und würde mit den Kindern spielen oder mit seiner Frau in Ruhe ein Glas Wein trinken“, verliert er jeden Drang, wegzulaufen und sich zu verstecken, sobald er über sein Lieblingsthema spricht. Wenn Sie sich profundes Wissen über ein Thema aneignen, das Sie über alle Maßen interessiert, dann entwickelt sich Charisma. Sie gewinnen den Mut, Ihre Leidenschaft mit anderen zu teilen, und wenn Sie das tun, werden diese Ihnen folgen. Laut Peter Drucker macht Sie das zu einer Führungspersönlichkeit.

Lassen Sie Ihre Leidenschaften abheben

Das ist genau das, was Herb Kelleher, Gründer von Southwest Airlines, geschah. Es ist nicht so, dass er nicht schon vorher ein lustiger, gewinnender Mensch gewesen wäre, aber er stieß unerwartet auf eine Sache, die eine unbedeutende Rechtsanwaltskarriere in eine Laufbahn verwandelte, die einen ganzen Industriezweig veränderte. Kelleher wurde als externer Anwalt engagiert, um einem Unternehmer bei der Gründung einer Fluggesellschaft zu helfen, und das Nächste, woran er sich erinnern kann, ist, dass er zu ihrem Mitgründer wurde. Was ihn so unerwartet getroffen hat, war eine populistische Leidenschaft für die Beseitigung einer wahrgenommenen Ungerechtigkeit: Für die breite amerikanische Bevölkerung war Fliegen einfach viel zu teuer. Das mag nicht nach einer moralischen Verpflichtung klingen, aber für Kelleher fühlte es sich so an. Er war bereit, eine Menge Opfer zu bringen, um diese Situation zu verändern. Er brachte den Mut auf, von einem fähigen Anwalt mit einer renommierten Kanzlei zu einem arbeitslosen Entrepreneur zu mutieren, der bereit war, anderen dabei zu helfen, ihm in seiner tiefen Verschuldung Gesellschaft zu leisten – alles im Namen der Sache.

Wie es oft der Fall ist, wenn Erschaffer von der Macht ihres Anliegens ergriffen sind, wurde Kelleher von einem ziemlich guten Anwalt zu einer außergewöhnlichen Führungspersönlichkeit. Er hatte keine Ahnung, dass seine Leidenschaft ihm dabei helfen würde, einer der am meisten bewunderten CEOs aller Zeiten zu werden, der seine Organisation mit einem Witz und selbstkritischen Humor managte, den man in Führungsetagen nur sehr selten antrifft. Noch erkannte er, dass seine Fluggesellschaft eine beispiellos dauerhafte Rentabilität in einer Branche erreichen würde, die mehr für Insolvenzen als für Kundenservice bekannt ist. Dabei wird oft vergessen, dass der gutmütige Kelleher die Belagerung durch schier endlose Rechtsstreitigkeiten durchstehen musste, mit denen er von Wettbewerbern überzogen wurde, um seinen Traum überhaupt erst einmal abheben lassen zu können. Einen Tag nachdem Southwests Lizenzantrag von den Behörden bewilligt wurde, verklagte Braniff Airways[2] die neue Fluggesellschaft, und Southwest verlor den Prozess. Southwest verlor auch in zweiter Instanz. Kelleher flehte sein Board an, nicht aufzugeben und kämpfte sich bis zum Obersten Bundesgericht, dem Supreme Court von Texas vor, wo er schließlich gewann. Es dauerte fünf turbulente Jahre, bis Kelleher seinen inzwischen berühmten, auf einer Serviette skizzierten Geschäftsplan in Southwests ersten Flug verwandeln konnte.

Stellen Sie sich vor, Sie wagen den Sprung von Ihrem angenehmen, sicheren und anerkannten Beruf, um das Opfer der Lächerlichkeit und gerichtlicher Prozesse in einer Branche zu werden, die Sie neu ausrichten wollen, und dann schreiben Sie jahrelang rote Zahlen, bis Sie Ihr Ziel endlich erreichen. Das passiert Pionieren ständig. Kelleher bewahrte sich seine Leidenschaft für Gerechtigkeit – der Hauptgrund, aus dem er ursprünglich den Anwaltsberuf gewählt hatte –, während er unermüdlich stritt. Das tat er nicht, um Erfolg nach herkömmlicher Definition zu erzielen – also Macht, Ruhm und Reichtum –, sondern vielmehr um einer Sache zu dienen, die ihm wichtig war. Es war sein Glaube, der Charisma hatte, betont Kelleher, und der sein eifriges „beispielloses, irrationales Verhalten möglich machte“.

Braniff Airways ist längst pleite. Dagegen fliegt Southwest in höchsten Sphären und definierte das wertorientierte Segment des Luftverkehrs ein für alle Mal auf eine Art und Weise neu, die sich in der ganzen Welt durchzusetzen beginnt.

Und wenn Ihr Traum nie Popularität erreicht?

Popularität war Nadine Strossen nie besonders wichtig. „Ich bin Juristin, und ich finde, dass das Rechtswesen ein wundervoller Beruf ist“, sagte Dr. Strossen, Rechtsprofessorin an der New York University. „Aber wenn man die Untersuchungen über die Berufseinstellung von Rechtsanwälten, insbesondere von jungen Anwälten, betrachtet, dann sieht man bestenfalls eine große Unzufriedenheit, Unbehagen oder einen Mangel an Begeisterung und im schlimmsten Fall echte Entfremdung und Frustration, und das gilt für mächtige Partner von etablierten Wall-Street-Firmen genauso wie für Einzelanwälte. Die einzige Ausnahme, die ich erkennen kann, sind die Anwälte, die ihr Juraexamen dazu nutzen, für ihre Auffassung von Gerechtigkeit einzutreten.“ Strossens Team hat „dieses leidenschaftliche Engagement für Gerechtigkeit. Zwar mögen wir divergierende Auffassungen darüber vertreten, was Gerechtigkeit bedeutet, aber wir glauben grundsätzlich an Gerechtigkeit und ziehen daher große Freude aus der Anwendung unserer beruflichen Kompetenzen, um die Gerechtigkeit zu fördern. Es macht Spaß und ist in jeder Hinsicht eine gute Arbeit.“

„Ist das nicht der Grund, warum wir hier sind?“, fragte Strossen, die ihr Examen an der Harvard Law School abschloss, geradezu strotzend vor Hoffnung, ihre eigene Marke an populistischer Gerechtigkeit könne wirklich etwas bewirken. „Wenn etwas es wert ist, getan zu werden, dann lassen Sie es uns gefälligst auch als wertvoll behandeln!“ Führung beginnt mit einem selbst als Individuum und der Fähigkeit, die eigene Leistung zu verbessern, das eigene Wissen und die eigene Exzellenz zu steigern.[3]

„Wenn etwas es wert ist, getan zu werden, dann lassen Sie es uns gefälligst auch als wertvoll behandeln!“

Wenn es eine Juristin gibt, von der man annehmen könnte, sie sei verärgert oder unglücklich, dann ist es Strossen. Sie arbeitete ehrenamtlich als Präsidentin der American Civil Liberties Union (ACLU). Kaum eine Organisation ist stärkeren Angriffen von allen Seiten des politischen Spektrums ausgesetzt.

„Ich musste ganz eindeutig lernen, unfaire Kritik zu tolerieren und fand das erstaunlich einfach", erklärte Strossen. „Vielleicht, weil sich die Kritik an die Organisation und nicht an mich als Individuum richtete." Aber sie gibt zu, dass sie auch persönlich angegriffen wird. Strossen sagt, sie habe „kein dickes Fell in dem Sinne, dass ich unsensibel oder nicht offen dafür wäre, darüber nachzudenken, ob nicht doch ein Körnchen Wahrheit in der Kritik steht – etwas Konstruktives, aus dem ich lernen kann, und zwar als Individuum oder als Leiterin meiner Organisation. Allerdings lasse ich nicht zu, dass mich das in irgendeiner Weise behindert. Ich erkenne den Unterschied zu einigen jüngeren oder unerfahreneren Mitarbeitern der ACLU, die schockiert auf die Angriffe reagieren und sich persönlich schwächen lassen. Ich muss sie dann in Motivationsgesprächen wieder aufrichten."

Strossen, die von sich sagt, sie „wäre bereit, [die ACLU] für diese Aufgabe zu bezahlen, konnte ihr Team mit großem Selbstvertrauen beruhigen. „Nehmen Sie das nicht persönlich. Sie können es letztlich sogar als Kompliment betrachten. Die Kritiker würden Sie nicht als Blitzableiter beziehungsweise als Ziel für ihre Angriffe sehen, wenn sie nicht erkennen würden, dass Sie mit Ihren Vorstellungen gegen ihre eigenen völlig anderen Vorstellungen etwas bewirken", betonte sie. „In gewisser Hinsicht kann ich mich dem berühmten Ausspruch von Ronald Reagan über Kritik anschließen, die die ACLU an einer seiner Maßnahmen übte." Strossen zitierte den ehemaligen Präsidenten: „Er sagte: ‚Ich höre, dass die ACLU mich kritisiert hat. Ich [Ronald Reagan] trage diese Kritik wie eine Ehrenmedaille.' Und ich würde sagen, als Reagans Justizminister uns als Lobby der Straftäter bezichtigte, heftete ich mir diese Kritik als Auszeichnung an. In meinem Beruf muss man optimistisch sein – oder idealistisch –, sonst kann man nicht weitermachen. Aber das Wunderbare und Aufregende ist die Stärkung, die man empfindet. Je härter man arbeitet, umso energiegeladener fühlt man sich durch die Gerechtigkeit der Sache und die Chance, im Leben echter Menschen etwas zu bewirken", sagte Strossen. „Mein Führungskonzept hat nicht unbedingt mit einem Titel zu tun, sondern mit der Demonstration eines bestimmten Verhaltens. Ich verwende die Bezeichnung [Führung] eher, um zu beschreiben, was jemand tut, anstatt die Position zu beschreiben, die er gerade bekleidet. In anderen Worten: Es gibt Menschen mit prestigeträchtigen Titeln – darunter zahlreiche gewählte Vorstände –, die für mich in der Quintessenz eher Gefolgsleute als Führer sind. Sie folgen den wechselnden Gezeiten der öffentlichen Meinung und hängen ihr Fähnchen nach dem Wind. Mein Modell geht auf John F. Kennedys Buch *Profiles in Courage* zurück, das von Menschen handelt, die den Mut hatten, ihre Überzeugungen unter allen Umständen zu verteidigen. Ich finde, jeder Charakter beziehungsweise jede historische Figur dieses Buches wurde an irgendeinem Punkt aus dem Amt oder gar nicht erst in dieses Amt gewählt, und zwar genau wegen dieser Fähigkeit, die diese Person in meinen Augen zu einer Führungspersönlichkeit gemacht hat, egal, ob sie weiterhin Präsident oder Senatsmitglied war."

Erschaffer halten an ihren persönlichen Überzeugungen fest, die sie als so zwingend empfinden – und gelegentlich auch als so wichtig, dass sie ihre Arbeit sogar gratis tun würden –, dass sie sie trotz der damit verbundenen Popularität und nicht wegen der Popularität einfach tun müssen – so wie Nadine Strossen.

Vertrauen Sie Ihrer Leidenschaft und werden Sie ein Experte auf diesem Gebiet

Wie Nadine Strossen lebt auch Condoleezza Rice ihr Leben im Kreuzfeuer der öffentlichen Meinung und fühlt sich seit langer Zeit von Themen angezogen, die sie so beschäftigten, dass sie nicht davon ablassen konnte. Wenn man diese beiden Frauen trifft, wird klar, dass ihr Überlebens- und Erfolgsgeheimnis darin liegt, tief zu schürfen und alles zu lernen, was sie über ihr Lieblingsthema in Erfahrung bringen können. Das Leben erfordert „Leidenschaft, Entschlossenheit und Kompetenz", so Rice. Man kann nicht einfach einen dieser Faktoren auslassen und erwarten, dauerhaften Erfolg zu erzielen.

Das Leben erfordert „Leidenschaft, Entschlossenheit und Kompetenz", so Rice. Man kann nicht einfach einen dieser Faktoren auslassen und erwarten, dauerhaften Erfolg zu erzielen.

Weder Rice noch Strossen wählten Karrierepfade, mit denen sie Reichtümer anhäufen konnten. Vielmehr entschieden sie sich für eine andere Art an Reichtum und Macht: Wissen. Wenn man nach irgendetwas gieren sollte, dann nach „intellektuellem Kapital" für den eigenen Traum. Wenn man sich Wissen „verdient" hat, sagte Professorin Rice ihren Studenten während ihrer Lehrzeit an der Stanford University, dann hat man die ethische Verantwortung, dieses Kapital an Kompetenzen zu „investieren", um im Dienst für die Öffentlichkeit etwas zu bewirken. Man kann argumentieren, Strossen und Rice bewegten sich ihr Leben lang am Rande der Besessenheit. Beide sind herausragende Ausnahmefiguren, die ihr jeweiliges Anliegen ehren, indem sie eine außergewöhnlich nachhaltige Wirkung auf die Welt erzielt haben.

Rice glaubte nie, dass es einen anderen Weg gegeben hätte. Sie wuchs in Birmingham, Alabama, auf, zu einer Zeit, als der Ku-Klux-Klan noch sehr aktiv war. Als sie acht Jahre alt war, starb Denise McNair – eine ihrer Schulkameradinnen – in einer Explosion, als weiße Anhänger der Rassentheorie eine benachbarte Baptistenkirche in Brand steckten. Rices Eltern – ihr Vater war Pfarrer der Westminster Presbyterian Church und ihre Mutter Musiklehrerin – verfügten über die Mittel, um sie bis zu einem gewissen Grad vor der Diskriminierung zu schützen, der sie ohne diesen Wohlstand ausgesetzt gewesen wäre. Aber Rice sagt, sie sei immer davon ausgegangen, dass sie als Frau und Angehörige einer Minderheit doppelt so gut und „ihr Wissen doppelt so profund" sein musste, um voranzukommen. Oberflächlichkeit oder eine Leichtherzigkeit in der Verfolgung ihrer Leidenschaften waren für sie nie eine Option. Als Kind nahm sie an Eiskunstlaufturnieren teil und spielte Flöte, Violine und Klavier (ihr Lieblingsinstrument). Ihre Mutter beschloss, sie nach einer italienischen Bezeichnung aus der Musikkomposition zu benennen – *con dolce* beziehungsweise *con dolcezza*, was so viel bedeutet wie „mit sanftem Anschlag spielen". Heute würden ihre Gegner auf der internationalen politischen Bühne diesen Namen für eine der hartgesottensten und mächtigsten Frauen der Welt sicher als Ironie empfinden. Mit 15 Jahren, als ihre Klassenkameraden in Birmingham ihre Sommerferien nach ihrem ersten Jahr an der Highschool beendeten, begann die ehrgeizige Condi bereits mit dem College – sie studierte an der University of Denver das Hauptfach Musik. Bald entdeckte sie nach eigener Aussage, dass sie darin „gut, aber nicht gut genug war, um herausragend zu sein“. Rice wollte Virtuosin und nicht Musiklehrerin werden, die „13-Jährigen dabei half, Beethoven umzubringen“, erzählte sie ABC News. Im Alter von 16 Jahren wechselte Rice im zweiten Studienjahr daher das Hauptfach, und von da an war die Welt nicht mehr dieselbe.

Es war zu einer Zeit, als der Kalte Krieg zwischen den USA und der Sowjetunion die Erde in zwei Teile spaltete. Und hier kommt diese brillante schwarze Teenagerin aus dem tiefen Süden, die etwas über die geteilte Welt wusste. Ob es die Kluft zwischen ihrem frühreifen Genius und dem Intellekt ihrer Studienkollegen war, ihr gemessen an älteren College-Studenten außergewöhnliches Auftreten, das sie schon sehr früh an den Tag legte, oder die Klassen- und Rassenprobleme ihrer Heimat: Rice wusste, wie groß die Kluft war, die sie in dieser Nation und in dieser Welt würde überwinden müssen. In einem Hutladen in Birmingham war sie nicht willkommen, aber sie konnte Präsidentin der USA werden. Es war keine Überraschung, dass sie beschloss, in die Politik zu gehen. Rice traf auf eine der wichtigsten und inspirierendsten Figuren in ihrem Leben, als sie die Vorlesungen des früheren tschechischen Diplomaten Josef Korbel besuchte, der über das stalinistische Russland referierte. (Korbel war auch der geistige Vater eines anderen aufsteigenden Sterns der Regierung – Madeleine Albright, die unter Bill Clinton Außenministerin wurde.) Rice war fasziniert und verschrieb sich mit Haut und Haar der politischen Szene und der internationalen Diplomatie. Nach ihrem Abschluss an der University of Notre Dame und ihrer Promotion an der University of Denver wurde sie Assistenzprofessorin in Stanford. Damals war sie Mitte zwanzig.

Das außerordentliche Talent der jungen, drahtigen Condi Rice für amerikanische und russische Politik sprach sich herum. Rices Wissen und ihre Leidenschaft, tief in ein Thema einzudringen, steigerten ihre Autorität. Präsident George H.W. Bush machte Rice 1989 zu seiner Beraterin in Sowjetangelegenheit. Nach kurzer Zeit wurde sie Chefberaterin für die Gipfeltreffen mit Michail

Gorbatschow, als der Zusammenbruch der Sowjetunion nahte. Dem Journalisten Steve Kettmann zufolge stellte Bush sie Gorbatschow stolz mit den Worten vor: „Das ist Condoleezza Rice. Alles, was ich über die Sowjetunion weiß, weiß ich von ihr.“[4]

Ist Condoleezza Rice eine bewundernswerte Figur im Dienste der Öffentlichkeit und/oder ein konservativer Falke? Ist Nadine Strossen eine bewundernswerte Figur im Dienste der Öffentlichkeit und/oder eine radikale Liberale? Auf jeder Seite dieser Positionen stehen unzählige Leute, die ihre jeweilige Sichtweise verteidigen. Manchen bereitet es Unbehagen, dass beide Frauen in ein und demselben Buch, geschweige denn in einem Atemzug, genannt werden. Ob man sie liebt oder hasst, Rice und Strossen ziehen aus ihrem jeweiligen Anliegen eine enorme Kraft und Energie, wobei sie sich und ihrem Team ein profundes Wissen und ein hohes Engagement abverlangen. Diese persönliche Verbindung zu der Bedeutung ihrer Sache hat wesentlich zu ihrer Fähigkeit beigetragen, in ihrer jeweiligen Laufbahn über lange Zeit eine nachhaltige Wirkung zu erzeugen.

Was immer Sie sind, seien Sie darin herausragend

Eine der besten Methoden, um ein Charisma zu erzeugen, wie es Erschaffer für ihr Anliegen, ihre Berufung, ihre Karriere oder ein anderes großes Ziel empfinden, ist, festzustellen, ob Sie bereit sind, sich ganz darin zu versenken. Chancen entstehen aus Kompetenz und nicht allein aus Glück, Begabung und Leidenschaft. Wenn Sie es zu mühselig finden, Experte auf dem Gebiet zu werden, das Ihnen etwas bedeutet, dann verfolgen Sie keinen Traum, sondern einen Tagtraum. Sie können keinen Anspruch auf den verborgenen Schatz erheben, wenn Sie nicht danach graben wollen. Das soll nicht heißen, dass es leicht ist oder dass Sie nicht oft leiden werden. Aber wenn Sie feststellen, dass Sie die Beharrlichkeit nicht aufbringen können oder wollen, ständig dazu zu lernen und mehr über Ihre Leidenschaft zu erfahren, dann wird es Ihnen sehr schwer fallen, an Ihrer Leidenschaft festzuhalten, wenn sich auf Ihrem Weg Hindernisse auftun. Das sind keine weltbewegenden

Neuigkeiten. Wir haben das von allen unseren Gesprächspartnern gehört: Auf seinem Gebiet herausragend zu sein, ist eine Grundvoraussetzung für dauerhaften Erfolg.

Der ehemalige Biotechnologie-Unternehmer Ed Penhoet, der heute eine der größten Stiftungen der Welt leitet, glaubt, dass die eigene Bereitschaft, in dem, was man tun, um seiner selbst willen Herausragendes zu leisten, einer der Schlüssel für Erfolg ist. Wenn Sie feststellen, dass es Ihnen unmöglich ist, sich auf Ihrem Gebiet profundes Wissen anzueignen, dann haben Sie etwas Wertvolles herausgefunden – und zwar, dass Sie die Finger davon lassen sollten, so Penhoet. „Ich bin ein überzeugter Anhänger von Glückskeksen", grinste Penhoet. „Als ich Professor in Berkeley war, zog ich einmal einen Glückskeks mit der Botschaft: ‚Was immer Sie tun, seien Sie darin gut.' Und für mich ist das der einzige Geschäftstipp, den ich jemandem geben kann. Wenn Sie gut in dem sind, was Sie tun, öffnen sich Ihnen die Türen. Man wird mit Ihnen arbeiten wollen, und so wird man Ihnen Chancen bieten. Dann müssen Sie sie nicht einmal selbst suchen; üblicherweise kommen sie von allein auf Sie zu. Erfolg basiert immer darauf, dass man die Aufgabe, die heute vor einem liegt, gut macht, und sich nicht darüber grämt, dass man noch nicht CEO ist", fuhr Penhoet fort. „Das ist in der Tat ein erstaunliches Phänomen, das ich besonders bei MBA-Absolventen beobachte. Sie denken alle, weil sie einen MBA-Abschluss haben, sollten sie in der darauf folgenden Woche wenigstens Senior Vice President sein. Was sie stattdessen allesamt tun sollten, ist, zu beweisen, dass sie eine Aufgabe tatsächlich gut machen. In meinem eigenen Leben habe ich herausgefunden, dass Menschen, die sich immer über den nächsten Schachzug im Leben Gedanken machen, nie wirklich bis dahin kommen. Lassen Sie das besser. Wenn Sie immer den zweiten Schritt vor dem ersten planen, beeinträchtigt das Ihre Fähigkeit, die direkt vor Ihnen liegende Aufgabe zu bewältigen", so Penhoet.

„Die Menschen nehmen Sie als Person wahr, die ihren Job gut oder schlecht macht. Man wird sich nicht an Sie als die Person erinnern, die diesen einen Job schlecht gemacht hat, sondern als die Person, die schlecht arbeitet", so Penhoet.

Wenn Erschaffer feststellten, dass sich ihr Streben nach Exzellenz als unerreichbar, unerfreulich oder so schrecklich erwies wie ein Horrorfilm von Stephen King, dann nahmen sie das als Botschaft, dass sie sich einer anderen Sache zuwenden sollten. Damit die Sache Charisma hat, muss sie Ihr Herz erfüllen, um bei Ihnen die Bereitschaft auszulösen, alles zu geben.

Es beginnt mit Ihnen, aber letztlich geht es nicht um Sie

Wenn Sie sich auf das konzentrieren, von dem Sie glauben, dass es getan werden muss, dann werden Sie mehr Energie haben, um die unvermeidlichen Widerstände auszuhalten, die Ihnen andere entgegenbringen. Die Lehrerin Marva Collins läuft fast jedes Mal, wenn sie Pädagogen ihr neues Programm vorstellt, gegen eine Wand. „Noch heute stehe ich vor großen Herausforderungen, wenn ich in Schulen meine Methodologie einführen beziehungsweise mit einer Schule zusammenarbeiten will. Viele Lehrer weigern sich, mit mir zu sprechen oder haben eine völlig negative Haltung. Diese Haltung hat allerdings nichts mit mir zu tun, sondern damit, dass sie nicht auf dieselbe Weise an ihre eigene Exzellenz glauben wie ich“, sagte Collins. „Also musste ich lernen, das Ganze aus einer anderen Perspektive zu betrachten, denn ich glaube, dass man sich nicht weiterentwickelt, wenn man sich auf das konzentriert, was einem Böses (Kritik) angetan wurde. Und wenn man sich nicht weiterentwickelt, dann hört man auf zu wachsen“, betonte Collins. Nach ihren Worten haben die Widerstände, die ihr entgegengesetzt werden, weniger mit ihr als Person zu tun, als vielmehr mit der Befindlichkeit ihrer Kritiker sich selbst gegenüber. Das Problem ist, dass ihre jeweilige Sache für sie kein Charisma hat.

„Ich wurde von anderen Lehrern lächerlich gemacht“, bedauerte Collins ihre frühen Jahre als Schullehrerin. „Selbst der Direktor sagte mir, ‚Ihr Problem ist, dass Sie nicht vergessen können, dass dies hier nicht Ihre Kinder sind. Sie kommen alle aus Problemfamilien mit einer Vorgeschichte. Sie können an sie nicht dieselben Erwartungen stellen, wie an sich selbst.‘“

Collins wuchs im Bundesstaat Alabama in Armut, aber mit der Hoffnung auf, eine Ausbildung zu bekommen. Am Ende beeinflusste sie die öffentlichen Schulen in Chicago. Collins wurde für die Ergebnisse, die sie bei „hoffnungslosen" Schülern erzielte, so bewundert, dass die Präsidenten Reagan und Bush sen. sie zur Erziehungs- und Bildungsministerin ernennen wollten (sie zog es aber vor, sich weiterhin ihrer Leidenschaft des Klassenunterrichts zu widmen). Heute sind ihre Methoden ein Modell, das in Dutzenden von Gemeinden in den gesamten USA verfolgt wird. „Wenn Sie in einer Nation gegen den Strom schwimmen, in der das durchschnittliche Gespräch davon handelt, was mit unseren Kindern nicht stimmt, und ich den Leuten sage, was an ihren Kindern sehr wohl stimmt – nun, dann wollen sie das nicht hören." Nach 14 Jahren fortwährender Kämpfe dagegen, dass „an die Kinder so niedrige Erwartungen gestellt werden", gründete Marva Collins mit ihrem eigenen Geld eine eigene Schule.

Die Welt wäre ein dunklerer Ort, wenn es Sie nicht gäbe

Marva Collins ist davon überzeugt, dass sie die Welt verändern kann, indem sie den Kindern dabei hilft, daran zu glauben, dass die Welt ohne sie ein dunklerer Ort wäre. „Es gibt eine Zeile in dem Roman *Moby Dick,* in der es heißt, ‚in der unsicheren Welt brauchen wir alle etwas, an dem wir uns festhalten können'. Aber wir geben unseren Kindern nichts, woran sie sich festhalten können. Sie können sich nicht an Computern, Computerspielen und Designerkleidung festhalten und daran, wie hübsch und nett man nach außen wirkt. Man muss sich an der einen Person festhalten, die immer da ist, wohin man auch geht – und das ist man selbst." Das ist das eigene Ich, das das Flüstern über die Sache hört, die Ihnen wirklich etwas bedeutet und Ihnen sagt, welche Sache oder Berufung das Charisma hat, das Ihr Leben erleuchten kann. Wenn Sie an den Punkt kommen, an dem Sie sich selbst mit all Ihren Schwächen und Stärken akzeptieren und bedingungslos das annehmen können, was Sie lieben, dann haben Sie eine größere Chance auf dauerhaften Erfolg. „Die erste Frage, die ich Lehrern stelle, die ich schule, lautet: ‚Was stimmt mit den Kindern nicht?' Darauf erhalte ich eine ganze Litanei an Antworten“, sagte Collins. „Meine nächste Frage lautet: ‚Was stimmt mit den Eltern nicht?‘ Auch hier sind die Antworten endlos. Die dritte Frage lautet: ‚Und was stimmt mit Ihnen als Lehrer nicht?‘ Darauf folgt natürlich immer ein völliges Schweigen. Wir müssen damit beginnen, was mit uns selbst nicht stimmt, dass wir glauben, wir könnten diesem Kind nicht helfen. Wenn Sie mit *diesem* Kind, *jenen* Eltern oder *diesem* Rektor beginnen, und dass sie dies und jenes nicht wissen – wenn Sie mit all diesen negativen Faktoren beginnen, dann werden Sie nie dahin gelangen, wohin Kinder gelangen können.“ Collins glaubt daran, dass man sich nicht fragen sollte „was die Sache für mich tun kann“, sondern „was ich für die Sache tun kann“. Wenn man „die Sache nährt, nährt man auch sich selbst“, und dann bewirkt man etwas und entwickelt Selbstvertrauen.

Warum das Selbstwertgefühl weit überschätzt wird

Vielleicht wollten Sie mit der Verfolgung Ihrer Leidenschaft warten, bis Sie mehr Selbstwertgefühl entwickelt haben? Nun, tun Sie Ihre Arbeit und erreichen Sie etwas, und Sie werden sehen, wie Ihr Selbstvertrauen steigt. Das Selbstwertgefühl ist weit überschätzt.[5] Es gibt Verbrecher, die in Tests über das Selbstwertgefühl überdurchschnittlich abschneiden und Heilige, die es nur auf eine sehr niedrige Punktzahl bringen. Marva Collins möchte, dass Eltern, Kinder und Lehrer wissen, dass sie zu Exzellenz in der Lage sind. Sie rät ihnen weder, damit zu warten, bis sie ein höheres Selbstwertgefühl entwickelt haben, noch möchte sie, dass sie glauben, sie hätten einen Anspruch auf Erfolg. Es geht nicht darum, ob ihr Selbstwertgefühl hoch oder niedrig ist, es geht um die Qualität ihrer Anstrengungen. Wenn ein Schüler eine sehr schlechte Arbeit abgibt, beurteilt Collins diese nicht als mangelhaft oder gibt dem Schüler eine schlechte Note, sondern sie fragt ihn: „Möchtest du, dass diese Arbeit 50 Cent, 50 Dollar oder 5 Millionen Dollar wert ist?“ Dann zeigt sie ihm, dass er in der Lage ist, alle drei Ergebnisse zu erzielen, und wie ihm das gelingt. „Wir lehren Kinder, dass das Leben ein Märchen ist“, sagte sie, und dass man Abkürzungen nehmen könne, um es sich leicht zu machen. Das betrüge sie aber einfach nur um die Chance, die Art von Fähigkeiten zu entwickeln, die ihnen mehr Selbstwertgefühl geben. „Wir lehren sie nicht, wie man durch schlechte Zeiten geht. Das ist der Grund, warum Kinder sich gegenseitig umbringen und in Schulen Amok laufen. Wir müssen ihnen beibringen, dass es schlechte Zeiten gibt, und ihnen zeigen, wie man sie überwindet, und dass das Leben kein ‚Glücklich-bis-ans-Ende-der-Tage'-Märchen ist."

Es sei wichtig, dass man auf dem Weg zum Erfolg Rückschläge erleide, so Collins. Das mag ein abgedroschenes Klischee sein, aber nichtsdestotrotz ist es eine Tatsache. Wie Sie im nächsten Kapitel sehen werden, sind Erschaffer davon überzeugt, dass Widrigkeiten einem die Chance bieten, sich zu verbessern, sich von Durchschnittlichkeit zu Exzellenz zu erheben und zu testen, was einem wirklich wichtig ist. „Sie werden Fehler machen", wenn Sie etwas ausprobieren, das die Mühe wert ist, sagte Collins. Was wichtig sei, sei die „Entfernung von Etiketten", die einen davon abhalte zu erkennen, dass man „ein Champion sein kann". Warten Sie nicht auf den Tag, an dem Sie sich gut genug fühlen, um eine Sache in Angriff zu nehmen. Erschaffer betonen, dass Selbstachtung aus Versuch und Scheitern, Versuch und Scheitern und schließlich der Erzielung kleiner Fortschritte und Verbesserungen mit jedem neuen Versuch entsteht. Diese Beharrlichkeit entwickelt sich, wenn eine Sache das Charisma hat, Sie durch harte Zeiten zu bringen und Ihre Leidenschaft zu entfesseln, den Dingen auf den Grund zu gehen und mehr zu tun, als Sie sich jemals hätten vorstellen können.

Erschaffer betonen, dass Selbstachtung aus Versuch und Scheitern, Versuch und Scheitern und schließlich der Erzielung kleiner Fortschritte und Verbesserungen mit jedem neuen Versuch entsteht.

Kapitel 7
Der *Stolperstein* – Machen Sie immer neue Fehler

Erfahrung ist eine harte Schule. Sie gibt einem zuerst den Test und anschließend die Lektion.
– Dick Enberg[1]

Gewinn ist die Schwelle zum Verlust; Verlust ist das Herz des Gewinns. Viele Schwierigkeiten perfektionieren das Wesen; keine Schwierigkeiten bewältigen zu müssen, ruiniert das Wesen.
– Lao Tzu

Ein Mann fragte den bärtigen Weisen, den er auf dem Pfad traf: „Wohin geht es zum Erfolg?" Ohne zu antworten wies der Weise auf den Pfad. Der Suchende war erfreut über die Aussicht, dass der Erfolg so nah und so leicht zu erreichen war und eilte von dannen. Plötzlich erlebte er ein *Klatsch*. Der Suchende, nun zerlumpt und fassungslos, humpelte zurück, in der Annahme, er habe eine falsche Abbiegung genommen. Er wiederholte seine Frage an den Weisen, der erneut stillschweigend in dieselbe Richtung wies.

Der Suchende nickte, wandte sich um und begab sich wieder in dieselbe Richtung wie zuvor. Dieses Mal ertönte ein wahrhaft ohrenbetäubendes *Klatsch*. Als der Suchende zurückkroch, war er blutüberströmt, gebrochen und wütend. Er schrie den Weisen an und wollte von ihm wissen, warum er ihn in die Richtung gewiesen habe, in der Katastrophen auf ihn warteten. „Keine weiteren Fingerzeige. Sprich!" Erst jetzt öffnete der Weise den Mund. „Der Erfolg liegt dahinter", sagte er, „gleich hinter dem *Klatsch*."

Es liegt in der menschlichen Natur, gerne von Missgeschicken zu hören – so lange sie anderen passieren, insbesondere erfolgreichen Menschen. Wir haben nicht eine einzige Person getroffen, die nicht einen ganzen Stapel an Blamagen beziehungsweise schockierenden Niederlagen in ihrem Repertoire hat. Viele überaus erfolgreiche Menschen beschreiben sich selbst als solche Profis im Begehen von Irrtümern, dass man meinen könnte, sie wären echte Versager. Wenn es eine Sache gibt, die alle dauerhaft erfolgreichen Menschen, die wir getroffen haben, gemeinsam hatten, dann die, dass sie alle großartig darin sind, Fehler zu begehen.

Das Leben ist kurz, aber einige Tage sind ausgesprochen lang

Humor macht es einem wesentlich leichter, zu akzeptieren, wer man ist und was einem widerfährt. Wenn es Ihnen allerdings gelingt, über Widrigkeiten zu lachen und diese Art raue Lernerfahrung zu genießen, dann sind Sie in der Tat ein seltener Vogel. Nicht viele dauerhaft erfolgreiche Menschen finden ihre eigenen dummen Schwächen lustig. Erschaffern mag es gelingen, selbst unter den schwierigsten Umständen noch zu grinsen und äußerlich unangreifbar zu wirken, aber sie leiden genauso wie wir. Auch wenn wir sie auf ein Podest stellen und ihnen übermenschliche Eigenschaften andichten, ist es üblicherweise doch so, dass wir nicht danach trachten, selbst ihre Höhen zu erreichen. Vielmehr stürzen wir sie von ihrem Sockel als Ikone, sobald sie unsere überzogenen Erwartungen nicht erfüllen.

Viele Erschaffer haben ihr Leben lang mit Widrigkeiten, Phobien oder Schwächen zu kämpfen, die sie nie überwinden. Aber sie finden einen Weg, sie zu steuern. Und sie weigern sich, in den schrecklichen Momenten, in denen alles schief läuft, ihre Ziele und Träume zu Opfern ihrer Gefühle zu machen. „Die Verletzung ist da, und zu behaupten, es gäbe keine, ist nicht gesund", sagt die Ärztin Martha Reitman in der Beschreibung ihrer eigenen Reise als Erschafferin. „Wenn Sie einen harten Schlag erleiden, dann befinden Sie sich eine Weile im Schockzustand, und anschließend folgen die schrittweisen Stadien des Klagens und der Trauer – von Verletzung, über Schuld und Wut bis zur Erholung. Dies einzugestehen, ist unerlässlich, wenn Sie diese Erfahrung verarbeiten wollen. Dann können Sie damit beginnen, Trost in der Aktivität zu suchen. Sie können wieder aufbauen, Ihre Erfahrung nutzen – und das ist überaus lebensbejahend. Es ist eine Frage, wie man das Leben angeht", sagte sie.

Wenn positives Denken nicht funktioniert

Einige dauerhaft erfolgreiche Menschen bewahren sich eine positive Einstellung, egal, was passiert. Diese Menschen sind selten. Auch den meisten Erschaffern fiel es schwer, eine positive Einstellung aufzubringen, als sie das erste Mal einen Rückschlag erlitten. Ob Sie als Präsident eines Landes nach der ersten Amtszeit abgelöst werden, oder als Manager oder Künstler schlechte Kritiken erhalten – es tut weh. Wodurch Erschaffer sich auszeichnen, ist ihr DenkStil, der ein negatives Gefühl schnell in konstruktives Handeln verwandeln kann. Es ist das, was sie schließlich zu tun beschließen, und nicht, was sie über ihren Rückschlag fühlen. Wenn es nicht in Ihrer Natur liegt, schnell in einen „positiven Denkmodus" umzuschalten, dann hilft es Ihnen auch nicht, zu denken, dass Sie es können sollten. Unreflektiert positives Denken kann dazu führen, dass Sie die Chance verpassen, dazuzulernen, von dem umfassenden Nutzen der Einsicht zu profitieren, die Sie aus dem Misserfolg ziehen können oder zu verstehen, was genau passiert ist. Dieses Umschalten auf positives Denken kann sich sogar als Bumerang erweisen, indem es Ihre Gefühle einschränkt, weil Ihr

Verstand die Erfahrung nicht richtig verarbeiten und mit ihr abschließen konnte. Erschaffer setzen sich direkt mit dem Misserfolg auseinander, anstatt sich krampfhaft zu bemühen, ihr Lächeln zu bewahren. Sie geben nicht vor, glücklich zu sein, wenn die Dinge schief laufen UND sie weigern sich, sich von der Enttäuschung unterkriegen zu lassen. Es ist nicht so, dass sie sich gut fühlen würden; sie nehmen einfach nur das mit, was sie aus dem Rückschlag lernen können und bleiben weiterhin aktiv.

„Es ist nur natürlich, sich hundeelend zu fühlen, wenn etwas daneben geht“, lachte Desmond Tutu, Erzbischof und Friedensnobelpreisträger, als wir an einem frostigen Tag im Waldorf Hotel in New York zusammensaßen. Er beugte sich vor und sagte beinahe im Flüsterton: „Aber lassen Sie sich davon nicht unterkriegen. Gefühle sind ein Sturm, der durch Ihr Leben fegt.“ Die Niederlage, die man erlitten habe, sei nicht so wichtig, wie das, was man letztlich erschaffen wolle, so Tutu. Erschaffer versuchen nicht, ihre schlechten Gefühle zu „reparieren“; sie glauben, dass die „Reparatur“ darin besteht, aus der Erfahrung zu lernen und sein Ziel weiterzuverfolgen. Sie fühlen den Schmerz, aber ihnen ist das, was sie erschaffen wollen, wichtiger als ihre momentane Befindlichkeit. Sie glauben, dass ihre Träume es verdienen, verwirklicht zu werden und dass sie dabei eine essenzielle Rolle spielen, egal, wie elend sie sich heute fühlen. Trotz der Benommenheit als Folge des Rückschlags, schaffen es Erschaffer, sich wieder auf ihr Ziel zu konzentrieren. Anstatt darum zu kämpfen, Haltung zu bewahren, konzentrieren sie sich auf das, was sich bewährt hat. Und dadurch verändert sich auch ihre Haltung!

Erschaffer ziehen Nutzen aus Misserfolgen. Sie verwenden ihre Gedanken darauf, zu verstehen, was passiert ist, damit sie ihre Ziele noch intensiver verfolgen können, und zwar ohne weitere Zwischenfälle. Natürlich konzentrieren sie den größten Teil ihrer Energie auf ihre Leidenschaften und Stärken, aber dennoch drücken sie sich nicht vor den Lektionen, die sie aus Fehlern lernen können. Sie greifen auf ihr gesamtes Repertoire an Erfahrungen zurück – die guten, die schlechten und die rundheraus hässlichen.

Menschen wie Dale Carnegie, Earl Nightingale und Napoleon Hill sind die Väter der Selbstverbesserung, deren Ratgeber zum Erfolg eine Pflichtlektüre für jeden sind, der sich schon einmal eine blutige Nase geholt hat. Alle drei waren fasziniert davon, welcher Nutzen sich aus Misserfolgen ziehen lässt, was jedoch oft von unentwegtem Leugnen und positivem Denken verhindert wird. Diese drei Autoren machen hinreichend deutlich, dass jeder, der behauptet, er habe in seinem Leben noch nicht viele große Herausforderungen bewältigen müssen, entweder nicht bereit ist, es zuzugeben oder nicht leidenschaftlich engagiert ist.

Warum Yoda missverstanden wird

„Tu es oder lass es. Es gibt kein Ausprobieren", sagt Yoda, der hinreißende Philosoph und Krieger, den George Lucas in *Star Wars* schuf. Yoda wird mindestens so oft zitiert wie die Gründungsväter dieses Themas. Manche klagen, seine Philosophie zeige einem nicht, wie man sich von einem Rückschlag erhole oder mit einem Scheitern fertig werde. In einer Kultur, die auf Perfektion, Anspruchshaltung und sofortige Belohnung ausgerichtet ist, wird oft vergessen, dass Erfolge, die scheinbar über Nacht eintreten, das Ergebnis jahrzehntelangen Scheiterns in der Verfolgung eines Traums sind. In Yodas Fall klingt das so, als müsse der ehrgeizige Jedi Knight auf magische Weise die Kraft aufbringen, um die Dinge entweder auf Anhieb perfekt zu machen oder es andernfalls besser bleiben lassen.

„Ganz im Gegenteil", sagte Dr. Milton Chen, Executive Director der George Lucas Educational Foundation, Edutopia. „Worum es dabei geht, wenn man handelt, statt einfach nur etwas auszuprobieren, ist, sich über seine Absichten im Klaren zu sein. Ihre Bemühung muss ganz bewusst geschehen, mit aufrichtigem und emotionalem Engagement, und darf kein halbherziger Kompromiss sein", so Chen. „Achten Sie auf die Qualität Ihrer Anstrengung. Geben Sie Ihr Bestes, auch wenn es heute noch nicht perfekt oder gut genug erscheint. Eine echte Anstrengung zu unternehmen, ist das, was eine wertvolle Lernerfahrung ausmacht, und nicht nur das Ergebnis."

Wären Sie bereit dazuzulernen, wenn es Ihr Leben retten würde?

Nach einem gescheiterten Selbstmordversuch verließ Jack mit 15 Jahren die Schule. Er litt unter nicht enden wollenden Berg- und Talfahrten an Depressionen und Krankheit, die in ihm heimlich die Hoffnung weckten, sein Leben möge einfach aufhören. Es gab keine Antidepressiva und keine magischen Rezepte, um Jacks Zustand zu lindern. Unerträgliche Migräneattacken versetzten ihn in eine Panik, in der er hilflos alles und jeden in seiner Umgebung angriff. Einmal versuchte er, das Haus in Brand zu setzen, ein anderes Mal verfolgte er seinen Bruder mit einem Schlachtermesser, um ihn umzubringen. Seine Familie war „sehr arm", sagte er, tat aber ihr Möglichstes, um ihm zu helfen. Auf Anraten der Ärzte war sie auf der Suche nach einer Umgebung, in der der kränkliche Junge gesunden und gedeihen konnte, zwei Mal umgezogen – erst in trockeneres, dann in ein feuchteres Klima.

Auf den Rat eines Freundes nahm die Mutter den jungen Jack mit zu einem Vortrag über die natürliche Verbesserung der eigenen Gesundheit. Verlegen scharrte er mit den Füßen. Als sie ankamen, war der Saal voll bis auf den letzten Platz. Jack war erleichtert, bis der Referent, der Ernährungsspezialist Paul Bragg, zwei Stühle von der Bühne holte und sagte: „Wir weisen niemanden ab." Bragg konzentrierte sich auf den zitternden Jugendlichen. „Willst du, dass die Leute aufhören, sich über dich lustig zu machen? Willst du, dass die Damen dich bewundern?" Jack war fasziniert. Diese Botschaft sollte die Mission seines Lebens werden. Bragg empfahl etwas, vor dem Ärzte damals warnten, es führe zu Herzinfarkt, Hämorrhoiden und sogar Impotenz: Es nannte sich tägliche Leibesertüchtigung. Das war 1929. Der Teenager beschloss, sein Leben zu verändern, trotz aller Warnungen. Als sich die Große Depression in den USA verschärfte, war es äußerst mutig, ein Unternehmen zu starten, vor dem die gängige Meinung warnte. Er musste eine neue Art finden, sich zu ernähren und neue Arten an Geräten erfinden, die seinen Übungsplan möglich machten. Das war der Beginn einer 70 Jahre währenden Karriere, die bis heute andauert. Jack La Lanne wurde zum Vater der Gesundheitsrevolution.

La Lanne traf auf seinem Weg zu langfristigem Erfolg auf zahlreiche Stolpersteine und überwand sie alle. Er wurde während der Verfolgung seines Traums mit unbarmherzigen öffentlichen Angriffen konfrontiert, als die traditionelle Medizin noch glaubte, seine Fitnessleidenschaft sei gefährlich. Aber das begann nicht mit einer Revolution. Vielmehr war es eine allmähliche Erholung. Anfangs begann La Lanne aus den Tiefen der Depression und der Krankheit hervorzukriechen. Er verzichtete auf Zucker und Fleisch und gewöhnte sich zu einer Zeit, da es wenig Alternativen gab, eine völlig neue Ernährungsweise an. Zunächst war er nicht in der Lage, die Energie aufzubringen, um sehr viel zu unternehmen, aber Zentimeter für Zentimeter arbeitete er sich voran und machte jeden Tag einen kleinen Schritt – egal wie klein er auch sein mochte –, um Kraft zu sammeln. Sein Mut befähigte ihn dazu, sein eigenes Leben zu retten und schließlich das Leben von Millionen anderer Menschen zu verbessern.

Es ist leicht, heute etwas zu tun, weil wir uns gerade großartig fühlen, aber an dem Tag, an dem wir uns schlecht fühlen, lassen wir es dann sein. La Lanne behauptet immer noch, er hasse Sport, wenngleich er in 70 Jahren keinen Tag ausgelassen hat. „Ich kann gar nicht erwarten, bis es jeden Tag endlich vorbei ist, aber ich würde mich schrecklich fühlen, wenn ich es nicht täte", sagte er. Warum tut er das? „Wären Sie bereit, sich zu ändern", rief er, „wenn es Ihr Leben retten würde?" Der resolute 92-Jährige lief vor seinem Vortrag im Commonwealth Club in seiner Suite im Sheraton Palace auf und ab, als wäre er noch immer ein aufgeregter Teenager. La Lanne ist davon überzeugt, dass ein tägliches Engagement für unsere Leidenschaft, egal wie schwer es uns fällt, der einzige Weg zu dauerhaftem Erfolg ist.

Wenn es ernst wird, stehen die Gefühle hinten an

Erschaffer finden immer wieder zurück zu ihrem langfristigen Kurs, weil dieser wichtiger ist als ihre momentane Befindlichkeit. Manche Psychologen nennen das die Externalisierung des Problems statt es persönlich zu nehmen beziehungsweise es zu internalisieren. Falsch! Sieger nehmen es sehr persönlich – sie glauben nicht, dass das Rennen vorbei ist. Profiathleten und Coaches sind populäre Autoren auf diesem Gebiet, weil sie mit dem anhaltenden Prozess des Gewinnens und Verlierens vor den Augen der Öffentlichkeit vertraut sind.

„Sie können nicht verändern, was Sie nicht anerkennen", sagte Carl Lewis, Ausnahmeathlet und Olympiasieger. „Wichtiger als dieser eine Wettkampf ist, wie man an das gesamte Jahr herangeht. Natürlich fühlt man sich miserabel wegen der eigenen schlechten Leistung, aber dann analysiert man, was passiert ist und nutzt diese Erfahrung, um den nächsten Wettkampf zu gewinnen." Wie Piloten und Segler ziehen Athleten in der Verfolgung ihres Traums rechts und links einige Schleifen, denn sie gehen nie davon aus, dass sie ihr Ziel in gerader Linie erreichen. Erschaffer verbeißen sich nicht in tägliche Dilemmata. Wie das Klischee besagt, handelt es sich um einen Marathon und nicht um einen Sprint zu dauerhaftem Erfolg.

Jede Best Practice hat ihre Kehrseite

Einer der Stolpersteine, die dieses Abenteuer besonders schwierig machen, ist das, was Erschaffer als übertrieben selbstkritischen Hang zum Perfektionismus und zur Beharrlichkeit um ihrer selbst willen bezeichnen. Selbstverständlich verfolgen erfolgreiche Menschen diese notwendigen und noblen Eigenschaften, denn es stimmt, dass sich ohne Beharrlichkeit wenig erreichen lässt. Es gibt zahllose Geschichten über die Notwendigkeit, beharrlich zu sein, und das Streben nach Perfektion ist etwas, das viele Hochleister kultivieren. Gleichzeitig wird Perfektionsbesessenheit in der Führungs- und Erfolgsliteratur als unser schlimmster Feind und Beharrlichkeit als unser größter Pluspunkt genannt. Aber Perfektion und Beharrlichkeit können beide auch einfach nur eine weitere Sucht sein. Wir halten beharrlich an allen möglichen schlechten Angewohnheiten fest, zum Beispiel an dem Glauben, wir müssten perfekt sein. Denken Sie daran, dass Drogenabhängige und Alkoholiker ebenfalls beharrlich sind. Weder Perfektionismus noch Beharrlichkeit sind per se gut oder schlecht.

Es kommt ganz offensichtlich auf das an, worauf wir beharren. Wenn wir versuchen, die Bedeutung der eigenen Irrtümer und Misserfolge zu verstehen und aus ihnen zu lernen, dann ist Wachstum möglich. Erschaffer erzielen dauerhafte Erfolge, indem sie sich konstruktiven Gewohnheiten widmen und ihre „Abhängigkeiten" auf Leidenschaften beschränken, die ihnen dienen.

Erschaffer erzielen dauerhafte Erfolge, indem sie sich konstruktiven Gewohnheiten widmen und ihre „Abhängigkeiten" auf Leidenschaften beschränken, die ihnen dienen.

Der Autor Jack Canfield verfolgte nach seinem Harvard-Studium die Leidenschaft, Kindern zu helfen, deren Selbstwertgefühl Gewalt angetan wurde. Er konnte jedoch keinen Verleger von seiner Heilungsmethode für jedes Lebensalter überzeugen. Er erhielt Dutzende von Ablehnungsschreiben für sein erstes Buch, bis ihm schließlich ein Verlag eine zögerliche Zusage gab. Canfield lernte, zur richtigen Zeit beharrlich zu sein. Heute ist er Co-Autor von mehr als 100 Büchern der berühmten Chicken-Soup-Reihe* und hält den Guinness-Rekord für sieben Bücher auf der Bestsellerliste der New York Times in ein und derselben Woche! Für Canfield ist das einzige, was zählt, dass er eine nachhaltige Verbesserung des Lebens von Millionen von Menschen bewirkt.

Verlierer nennen es Scheitern; Gewinner nennen es Lernerfahrung

Wir entschuldigen uns für diese emotionalen Klischees. Vielleicht ist es ein greller Einblick in das Offensichtliche. Aber, ganz ehrlich, wir haben dies immer wieder von allen Erschaffern auf der ganzen Welt gehört. Menschen, die dauerhaften Erfolg erzielt haben, monologisieren endlos darüber, wie sie aus ihren Fehlern gelernt haben.

Als wir uns bei Quincy Jones – einem der herausragendsten Gewinner des Grammy Awards der Geschichte – über die Abgedroschen-

* (deutscher Titel: *Hühnersuppe für die Seele*)

heit dieser Weisheit beklagten, saßen wir in seiner Villa in den Hügeln über dem smogverschmutzten Los Angeles in einem kleinen Studio, das mit Fotos von allen möglichen Prominenten vollgestopft war. Den ganzen Vormittag hatten wir versucht, den ohrenbetäubenden Lärm der Presslufthämmer auf der Baustelle des benachbarten Neubaus zu überhören und uns auf unsere Gedanken zu konzentrieren. Plötzlich hörte der nervenzerrüttende Lärm einen Moment lang auf, und Q, wie er sich gerne nennen lässt, seufzte tief und kippte eine weitere Bloody Mary in sich hinein. Dann fischte er den Selleriestrunk aus seinem Glas und kaute einen Moment lang darauf herum: „Shit yes, man, natürlich ist das nichts Neues. Sie müssen aus allem, was Ihnen misslingt, irgendwas herausziehen. Aber wann haben Sie diesen Rat eigentlich das letzte Mal befolgt?“

Eins zu null. Es ist wirklich erstaunlich, dass selbst die besten Ideen nicht funktionieren, wenn man sie nicht anwendet.

Sie haben Ihr Lehrgeld bezahlt, also kassieren Sie jetzt den Lohn

Jeder Erschaffer sagt, es sei wichtig, aus Rückschlägen wertvolle Lehren zu ziehen. Das könnte zumindest bedeuten, dasselbe nicht noch einmal oder wenigstens anders falsch zu machen. Vielleicht erkennen Sie dabei, wie stark Sie sich für das engagieren, was Ihnen am Herzen liegt. Und das wiederum erlaubt Ihnen, verschiedene Optionen in Betracht zu ziehen, die Sie andernfalls gar nicht wahrgenommen hätten.[2]

Von überaus erfolgreichen Menschen haben wir oft gehört: „Sie haben Ihr Lehrgeld bezahlt, also ist es Zeit, etwas daraus zu machen.“ Seien Sie gierig darauf, jeden noch so kleinen Nutzen daraus zu ziehen, damit Sie es das nächste Mal besser machen können. Wir verwenden das emotional belastete Wort „gierig“ absichtlich, weil es unseren DenkStil verändert, und zwar von der Betrachtung eines Misserfolgs als Belastung hin zu etwas, das ein wichtiger Pluspunkt für Veränderung sein könnte. Dauerhaft erfolgreiche

Menschen forderten uns auf, unsere Sichtweise über Misserfolg zu verändern, um einen möglichst großen Nutzen daraus zu ziehen. Allzu oft schämen sich die Menschen derart über ihr Scheitern oder verlieren ihr Selbstvertrauen, so dass sie keinen neuen Versuch mehr wagen. Im Gegensatz dazu wollen Erschaffer aus jeder Erfahrung etwas lernen. Sie lassen sich von einer Schwäche oder einem Rückschlag nicht das Selbstvertrauen nehmen. Sie marginalisieren weder sich noch das Problem. Wer das Problem nicht in allen Einzelheiten betrachtet, um zu sehen, was funktioniert und was nicht – wer die Erfahrung also immer wieder ignoriert –, ist möglicherweise dazu verurteilt, denselben Fehler bis in alle Unendlichkeit zu wiederholen.

Machen Sie immer neue Fehler

In ihren Motivationsgesprächen weist die Technologieexpertin Esther Dyson darauf hin, dass alles, was in irgendeiner Weise wert ist, getan zu werden, uns in einen dauerhaften Zustand von Versuch und Irrtum führt. Und während wir durch diesen Prozess stolpern, sollten wir uns gute Notizen machen. Wenn Sie Fehler machen, „achten Sie darauf, dass es immer neue sind“.

Die Automobilindustrie ist dafür bekannt, dass sie sich auf ihren Lorbeeren ausruht, wenn die Geschäfte gut laufen, sagt Dieter Zetsche, CEO von DaimlerChrysler. Sobald die Umsätze nachlassen, bemühen sich die Unternehmen plötzlich, „ihren Kunden zuzuhören und die Dinge besser zu machen“. Erfolg könne nachlässig und dumm machen, wenn man das zulasse, so Zetsche. Misserfolg ist ein weitaus besserer Lehrmeister. Erschaffer betrachten sowohl Erfolg als auch Niederlagen als Feedback und keines von beiden als absoluten Gewinn oder Verlust. Beides ist sowohl ein Geschenk als auch eine Warnung. Wir wollen damit nicht sagen, dass Sie nicht feiern oder klagen sollten, wenn es einen Grund dafür gibt. Es ist nur so, dass Erschaffer nicht denken, Erfolg sei ein Preis, der uns von außen verliehen würde – etwas, worauf wir Anspruch haben – und Misserfolg sei eine Todesstrafe, die von oben erlassen wurde und die beweist, dass wir unwürdig sind. Stattdessen verwenden Erschaffer den Inhalt beider Erfahrungen zu ihrem Vorteil. Die Frage ist nicht, ob man diese eine Runde gewonnen oder verloren hat, sondern was man mit dem Feedback anfängt.

Der Tag, an dem ich die Fabrik in die Luft jagte

Als wir in der Unternehmenszentrale ankamen, wirbelte eine Windböe draußen die Farben des Herbstes wie in einem Kaleidoskop durcheinander. Die riesigen Glasfenster des Konferenzraums glichen der Wand eines Aquariums, hinter der die goldenen und rostroten Blätter tanzten. Ein kleiner Mann mit schütterem Haar stürmte in den Raum und wandte sich als erstes der Kaffeemaschine in der Ecke zu. „Es h-h-hat länger gedauert, als wir dachten", stotterte er und gab uns einen warmen Händedruck. Jack Welch, der Sohn einer irischen Arbeiter- und Immigrantenfamilie, hatte eine Mutter, die alles daran setzte, um das Selbstvertrauen ihres Sohnes zu stärken, auch mit Hinblick auf sein Stottern. Sie überzeugte ihn davon, dass seine Worte bloß nicht mit seinem Intellekt mithalten konnten. Der ehemalige CEO von General Electric (GE) war stets der „Zwerg" aller Sportmannschaften, wie Welch sich später selbst beschrieb. Vielleicht war seine kleine Statur der Motor seines enormen Ehrgeizes, „aus der Reihe zu tanzen – meinen eigenen Erfolg zu definieren und mich von der Masse abzusetzen".

Mit 26 Jahren bekleidete Welch seine erste Führungsposition bei GE. Als frisch gebackener und frisch promovierter Uniabsolvent „hielt ich mich für einen ziemlich cleveren Burschen", gab er zu, aber er hätte sich nie vorstellen können, dass seine erste große Leistung als leitender Ingenieur darin bestehen würde, eine Fabrik in die Luft zu jagen. Welch erinnert sich an die „fürchterliche Explosion", als der chemische Reaktor durch das Dach flog, die Glassplitter nur so niederregneten und die Angestellten aus dem Gebäude flohen. Das Werk lag in Schutt und Asche, aber es gab keine Opfer zu beklagen, außer Jacks niedergeschmettertem Ego. Sein Chef sagte ihm, er solle seinem Vorgesetzten den Vorfall selbst erklären. „Es war die längste Fahrt und die längste Nacht", erinnerte sich Welch. „Ich habe viel aus dieser Erfahrung gelernt. Ich machte mich also auf den Weg zu diesem Vorgesetzten, um ihm zu berichten, was passiert war. Er war ein promovierter Chemieingenieur, ein eher professoraler Typ, und alles was er wissen wollte, war, was genau schief gegangen war, und ob ich die Zusammenhänge verstünde, ob ich das Problem lösen und ein kommerzielles Werk entwerfen könne, jetzt, nachdem ich das Pilotwerk in die Luft gejagt hätte." Welch sagte: „Er hat nichts anderes getan, als mein Selbstvertrauen zu stärken – und er hat mich etwas gelehrt. Ich mache niemanden fertig, der schon am Boden ist. Wir haben bei GE sogar Späße gemacht, wenn jemand in einem Meeting dick auftragen wollte. Dann hissten wir die weiße Flagge, ein weißes Taschentuch, weil wir so ein Gehabe einfach nicht akzeptierten. Das heißt natürlich nicht, dass wir jemandem, der sich wirklich unmöglich aufführte und aufgeblasen daherkam, keinen ernsthaften Dämpfer verpasst hätten, aber das ist eine andere Sache."

Ein Typ wie Jack Welch, dem man zu keinem Zeitpunkt nachsagen konnte, er sei ein leichter Gegner, hätte diese Lektion unter anderen Umständen wahrscheinlich nicht so nachhaltig gelernt.

Innovation ist die Beschleunigung des Misserfolgs

Erschaffer finden es unwiderstehlich, etwas zu versuchen, zu scheitern, es zu verbessern, es dann noch einmal zu versuchen, wieder zu scheitern und noch besser zu werden. Dieser Prozess ruft Darwin als eine verbreitete Führungsmetapher in Erinnerung. In der Theorie honoriert jede Generation überlegene Mutationen, weil sie das Überleben sichern, während Innovationen, die sich nicht bewähren, nicht überleben. Das einzige Problem damit, sich auf Darwin als persönlicher Lektion für Erschaffer zu stützen, liegt darin, dass die natürliche Auslese unweigerlich zum Tod führt. Der Kapitalismus ist vielleicht eine bessere Analogie, trotz all seiner Schwächen, da er dem Unternehmer ermöglicht, seine DNA neu zu schreiben, so dass ein Entrepreneur oder Visionär selbst nach einem Bankrott wieder aufstehen und einen neuen Versuch starten kann, wobei ihm nur ein temporäres Stigma anhängt.

Amber Chand ist so ein Beispiel. Sie handelt mit internationalem Kunsthandwerk, das sie selbst vor Ort aussucht und in der ganzen Welt vertreibt.

1994 entdeckte sie im zentralafrikanischen Ruanda wunderschöne geflochtene Körbe. „Was so außergewöhnlich an den Körben war, war der Umstand, dass nach dem Genozid und der praktischen Auflösung des Landes 50 Frauen unter einem Baum zusammengekommen waren – alles Witwen –, deren Kinder mit Macheten zerfleischt und deren Männer getötet worden waren. Diese Frauen sagten, ‚entweder wir werden verrückt vor Schmerz, oder wir finden einen Weg, um uns gegenseitig zu stützen'." Sie gehörten zu den Stämmen der Hutu und Tutsi, zwei Ethnien, die sich seit Jahrzehnten bis aufs Blut bekämpfen. „Sie hatten nichts. Sie kamen zusammen und begannen, Körbe zu flechten. Die Körbe waren ein Symbol für das, was passieren kann, wenn Menschen zusammenkommen und sich sagen, ‚trotz unserer Differenzen müssen wir einen neuen Weg finden; wir müssen einen Weg finden, um Frieden herzustellen'", sagte Chand. Sie taufte die Körbe „Friedenskörbe". „Anschließend verpflichtete ich mich in Genf, dass mein Unternehmen Eziba.com alles unternehmen würde, um der Welt die Friedenskörbe von Ruanda zu präsentieren und zu zeigen, dass die Herstellung von Frieden selbst nach schrecklichsten Ereignissen möglich ist und dass Frauen sehr wohl Friedensbotschafterinnen sein können", sagte Chand. „Auf diese Weise setzen sich Frauen an den Friedenstisch. Sie sitzen vielleicht nicht mit den Regierungen zusammen, in denen sie nicht repräsentiert sind, aber sie flechten, sticken oder nähen und kommen in ihren Gemeinden zusammen und finden so Wege, die Gemeinde zu heilen. Als Unternehmerin wusste ich in diesem Augenblick, dass es meine Verantwortung und die Verantwortung meines Unternehmens war, einen Weg zu finden, diese Anstrengungen zu unterstützen."

„Die ruandischen Witwen feiern nun auf den Straßen von Kigali und rufen, ‚Sieh her! Diese Körbe verkaufen sich. Wir müssen sehr talentiert sein. Das wussten wir gar nicht.' Und plötzlich sieht man die Gesichter der Menschen aufleuchten, wenn sie sagen, ‚Wir sind etwas wert.' Und dann sehen Sie, wie Unternehmen aufblühen.

Denn das ist fast so, als würden wir Wert, Gleichheit und Respekt als fundamentale Elemente des Warenaustauschs und des Handels bieten. Und ich sage ihnen, ‚Meine Freunde, falls die Qualität eurer Körbe nachlässt, kaufen wir sie nicht mehr.' Und sie sagen, ‚Wirklich?' Und ich antworte, ‚Wir sind ein Unternehmen und keine karitative Gesellschaft.' Das ist die andere Seite."

Eine großartige Sache und ein fast sinnloser Misserfolg

Bis zum Jahr 2004, zehn Jahre nach der Gründung von Eziba.com, schien das Unternehmen zu wachsen. Als die Weihnachts- und Geschenkesaison nahte, bereitete sich das Unternehmen intensiv auf die absatzstärkste Zeit des Jahres vor. An irgendeiner Stelle der Organisation wählte ein Manager versehentlich eine Mailingliste für den Katalogversand aus, die sich an die am wenigsten wahrscheinlichen statt an die wahrscheinlichsten Käufer von Eziba-Produkten richtete. Dieser Fehler flog erst auf, als die beängstigende Stille im Call Center das Unternehmen in finanzielle Schwierigkeiten brachte. Als Folge musste Eziba Bankrott anmelden. Das Schlimmste daran, so Chand, war der Kampf zur Sicherstellung, dass die vielen Menschen, wie zum Beispiel die Korbflechterinnen, ihr Geld bekamen. Zwei Jahre später hat Chand einen ähnlichen Traum zum Leben erweckt: The Amber Chand Collection: Global Gifts for Peace and Understanding. „Das ist die höchste und schmerzhafteste Form der Innovation", seufzte sie. „Unser Scheitern hatte nichts mit schlechter Geschäftsführung oder einer schlechten Geschäftsidee zu tun. Warum sollten wir alles wegwerfen, wofür wir so hart gearbeitet haben? Das verdiente eine neue Chance."

Erschaffer werden resoluter, nachdem sie einen Kampf verloren haben, an den sie glaubten, weil sie aus dem Verlust gelernt haben. Er vermittelt ihnen eine bessere Idee dessen, was wirklich wichtig ist, was sich bewährt und was nicht. Kurzfristige „Realität ist eine Beleidigung der Vision", sagte James G. March. „Um Veränderung zu erzeugen, müssen Sie zur positiven Selbsttäuschung fähig sein – einer nützlichen Verrücktheit, die von Ihrer klaren Identität und dem Wissen, was Sie tun müssen, geleitet wird." March ist ein emeritierter Professor für Unternehmensführung, Pädagogik, Politologie, Soziologie und Psychologie und Autor von sechs Gedichtbänden. Beinahe ein Jahrzehnt nach seiner letzten Vorlesungsreihe *Organizational Leadership* an der Stanford University destillierte March seine lebenslangen Lektionen in einen Film mit dem Titel *Passion and Discipline: Don Quixote's Lessons for Leadership*. Was kann man von dem fiktiven *Mann aus La Mancha* des 16. Jahrhunderts lernen, der Spanien heimsuchte, indem er Windmühlen bekämpfte und Nutztiere zum Kampf herausforderte? „Wir leben in einer Welt, die realistische Erwartungen und eindeutige Erfolge fordert", sagte March in seinem Film. „Quixote fehlte beides. Dennoch besteht er trotz anhaltender Misserfolge auf seiner Vision und seinem Engagement. Er beharrt darauf, weil er weiß, wer er ist." Quixote schlüpfte in die Rolle eines Edelmannes, der für die Ehre kämpfte und die Dinge aus der „Verpflichtung gegenüber seiner Identität tat, anstatt sich darauf zu verlassen, dass ihm die Ergebnisse beziehungsweise Konsequenzen ein Selbstwertgefühl verliehen."

Das ist der Stoff, aus dem die Erschaffer gemacht sind. Sie stellen eine bestimmte Art zu leben weit über die Bedeutung irgendeines Erfolgs oder Misserfolgs.

Harte Arbeit, die mit negativen Schlagzeilen belohnt wird

Innovatoren und Menschen, die Risiken eingehen, werden als seltene Spezies gepriesen. Per Definition verlangt *Innovation* nach einem häufigen, wiederholten Prozess des Scheiterns. Ironischerweise ist Scheitern weder gesellschaftlich akzeptabel noch politisch korrekt. Fast niemand hat dafür die Geduld. Wir idolisieren Gewinner und dämonisieren Verlierer schon nach einem einzigen Spiel.

Als Patricia Russo Anfang 2002 zum CEO von Lucent Technologies in Murray Hill, New Jersey, ernannt wurde, befand sich die Hightechblase kurz vor dem Platzen. Russo gehörte zu der Gruppe an langjährigen Führungskräften in der Telekommunikation, die das Technologienetzwerkunternehmen mit Unterstützung von Bell Labs im Jahre 1996 gegründet hatte. Fast 20 Jahre hatte sie damit verbracht, einige von Lucents und AT&Ts größten Sparten zu leiten. „Ende 2000 wurde es schwierig. Im Jahr 2002 erlitt die ganze Branche einen völlig unvorhergesehenen und beispiellosen Einbruch, dessen Dauer und Tiefe niemand vorhergesehen hatte. Wir hatten das Gefühl, als würden wir auf Treibsand laufen. Niemand konnte genau sagen, was eigentlich passierte. Wenn wir gewusst hätten, was wir ein Jahr später lernten, dann hätten wir viel früher das Steuer herumreißen können“, so Russo. Russo und ihr Team haben den Turnaround geschafft. Als wir im Jahr 2005 mit ihr sprachen, hatte Lucent sein zweites profitables Jahr in Folge. Bei einem Umsatz von gut 9 Milliarden Dollar betrug der Nettogewinn mehr als 1 Milliarde Dollar.

Während der Krise wurde sie „von einem bestimmten Reporter interviewt, dessen Namen ich nicht nennen möchte. Das war ein ausgesprochen angespanntes Gespräch, da er unser Team ziemlich aggressiv anging, weil es uns so schwer fiel, unsere Umsatzergebnisse vorherzusagen. Nach einer Weise unterbrach ich das Interview und sagte: ‚Glauben Sie, wir sind Idioten?' Er sah mich nur an. Dann sagte ich: ‚Dieses Unternehmen hat eine Menge fähiger Leute. Und wir haben eine lange Erfolgsgeschichte. Glauben Sie wirklich, dass wir einfach dämlich sind?' Er antwortete: ‚Nein, eigentlich nicht.' Ich sagte: ‚Dann muss hier irgendetwas anderes am Werke sein, das ein Phänomen in der Branche geschaffen hat, das eine Vorhersage unmöglich macht.' Und ich erklärte ihm, was geschehen war. Und er sagte: ‚Wissen Sie was? Mir war nicht klar, wie sich das Paradigma verändert hat und was jetzt anders ist.' Das war eine sehr schwierige Zeit, weil der Eindruck entstanden war, wir wären einfach unfähig, wobei es auch kein anderer hinkriegte. Die Branche hatte einfach noch nie einen derart schweren Einbruch erlebt“, sagte Russo. „Niemand hatte vorausgesehen, was geschah. Wir reagierten alle auf ein bewegliches Ziel, das sich mit einer unvorstellbaren Geschwindigkeit veränderte. Alles, was man unter solchen Umständen tun kann, ist, offen und ehrlich über das zu sprechen, was passiert, was man weiß und was man nicht weiß, welche Risiken bestehen und welche Chancen es gibt. Und das haben wir getan, als wir versuchten, uns auf die Dinge zu konzentrieren, die wir kontrollieren konnten", sagte sie.

Die traurige Wahrheit ist, dass Sie schlechte Kritiken erhalten, wenn Sie an irgendeinem Punkt scheitern, selbst wenn Sie sich noch so bemüht haben. Erinnern Sie sich daran, wann Sie das letzte Mal nach schlechten Nachrichten eine gute Pressemeldung bekommen haben. Fehlanzeige. Die Öffentlichkeit eine bezeichnet Anstrengung kaum jemals als nobles Scheitern.

Das ist keine Klage. Wir beschweren uns nicht über die Medien. Das ist die Feststellung einer Tatsache. Wundern Sie sich nicht, dass in den meisten Unternehmen keine Innovation stattfindet. Meistens ist Innovation harte Arbeit, die mit negativen Schlagzeilen belohnt wird. Und das ist nur ein weiterer Grund, weshalb Menschen davor zurückschrecken, ihr gesamtes Potenzial zur Verfolgung ihrer Träume und zum Dienst an der Welt einzusetzen. Dauerhaft erfolgreiche Menschen sind dagegen keineswegs immun. Sie tolerieren die Risiken einfach, sie verspüren die Angst, sie stecken die harsche Kritik ein, lernen aus ihren Misserfolgen und tun trotzdem, was ihnen wichtig ist.

Sie tolerieren die Risiken einfach, sie verspüren die Angst, sie stecken die harsche Kritik ein, lernen aus ihren Misserfolgen und tun trotzdem, was ihnen wichtig ist.

Stolpersteine sind unvermeidliche Rückschläge, aus denen Erschaffer Nutzen ziehen. Aber selbst wenn eine vollständige Erholung nicht möglich ist, wie das bei Menschen der Fall ist, denen Sie im nächsten Kapitel begegnen werden, gibt es dennoch überzeugende Wege, um zu prosperieren, trotz – manchmal sogar wegen – widrigster Umstände.

Herzlichen Glückwunsch, wenn Sie bereit sind, die Mühsal auf sich zu nehmen, die mit der Verfolgung Ihrer Träume verbunden ist. Auf jeden Fall haben Sie immerhin herausgefunden, was Sie mit Ihrem Leben anfangen wollen.

Kapitel 8
Wunden zu Weisheit – Vertrauen Sie Ihren Schwächen und nutzen Sie Ihre Kerninkompetenzen

Es ist schwer, einen Gegner zu bekämpfen, der im eigenen Kopf Stellung bezogen hat.
– Yogi Kelly Sampton

Bei denjenigen, die das Beste aus einer Situation machen, wendet sich die Situation zum Besten.
– John Wooden

Sein Gesicht wurde von einer unschönen Brille mit dicken Gläsern und einem hässlichen schwarzen Gestell beherrscht. Jeden Tag mühte sich der blonde College-Anfänger aufs Neue damit ab, mit seinen Kommilitonen und dem Lehrstoff Schritt zu halten. Aufgrund seiner Lernschwierigkeiten war er bereits in Englisch und Französisch durchgefallen. Der junge Mann, der in Sacramento aufgewachsen war, hatte sich beim Lesenlernen auf klassische Comicbücher verlassen. Das reichte nun aber nicht mehr aus. Jeder Kurs, der eine kritische Lektüre und schriftliche Ausdrucksfähigkeiten verlangte, wurde zu einer unüberwindlichen Hürde. Für Chuck war es schon ein Kampf, seine Augen über eine Seite wandern zu lassen, um wenigstens einen Teil dessen aufzunehmen, was er entziffern konnte. Und er fürchtete, irgendjemand könne diese Schwäche herausfinden. Doch wie konnte er sie noch länger geheim halten? Er wusste keinen Ausweg. Man würde ihn vom College weisen.

Chucks Herausforderung glich denen der Helden der griechischen Mythologie, die er studieren musste. Um erfolgreich zu sein, musste auch er riesige Hindernisse überwinden, die sich ihm in den Weg stellten. Das größte Hindernis war zurzeit, dass er in den Spiegel sehen und sich dem stellen musste, was man als erfolgsverhindernde Schwächen betrachten konnte.

Es gibt keine Heilung

In der postmodernen Welt ist es uns zur zweiten Natur geworden, von unseren Helden Perfektion zu erwarten, trotz der überwältigenden Beweise, dass sie nie perfekt sind. Die alten Griechen hatten diese Erwartung nicht. Im Gegenteil, ohne die großen Schwächen der Helden gäbe es keine griechische Mythologie. Und merken Sie sich eines: Es gab keine Heilung! Wenn der Held es versäumte, aus der Lektion, die ihm sein Scheitern bot, zu lernen, nun, dann wurde aus der Geschichte eine Tragödie. Erfolg war nicht das Ergebnis von Genialität und selten von Begabung. Nur wenn der Held die Wahrheit und Weisheit erkannte, die in seiner Schwäche lag, hatte die Geschichte ein gutes Ende. Die Bühnenstücke von William Shakespeare waren ähnlich. Wenn die Helden den *Aha*-Moment erlebten, bevor es zu spät war, dann handelte es sich um eine Komödie. Gelang ihnen das nicht, war es eine Tragödie. Es gab nicht viele Komödien.

Die Lektion ist immer dieselbe: Nicht Schwäche war der Auslöser für die Tragödie. Vielmehr war es die Beziehung des Helden zu seiner Schwäche, die zur Tragödie führte. Im Kern des Heldenabenteuers stand die Vorstellung, dass der Held seine potenziell tragischen Schwächen oder Defizite annehmen und als Element seiner Identität erkennen musste. Dies zu missachten oder zu leugnen war der eigentliche Auslöser der Tragödie. In unserer zivilisierten Welt verwenden zu viele Menschen zu viel Zeit und zu viel Geld darauf, nach „Heilung“ zu suchen, statt sich einfach darauf zu konzentrieren, ein bedeutungsvolles Leben zu führen. Und was noch schlimmer ist: Dabei „heilen“ Sie sich unter Umständen von einem Virus für herausragende Leistungen!

Benutzen Sie eine Schwäche nicht als Grund, um sich selbst zu misstrauen

Erschaffer leugnen weder ihre Defizite noch lassen sie zu, dass diese sie in ihrer Handlungsfähigkeit lähmen. Sie mögen sich gelegentlich beschämt oder überwältigt fühlen, aber deswegen marginalisieren sie weder sich selbst noch das Problem. Sie überwinden nicht einmal ihre „Unfähigkeit“. Sie steuern sie, integrieren sie, leben mit ihr und lassen sich von ihr nicht aufhalten. In vielen Fällen werden so genannte Unfähigkeiten zu Grundpfeilern dauerhaften Erfolgs.

Sie können nicht alles haben, bevor Sie nicht alles einsetzen, was Sie haben

Chuck suchte und fand einen Weg, seine Legasthenie auf vielfältige Weise in seine Lebensplanung einzubeziehen. Zunächst erkannte er, dass er seine Stärken mit denen anderer Menschen verbinden konnte. Er bildete ein Team, eine Gruppe an Studenten, von denen jeder einzelne ein Experte auf einem bestimmten Gebiet war. Die vereinten Kompetenzen der Gruppe machten die individuellen Schwächen ihrer Mitglieder weniger relevant. Tatsächlich gelang es seinem Team, die Aufgaben schneller und effektiver zu erledigen, als anderen Teams, deren Mitglieder glaubten, sie seien auf allen Gebieten bewandert.

Dieser College-Neuling, der sich einst so abgestrampelt hatte, war kein anderer als Charles Schwab, der heute international dafür bekannt ist, dass er die Branche der Finanzdienstleistungen revolutioniert hat. Sein Unternehmen mit Sitz in San Francisco, das er 1971 gründete und das noch immer nach ihm benannt ist, verwaltet Kundengelder von mehr als einer Billiarde Dollar. Was als Blamage begann, entpuppte sich als die Saat für Chucks Genialität. Wenige Industriekapitäne haben den Mut, es zuzugeben, aber tatsächlich gehören viele derjenigen, die mit so genannten Lernbehinderungen zu kämpfen hatten, zu den größten und talentiertesten CEOs, Künstlern und Pädagogen der Welt.

Unter den bekannten legasthenischen Bürgern finden sich zahlreiche Beispiele: George Washington, Agatha Christie, Albert Einstein, Woodrow Wilson, Winston Churchill, Thomas Edison, Nelson Rockefeller, Henry Ford, Walt Disney, William Hewlett, Paul Orfalea (Gründer von Kinko's), F. W. Woolworth, Alexander Graham Bell, Richard Branson, Ciscos John Chambers, CNNs Ted Turner und Dutzende weitere Persönlichkeiten, die schnell erkannten, wofür andere Führungsfiguren zu lange brauchen: Jede Schwäche kann ein Vorteil sein. Für Chuck Schwab hieß das, dass ihn sein Kampf dazu zwang, von anderen Hilfe zu erbitten und sich auf Dritte zu verlassen, die ihm von Anfang an dabei halfen, seine Ziele zu erreichen. Im Gegensatz zu vielen Unternehmern ging er nie davon aus, dass er in allem gut war oder gut sein musste.

„Wahrscheinlich war die positive Seite dieser Lernerfahrung meine frühe Einsicht, dass ich nicht in jedem Aspekt des Schreibens, Lesens und ähnlicher Dinge stark war", sagte Schwab. „Mit einiger Mühe gelang es mir, kleine Textmengen zu verarbeiten, so wie ein Memo oder eine kurze Zeitungsmeldung", so Schwab. „Aber ein langes Buch oder eine Rede waren für mich überhaupt nicht zu bewältigen." Die Verwendung eines Skripts für eine öffentliche Rede war für ihn meist gar nicht praktikabel. „Üblicherweise ist eine Rede komplett in Großbuchstaben gedruckt. Für mich sah jeder einzelne Absatz wie ein Wust aus grauen Buchstaben aus." Um dieses Problem zu lösen, ließ er jeden Satz in einer unterschiedlichen Schriftart und -größe drucken – einige Sätze groß, andere klein, einige fett, andere unterstrichen – „damit die Worte nicht alle ineinander verschwammen, wenn ich auf das Blatt sah." Am Ende war das, was für „die meisten Leuten wie ein klassischer Erpresserbrief ausgesehen hätte, für mich viel klarer“, sagte Schwab.

Niemand, der Schwab einmal bei einem öffentlichen Auftritt erlebt oder seine landesweit ausgestrahlte TV-Werbung gesehen hat, würde sein Unbehagen je bemerken. „Ich würde nichts tun, von dem ich persönlich nicht absolut überzeugt bin“, betonte Schwab. Seine Lösung besteht darin, hart an Kommunikation und freier Rede zu arbeiten, die von Herzen kommt und nicht von einem Skript abgelesen wird. In der Schule bewältigte er das Problem, indem er sich auf das konzentrierte, was ihm wirklich wichtig war. Später suchte er sich Tutoren und organisierte Studiengruppen, um die Aufgaben zu erledigen. Als Unternehmer suchte er aktiv nach Mitarbeitern, die nicht nur kompetent, sondern auch besonders geeignet waren, die Bereiche zu besetzen, die Schwab selbst nicht ausfüllen konnte. „Aufgrund meiner eigenen Schwierigkeiten wusste ich, dass ich auf andere Menschen angewiesen war, die mich in verschiedenen Teilen des Unternehmens, das ich aufbauen wollte, ergänzen konnten“, sagte er. „Ich denke, mir ist es gelungen, meine Stärken und Schwächen zu erkennen und mich auf den Gebieten, auf denen ich Defizite habe, mit einem Team an herausragenden Leuten zu umgeben. Ich glaube, dass dies der größte Nutzen gewesen ist, den ich aus meinen frühen Lernerfahrungen gezogen habe.“

John Chambers, CEO von Cisco Systems, klingt auf dem Podium wie ein rhetorisch geschliffener missionarischer Pfarrer. Aber Sie werden ihn niemals ein Skript verwenden sehen. Seine Reden hat er alle auswendig gelernt. „Ich hatte Schwierigkeiten in der Schule, und das Lesen ist mir sehr schwer gefallen“, gab er zu. „Meine Lehrer hielten mich nicht für besonders intelligent, und ich war mir auch nicht so sicher. Ich konnte einfach nicht verstehen, warum ich mit den anderen nicht Schritt halten konnte.“ Seine Eltern fanden die richtigen Tutoren, und, so seufzte er, „ich musste wirklich hart arbeiten“. Er hasste die zusätzlichen Hausaufgaben, aber seine spartanische Ethik half ihm dabei, die Highschool als Zweitbester seiner Klasse abzuschließen, trotz seiner Legasthenie, für die es damals noch nicht einmal einen Namen gab.

Senden Sie Chambers keine langen Memos und bitten Sie ihn auch nicht, selbst eines zu verfassen. „Das ist für mich eine wirklich mühselige Aufgabe“, so Chambers. Dieser sprudelnde CEO vermeidet jede Schreibarbeit und zieht es stattdessen vor, wann immer möglich, die Menschen direkt aufzusuchen und persönlich mit ihnen zu sprechen. Chambers verlässt sich lieber auf Demut als auf Glück. Seine öffentlichen Auftritte, Webcasts und Broadcasts spiegeln die Ernsthaftigkeit seiner Übung wieder, die eine konsistente, überzeugende Botschaft aussenden.

Chambers Leiden sind Ciscos Gewinn. Chambers geht auf seine Mitarbeiter zu und wirbt Kunden auf der ganzen Welt mit einer Energie und einem Selbstvertrauen an, die aus Jahren harter Arbeit entstanden sind: „Wir bereiten uns bestmöglich vor und nehmen die Anstrengungen unserer Mitarbeiter und die Herausforderungen unserer Kunden nie für selbstverständlich – nie.“ Chambers kann ein Bild der vielfältigen Dimensionen eines Problems zeichnen, auch wenn es ihm schwer fällt, sie in Worte zu fassen. „Das ist mir zur zweiten Natur geworden. Ich kann Probleme visualisieren und sie so klarer und einfacher machen.“

Das mag genial sein, aber es ist ebenso eine Frage harter Arbeit und unermüdlicher Übung. Wie der Blinde, dessen Gehör übermenschlich gut ausgeprägt zu sein scheint, haben Führungspersönlichkeiten wie Chambers ihr Leben lang darauf verwendet, als Weg zum Umgang mit ihrer Legasthenie die Fähigkeit zu pflegen, komplexe Ideen in einfache, kühne Konzepte zu verwandeln. Wie Chuck Schwab sagte: „Ich kann mir gar nicht den Luxus leisten, Dinge kompliziert zu belassen – ich muss jeden Tag daran arbeiten, Dinge zu entziffern, um sie mir klar zu machen. Und wie sich herausstellt, hassen intelligente Menschen wie unsere Kunden ebenfalls hoch komplizierte Dinge!“ Als er sich zum Beispiel bemühte, die Komplexität im Investmentgeschäft zu beseitigen, hatte Schwab eine Eingebung. „Sie müssen nicht lesebehindert sein, um mit der Lektüre der Investmentfondsberichte von zehn unterschiedlichen Anbietern ein Problem zu haben.“ Schwabs Lösung bestand in der Einrichtung eines einfachen One-Stop-Shoppings für Investmentfonds – ein Schritt, der eine neue Branche entstehen ließ. „Die

Dinge für Kunden zu vereinfachen, war schon immer eine große Chance“, betonte Schwab.

Jahrzehntelang haben Leute wie Chambers und Schwab ihre Schwächen vor der Öffentlichkeit geheim gehalten. „Ich war mir nicht sicher, wie die Öffentlichkeit auf mein Problem reagieren würde“, gab der ebenfalls legasthenische Richard Branson zu. Aber letztlich hatte die Offenbarung ihren Lohn. „Ich war erstaunt, welche Wirkung ich auf das Leben von Menschen mit Lernschwierigkeiten haben konnte“, sagte Schwab. Sowohl er als auch Chambers haben Forschungsinitiativen finanziert und geleitet, um Lehrern und Eltern dabei zu helfen, dieses Problem besser zu verstehen.

> *Der größte Wert mag in dem liegen, was der Rest von uns aus ihrem Kampf lernen kann.*

Der größte Wert mag in dem liegen, was der Rest von uns aus ihrem Kampf lernen kann. Es ist ein schwerer und scheinbar widersprüchlicher Schritt, eine Widrigkeit als Chance zu betrachten, um einen Weg zu finden, der aus der Schwäche und ihrer Herausforderung etwas Nützliches macht. Indem sie ihre Mühen und Qualen annahmen, gewannen Erschaffer etwas Mächtigeres als einfach nur die Fähigkeit, aus Fehlern zu lernen oder Nutzen aus ihrer Beharrlichkeit zu ziehen. Es ist sogar mehr als Mitgefühl. Das Wörterbuch Webster definiert Mitgefühl als „die Handlung des Verstehens, des Bewusstseins, der Sensibilität für und des indirekten Erlebens der Gefühle, Gedanken und Erfahrungen einer anderen Person, sei es der Vergangenheit oder der Gegenwart, ohne diese Gefühle, Gedanken oder Erfahrungen auf objektiv explizite Art und Weise vollständig kommuniziert zu haben“.[1] Das trifft es aber nicht ganz. Das spezielle Wissen und die Fähigkeiten, die wir aus schmerzvoller persönlicher Erfahrung gewinnen können, scheinen selbst das Mitgefühl zu übertreffen. Erschaffer, von denen man einst glaubte, sie hätten in der Genlotterie Nieten gezogen, weil sie unter Lernbehinderungen litten, fanden stattdessen heraus, dass sie das große Los gezogen hatten: die Entdeckung eines besonderen Talents oder einen neuartigen Weg, aus der Masse herauszuragen. Diese Genialität kommt in einer von zwei möglichen Verpackungen daher: als etwas, das einem passiert und das sich nicht ändern lässt – wie zum Beispiel ein Unterschied in der Lernfähigkeit – oder als etwas, das man selbst ausgelöst hat und das unwiderruflich schief gegangen ist, außer es liege immer noch in der eigenen Verantwortung, es zu beheben. Erschaffer würden niemandem diese potenziell erdrückende Last wünschen. Wenn sie Ihnen widerfährt, graben Sie dort, wo Sie hinfallen nach dem Schatz, wie der Philosoph Joseph Campbell schreibt. Die meisten Menschen lassen sich von überwältigenden Niederlagen eher lähmen als beflügeln. Für Erschaffer ist es dagegen die am meisten verbreitete Form der Qualen, die sich am häufigsten in dauerhaftem Erfolg auszahlen.

Wenn sich eine Tragödie ereignet

Der junge Govindappa Venkataswamy dachte, er hätte den Sinn seines Lebens gefunden, als seine drei ungeborenen Cousins jeweils in den letzten drei Schwangerschaftsmonaten starben. Sein gebrochenes Herz trieb ihn dazu, sich tief in seine Ausbildung an der medizinischen Fakultät zu versenken, und zwar mit dem Ziel, Gynäkologe und Geburtshelfer zu werden. Er wollte Menschenleben wie das seiner Cousins retten, aber er erhielt nie die Chance dazu. Als frisch gebackener Absolvent befiel ihn eine rheumatische Arthritis, die ihm den Beruf als Geburtshelfer unmöglich machte. Er verbrachte Jahre in Krankenhäusern und litt unter großen Schmerzen, die ihn bis zum heutigen Tag quälen. „Sie verbringen Ihr Leben nicht aus reinem Mitleid damit, anderen Menschen zu helfen. Sie wissen, dass der oder die Leidende ein Teil von Ihnen ist“, sagte Dr. V., als der er heute bekannt ist. Er hat nicht nur großes Mitgefühl für die Qualen, unter denen seine Patienten leiden, sondern es gelang ihm überdies, sich von seiner Behinderung nicht in seinem Ehrgeiz bremsen zu lassen. Er begann noch einmal von vorne und studierte dieses Mal Ophthalmologie, um einen anderen Bedarf abzudecken. In Indien gibt es neun Millionen Blinde, von denen die meisten an grauem Star leiden, der durch einen chirurgischen Eingriff geheilt werden kann.[2] Dr. V. eröffnete in dem Haus seines Bruders in Madurai eine Augenklinik mit elf Betten, um kostenlose oder sehr kostengünstige Augenoperationen vorzunehmen. Dazu entwickelte er sogar spezielle Instrumente, die an seine verkrüppelten Hände angepasst waren und ihm erlaubten, in seinem ersten Jahr 5.000 Eingriffe vorzunehmen.

Heute führt seine Klinik mehr als 200.000 Operationen pro Jahr durch und gehört zu den größten unabhängigen Anbietern von Augenchirurgie der Welt, die mehr als einer Million Menschen die Sehfähigkeit zurückgegeben hat. Dr. V. machte die Durchführung der Operationen so effizient, dass diese heute so schnell und fast so günstig sind wie die Zubereitung eines Hamburgers. Dr. V. glaubt, es sei unter Umständen möglich, „Franchises" seiner Methode auf der ganzen Welt aufzubauen und Menschen und Ressourcen für seinen Traum zu gewinnen, ganz so, als handele es sich um McDonald's. Diese Fastfoodkette verkauft in Tausenden von Restaurants Milliarden von Hamburgern, erzählt er jedem, den er trifft. „Wir können Millionen von Menschen das Augenlicht zurückgeben und sie so vor dem Verhungern bewahren." Die Kliniken erwirtschaften einen Gewinn, obwohl 70 Prozent der Patienten nichts oder fast nichts bezahlen müssen, und die Kliniken hängen weder von Spenden noch von Regierungssubventionen ab. Wenn man seine hoffnungslos verkrüppelten Hände sieht, würde man meinen, er habe sich das Recht verdient, einfach aufzugeben. Stattdessen weigerte sich Dr. V., sich von dieser schweren Beeinträchtigung von seinem Traum, Leben zu retten, abbringen zu lassen. Er konnte seinen Zustand nicht verändern, aber er konnte die Herangehensweise an sein Ziel ändern, und als Ergebnis verändert er das Leben von Millionen.

Wahre Größe liegt an der Kreuzung zwischen Qual und Leidenschaft

Dr. V.s selbstlose Courage in Indien erinnert uns unweigerlich an Mahatma Gandhi. Denken Sie einen Moment an die Reise dieser talismanähnlichen Friedens- und Freiheitsikone. Hätte Gandhi in seinen jungen Jahren nach dem College nicht Qualen erlitten, hätte er seine Weltsicht womöglich nicht so weit verändert, dass er die

Geschichte geändert hätte. Vielleicht hätte er sich irgendwo mit einer ruhigen kleinen Anwaltskanzlei niedergelassen, wenn seine übermächtige Angst vor öffentlichen Auftritten ihn nicht dazu gezwungen hätte, seine Pläne zu ändern. Dauerhaft erfolgreiche Menschen haben festgestellt, dass die Antwort auf ihren Lebenszweck nicht allein in leidenschaftlicher Liebe oder Qualen begraben liegt, sondern in dem Ringen beider miteinander, aus dem eine eigenartige Harmonie entsteht.

Gandhi studierte in London Rechtswissenschaften und liebte die Vorstellung, die Justiz könne in strittigen Fragen Recht sprechen. Bei seiner Rückkehr nach Indien sah er jedoch, dass sie nur höchst selten diesem Zweck diente. Seine Leidenschaft war echt, aber im Gerichtssaal fühlte er sich unfähig, das Wort zu erheben. Er verließ Bombay in dem Gefühl, tief gescheitert zu sein. Als ihm der Posten als Berater für ein moslemisches Unternehmen in Südafrika angeboten wurde, war er hoch erfreut. Wie sich herausstellen sollte, veränderte die Reise nach Pretoria sein Leben. Er wurde aus einem Zugabteil geworfen, obwohl er ein Erste-Klasse-Ticket besaß, er wurde zusammengeschlagen, weil er sich weigerte, seinen Sitz in einer Postkutsche freizugeben und wurde von einem Polizisten von einem Weg gerempelt. Die in Südafrika lebenden Inder durften weder wählen noch ein eigenes Haus besitzen und nachts nur mit offizieller Genehmigung auf die Straße gehen oder einen öffentlichen Weg benutzen. Gandhi entwickelte ein intensives und persönliches Verständnis ihrer Qualen. Seine wachsende Wut verlieh ihm eine neue Stimme, die er noch nie zuvor in sich verspürt hatte. *Seine Sache hatte Charisma.* Im Gerichtssaal mag er sprachlos gewesen sein, aber die Leiden seiner Landsleute halfen ihm, seinen Lebenssinn zu entdecken.

Die Qual befreite schließlich seine Leidenschaft

Gandhi beschloss, auch seine Arbeit anders zu verrichten. Während er begann, Petitionen zu sammeln, um auf die Leiden der Inder in Südafrika aufmerksam zu machen, arbeitete er gleichzeitig an einem juristischen Fall, der ihn auf einen ganz neuen Weg brachte.

Anstelle eines normalen Rechtsstreits drang Gandhi auf Schlichtung. Die beiden Parteien stimmten zu, und der Schlichter entschied den Fall tatsächlich zugunsten Gandhis Mandanten. Aber damit gab sich Gandhi noch nicht zufrieden. Obwohl er den Fall gewonnen hatte, drängte er seinen Mandanten, kleine inkrementelle Zahlungen zu akzeptieren, die dem Verlierer ermöglichten, sein Gesicht und seine Würde zu wahren und die ihn vor dem Bankrott retteten. Dieser gegenseitige Respekt der Kontrahenten – Gandhis Beharren auf einer kreativen Lösung, die allen Seiten gerecht wurde – erfüllte seine tiefe Leidenschaft, die der eigentliche Grund dafür gewesen war, warum er einst Jura studiert hatte. *Satyagraha* oder „sich an die Wahrheit halten“ wurde zu seinem grundlegenden Konzept. Von da an war es in Hunderten von Fällen Gandhis Praxis, eine außergerichtliche Einigung herbeizuführen, anstatt einen überwältigenden Sieg zu erringen. Er hatte einen Weg zurück zu seiner Leidenschaft für das Rechtswesen gefunden, und dieser Weg entstammte dem Leid, das er aufgrund der Diskriminierung aller unterdrückten Menschen empfand. Beides zusammen vermischte sich zu einem überaus mächtigen Zaubertrank, der ihn Gefängnis, Streiks und soziale Konflikte aushalten ließ – von der fairen Behandlung der „Unberührbaren“ bis zur Befreiung von Indien selbst.

Durch Qual oder Leidenschaft werden Sie einigermaßen gut auf Ihrem Gebiet – durch Qual plus Leidenschaft haben Sie das Potenzial zu wahrer Größe

Auch wenn es merkwürdig klingen mag, dass wir so sehr auf den Qualen als Teil des großen Ganzen beharren, so haben Erschaffer doch festgestellt, dass diese auf ihrem Weg zu dauerhaftem Erfolg unvermeidlich sind. Wie im vorhergehenden Kapitel beschrieben, haben sie das Gefühl, sie könnten etwas Positives daraus ziehen. Unsere Qualen können uns unter Umständen sogar mehr Klarheit verschaffen als unsere Leidenschaften. Die Frage ist, warum uns wichtig ist, was uns wichtig ist. Das hat nicht allein damit zu tun, dass wir es genießen, etwas Bestimmtes zu tun. Es gibt viele Dinge, die wir gerne tun, aber nur wenige bieten Aussicht auf dauerhaften

Erfolg. Es gibt auch viele Dinge, die wir verabscheuen. Einfach herauszufinden, was einen quält, ist also auch nicht die Antwort. Was das Mysterium noch undurchschaubarer macht, ist die Tatsache, dass nicht alle erfolgreichen Menschen dieselbe Definition von Qualen, Erfolg oder Glück haben. Wie für die meisten Dinge im Leben gilt auch hier, dass wir nicht davon ausgehen können, dass alle Menschen dieselben Dinge als schmerzlich erleben; hier bieten sich also einige Erkenntnisse über die Vorteile der Qualen. Was wir als schmerzlich erleben, öffnet ein Fenster zu unserer Seele, damit wir auf einzigartige Weise erkennen, wer wir sind und was wir tun müssen.

Machen Sie gerne Musik und empfinden Sie eine zu tief gespielte Note auf einer Ihrer CDs als qualvoll, oder hassen Sie es, einen ganzen Tag überhaupt keine Musik zu hören? Lassen Sie uns für einen Moment vergessen, dass Ihre Freunde und Verwandten glauben, es sei töricht oder sogar gefährlich, Musik als Ihr nächstes Berufsfeld auszuwählen. Schreiben Sie gerne Gedichte und finden Sie es qualvoll, einen stilistisch schlechten Satz zu lesen? Mit qualvoll meine ich nicht ärgerlich – ich meine, bereitet es Ihnen körperliche Schmerzen, hält es Sie nachts wach, oder lässt es Sie morgens aus dem Bett springen? Als der Romanautor Tom Robbins von einem Journalisten gefragt wurde, was für ihn das Wichtigste auf der Welt sei, antwortete er schlicht: „Ein guter Satz." Jeder, der Musik oder Literatur oder Lyrik liebt, kann mit diesen beiden Beispielen etwas anfangen. Allen anderen mögen sie trivial erscheinen. Das ist Teil des Tests.

Verabschieden Sie sich von Dingen, die nicht funktionieren

Auf ihrem höchsten Niveau ist die eine schreckliche Sache in Ihrem Leben – die Niederlage, die Unfähigkeit oder Quelle der Frustration – auch die schöpferische Kraft. Ohne Qualen hätte Gandhi nie zu seiner Stimme gefunden. Die CEOs Schwab, Chambers und Branson hätten ohne ihre Legasthenie nie ihre Unternehmen aufgebaut. Erschaffer sind von Natur aus davon besessen, etwas zu schaffen oder aufzubauen, und sie sind ihr Leben lang von der Suche nach einer wertvollen Sache beseelt, die sie nutzen können. Und was ihre Schwächen betrifft, ziehen sie auch daraus den größtmöglichen Nutzen. Eine Sache, von der sich Erschaffer so schnell wie möglich verabschieden, ist Schuldzuweisung. In Gesprächen mit Erschaffern stellt man fest, dass ihnen die natürliche menschliche Neigung, den Umständen oder anderen Menschen die Schuld für Probleme zu geben, völlig fehlt. Erschaffer können explodieren, trauern und (im Geheimen) alles und jeden verantwortlich machen, aber die meisten scheinen sich schnell wieder davon zu lösen. Stattdessen betrachten sie, was sie ohne langes Lamentieren direkt an der Situation verändern beziehungsweise wie sie konstruktiv mit ihr umgehen können. Sich in Schuldzuweisung oder Selbstbezichtigung zu ergehen, löst das Problem nicht und behindert den Fortschritt in Richtung Zielerreichung.

Erschaffer verabschieden sich von Dingen, die nicht funktionieren. Sie lassen die Zukunft nicht die Schulden der Vergangenheit bezahlen. Sie lassen ihren nächsten Job, ihr nächstes Unternehmen oder ihre nächste Liebe nicht für die vergangene schlechte Erfahrung büßen. Sie gewinnen nichts, wenn Sie Ihren nächsten Vorgesetzten für die Versäumnisse Ihres letzten Chefs büßen lassen. Sie können Ihre Zukunft nicht von Ihrer Vergangenheit bestimmen lassen.

Erschaffer verabschieden sich von Dingen, die nicht funktionieren. Sie lassen die Zukunft nicht die Schulden der Vergangenheit bezahlen.

Der Milliardär Jon Huntsman, Autor des Buches *Winners Never Cheat,* lernte diese Lektion in seinem ersten Job. „Mein Arbeitgeber in meinem ersten Unternehmen war völlig darauf fixiert, den Wettbewerb fertig zu machen“, erinnerte er sich. „Wir waren in der Eiverarbeitung tätig. Ständig schmiedete er Pläne, wie er seine Wettbewerber zu Fall bringen könnte. Auf diese Mission verwendete er so viel Energie, dass sein Unternehmen litt. Er bestand darauf, dass seine Mitarbeiter gegenüber den Medien alle möglichen Geschichten über seine Wettbewerber fabrizieren sollten. Er heckte jeden negativen Gedanken oder möglichen Trick aus, um seinen

Konkurrenten ein Bein zu stellen." Huntsman fühlte, wie sehr ihm und allen anderen Kollegen Energien abgezogen wurde. Es war die Sache nicht wert. Sein Chef „starb als erbärmlicher, bankrotter Mensch"[3], sagte er. Huntsman schwor sich, dass er sein Leben niemals auf diese Weise verschwenden würde.

Fall geschlossen

Erschaffer treffen die Entscheidung, sich von der Vergangenheit zu lösen, und zwar nicht aus reiner Verweigerung, sondern vielmehr, weil sie sich auf das konzentrieren müssen, was sie erschaffen wollen. Das bedeutet nicht, dass damit alles vergeben und vergessen, alle Wunden vollständig verheilt oder alle Ungerechtigkeiten, die ihnen widerfahren waren, vergessen sind. Erschaffer versuchen nicht, die Geschichte neu zu schreiben oder das Vergangene auszulöschen. Sie versuchen nicht, so zu tun, als sei das Geschehene nie geschehen. Sie beschließen ganz einfach, die Sache hinter sich zu lassen und nach vorne zu blicken. Wer seinen Groll hegt und pflegt, hält sein Leiden wach; wer seinen Groll ablegt, lässt seine Leiden hinter sich, wenn er sich wieder auf sein Anliegen konzentriert. Manche bezeichnen das als Vollendung oder Vergebung, aber diese Bezeichnungen beinhalten eine Absolution, Lösung oder Wiederherstellung oder zumindest eine angemessene Entschuldigung. Unglücklicherweise lösen sich beziehungsweise heilen schlechte Erfahrungen selten vollständig. Dennoch finden Erschaffer einen Weg, weiterzumachen, um ihre Zukunft aufzubauen. Die Wurzel des Wortes „vergeben" ist *fortsenden* – hinter sich lassen.

„,Mit etwas abschließen' ist ein sehr starker Ausdruck", sagte Reverend Deborah Johnson. „Wenn man mit etwas abschließt, dann ist es vorbei. Man geht dann nicht mehr dahin zurück." Das ist, was erfolgreiche Menschen tun. Sie bezeichnen das nicht unbedingt als Vergebung, aber sie verabschieden sich von Schuldzuweisungen als Lebensstil. „Der Ausdruck, mit einer Sache abzuschließen, hat einen interessanten Aspekt. Wenn im Gerichtssaal der Richter an irgendeinem Punkt sagt ‚Der Fall ist geschlossen', dann heißt das nicht, dass der Fall ausradiert ist. Er wird in den Akten festgehalten. Wir beschäftigen uns jedoch nicht länger mit seinen Details. Geschlossen oder abgeschlossen bedeutet nicht, dass alle Beteiligten eine Lösung erfahren. Es bedeutet nicht einmal, dass keine Straftat stattgefunden hat." Wenn ein Richter einen Fall schließt, dann deswegen, weil an diesem Punkt keine weitere Verfolgung mehr stattfindet. „Es ist vorbei", so Johnson.

Wollen wir am Erfolg arbeiten oder am Konflikt festhalten? Welche langfristige Wahl treffen außergewöhnlich erfolgreiche Menschen? Verbringen sie ihre Tage mit der Schaffung *dauerhafter Konflikte* oder *dauerhafter Erfolge*? Wenn Sie bereit sind loszulassen, ist der Teufelskreis durchbrochen, und Sie sind frei. Fall geschlossen. „Dazu ist erforderlich, dass wir uns von dem Geschehenen und unserer emotionalen Involvierung verabschieden. Wenn Ihnen das gelingt, dann schleppen Sie Ihre Vergangenheit nicht mit in die Zukunft. Wenn Sie loslassen können, werden Sie sehen, dass Sie größer sind, als das, was Ihnen zugestoßen ist", so Reverend Johnson.

Während des Holocaust im Zweiten Weltkrieg hatte der 15-jährige Elie Wiesel keine Hoffnung auf Entkommen. Wie Vieh wurde er mit seiner Familie, seinen Freunden und Nachbarn in Eisenbahnwaggons gepfercht und nach Auschwitz transportiert. Innerhalb weniger Augenblicke nach seiner Ankunft in dem berüchtigten Konzentrationslager wurde er in einer Reihe mit seinem Vater aufgestellt, von wo aus sie zu offenen Gruben laufen mussten. Dort musste er mit ansehen, wie Nazis Babys hineinwarfen und Kinder und Erwachsene mit vorgehaltenen Gewehren vor sich hertrieben, um sie bei lebendigem Leib zu verbrennen. Zwei Schritte vor dem Abgrund hatte er das unendliche Glück, dass man ihn nicht erschoss. Auf wundersame Weise überlebte er drei Jahre des Horrors, die er später in seinem brillanten und erschreckenden Buch *Night*** beschrieb. Als die Alliierten eintrafen, gehörten Wiesels Eltern und eine jüngere Schwester zu den Millionen von Juden, die brutal gefoltert und ermordet worden waren.

** (deutscher Titel: *Die Nacht. Erinnerung und Zeugnis*)

Wiesel hatte jeden Grund, von Hass zerfressen zu sein. Die Anklage gegen die Nazis wird nie geschlossen sein. Dennoch widmete Wiesel sein Leben dem Frieden und der Gesundung. Im Jahr 1985 wurde ihm die Congressional Gold Medal – die höchste Auszeichnung, die eine Privatperson in den USA erhalten kann – verliehen und 1986 der Nobelpreis. „Hass ist zerstörerisch", sagte er. Die lebenslange Mission, der sich seine Stiftung und er selbst widmen, lautet, „die Gleichgültigkeit, Intoleranz und Ungerechtigkeit durch Dialog und auf junge Menschen ausgerichtete Programme zu bekämpfen, die die Akzeptanz, das Verständnis und die Gleichheit fördern."

Jenseits von Schuld – die Schaffung einer Zukunft, die Bedeutung hat

Was Wiesels Lektion so besonders schwer macht, ist die Tatsache, dass es unter derart harten Umständen eine extreme Courage und große Weisheit erfordert, sich nicht selbst in die Opferrolle zu verkriechen und es dabei zu belassen. Als Opfer sind Ihre Chancen, jemals einen nachhaltigen Eindruck in der Welt zu hinterlassen, äußerst gering. Erschaffer behaupten, es liege an einem selbst, zu entscheiden, ob man Opfer oder Nutznießer der Lernerfahrung sein will, die sich selbst aus widrigsten Umständen ziehen lässt.

Erschaffer behaupten, es liege an einem selbst, zu entscheiden, ob man Opfer oder Nutznießer der Lernerfahrung sein will, die sich selbst aus widrigsten Umständen ziehen lässt.

Joe Nichols jun. wird Ihnen sagen, dass er vor genau dieser Wahl stand. „Mit 20 war mein Leben ein Wrack. Ich hatte keine Zukunft", so Nichols. Der freundliche 41-jährige Unternehmer aus Houston betonte: „Niemand hätte mich je eingestellt, weil es sehr unwahrscheinlich war, dass ich zu irgendetwas getaugt hätte." Schließlich gelang es ihm mit Unterstützung seiner Familie, das College abzuschließen, und zusammen begannen sie ein kleines Postunternehmen.

Das Geschäft war in den ersten Jahren sehr hart. Während der langen, anstrengenden Arbeitstage in dieser Zeit war Joe ein wenig neidisch auf all die exotischen Orte, an die die Päckchen reisten und von denen aus sie auf die Reise geschickt wurden. Er träumte, dass er eines Tages die Gelegenheit haben würde, weit entfernte romantische Ziele zu besuchen. „Aber in meiner Situation war es nicht sehr wahrscheinlich, dass ich je den Bundesstaat Texas verlassen, geschweige denn um die Welt reisen würde." Schließlich erweiterte er das Geschäft, eröffnete eine zweite Niederlassung, dann eine dritte, und 16 Jahre später ist heute aus dem Familienunternehmen eine profitable Kette an Franchiseunternehmen in Texas, Louisiana und Arkansas geworden. Als der Hurrikan Katrina im Jahr 2005 New Orleans verwüstete, versammelte die Familie alle ihre Angestellten und holte sie nach Houston. (Das Team wurde in Sicherheit gebracht, und das Geschäft war nur vier Stunden lang unterbrochen!) Nichols und seine Familie wurden mit Lob überschüttet, „aber ich weiß nicht, ob unser Handeln ein Schulterklopfen verdient. Unter diesen Umständen gab es einfach keine andere Wahl", betonte Nichols. „Unsere Tür zu öffnen, war das Natürlichste, das wir tun konnten, und wir wussten, dass andere es auch für uns getan hätten, wenn die Situation umgekehrt gewesen wäre."

Heute schließt die erweiterte Nichols-Familie den Millionär von nebenan mit ein, wobei Joe viele Jahre lang aktiver Führer der Texas Jaycees*** war. Er engagiert sich mit Leidenschaft dafür, andere beim Aufbau ihres Lebens gegen alle Widerstände zu unterstützen und liebt es, Prominente für Fundraising-Veranstaltungen für Bedürftige zu gewinnen, auch wenn seine Frau ihn damit aufzieht, dass es nach Angeberei klinge, wenn er bei gesellschaftlichen Anlässen deren Namen fallen lasse. „Wie haben Sie das gemacht?", fragte ihn Mark Thompson während des Dinners. „Meinen Sie das Fundraising oder unser Unternehmen?", lachte Nichols. In diesem Moment wurden sie von dem Sommelier unterbrochen, der den restlichen Moet & Chandon in die Gläser füllte, gefolgt von drei Kellnern, die uns in einer synchronen Bewegung unser jeweiliges Dessert präsentierten, bevor sie es flambierten. Es waren

*** eine Art Junior-Handelskammer, die Personen zwischen 18 und 40 Jahren beim Aufbau ihrer beruflichen Karriere unterstützt (A.d.Ü.)

die letzten Tage einer Fünf-Sterne-Kreuzfahrt entlang der mexikanischen Riviera. „Nein“, fuhr Mark fort. „Wie ist das passiert, Joe?“, fragte er und blickte auf dessen Rollstuhl. Joe Nichols nickte, während seine Frau nach seinem Champagnerglas griff, es gegen seine Finger drückte und zu seinen Lippen führte. Nichols verwendete eine Klammer an seiner rechten Hand, um sein Essen mit einem Löffel zum Mund zu führen, aber jedes Mal, wenn er etwas trinken wollte, musste er um Hilfe bitten. Ein Autounfall hatte ihn mit Tetraplegie an den Rollstuhl gefesselt, und zwar lange vor dem Aufbau seines florierenden Unternehmens und sogar bevor er seine Frau Bonnie kennen lernte, mit der er zwei Kinder hat.

Es geschah am 18. Februar 1984 kurz vor Sonnenuntergang auf einer kleinen Landstraße. Nichols geriet ins Schleudern, als er versuchte, in einer regennassen Kurve dem entgegenkommenden Verkehr auszuweichen. Sein Auto stürzte in einen Graben und überschlug sich. Er erinnert sich an Feuerwehrmänner und Rettungssanitäter, die in der Dunkelheit auf ihn zukamen. Sein Freund auf dem Beifahrersitz hatte kaum einen Kratzer abbekommen. Aber als die Feuerwehr sein Auto aufrichtete, fiel Joe Nichols wie ein kraftloser Haufen an Fleisch und Gliedmaßen durch das Seitenfenster. „Mit Tetraplegie schien das Leben zu Ende zu sein“, erinnerte er sich. Sie haben vielleicht dieselbe brennende Frage, die uns auf der Zunge lag. Wessen Schuld war dieser fürchterliche Unfall? Nichols schüttelte den Kopf. „Die Realität ist, dass ich im Rollstuhl sitze. Die wichtigere Frage ist nicht, wer daran Schuld hat, sondern wer für was verantwortlich ist. Ich bin für mein Leben verantwortlich.“

Nichols fühlt sich gegenüber seinem frei gewählten DenkStil verantwortlich; verantwortlich für die Realisierung dessen, was selbst unter diesen Umständen noch möglich und was ihm wichtig war, anstatt trotz der Dinge, die ihm wichtig sind, sich in Verzweiflung über seine Situation zu ergehen. „Wenn ich Ihnen nun sagen würde, dass es meine eigene Schuld war, dann würde ich mich zum Opfer meines eigenen Fehlers machen.“ Diese Rede hatte er offensichtlich schon einmal gehalten. „Und wenn es die Schuld eines Dritten wäre, dann würde ich Raum dafür öffnen, das vollkommene Opfer zu sein."[4] Joe fand, keine der beiden Positionen habe irgendeine Zukunft. „Natürlich durchlitt ich am Anfang lange Phasen der Qualen und die ganze Bandbreite an Trauer über den schrecklichen Verlust der Person, die ich einmal gewesen bin", sagte er. „Manchmal hatte ich Krämpfe, die meine Frau in Angst und Schrecken versetzten und in denen ich völlig die Kontrolle verlor, aus dem Bett fiel und auf dem Boden hin- und herrollte. Einige Male konnte ich meine Blase nicht halten, während ich mich in Vorlesungen an der Universität von Texas befand. Meine Mutter legte mir dann meine Bücher in den Schoß und schaffte mich eilig nach Hause. Da war ich nun, 21 Jahre alt, und meine Mutter windelte mich noch immer. Es gab viele demütigende Momente, aber irgendwie versucht man, einen weiteren Tag durchzuhalten, egal wie erbärmlich man sich fühlt. Und schließlich werden die Qualen weniger, und man erkennt, dass man immer noch da ist – immer noch lebendig – und genau das tut, was einen Monat zuvor noch unmöglich erschien. All das stärkt das eigene Selbstvertrauen."

Die überwältigende Lektion, die wir aus Joes mutiger Reise mitgenommen haben, ist, dass man sich durch das Vergraben in der Opferrolle in einem Zustand der erlernten Hilflosigkeit gefangen hält und darauf wartet, irgendetwas oder irgendjemand möge die Dinge von außen richten, statt dass wir uns auf uns selbst besinnen. Das ist nicht die Art und Weise, wie Erschaffer denken. Nichols verfügt über eine bemerkenswerte Stärke, aber in einer Hinsicht gleicht er allen anderen Erschaffern, die wir getroffen haben. Er übernimmt die Eigenverantwortung für das, was er schaffen will, anstatt in Scham und Schuld über das Geschehene zu schwelgen. Seine Worte, Absichten und Verhaltensweisen fokussieren unermüdlich auf die Schaffung der angestrebten Zukunft.

Einige Dinge lassen sich nicht überwinden. Viele Dinge lassen sich nicht heilen. Aber man kann sie steuern und zum eigenen Nutzen verwenden, so wie Joe Nichols es getan hat. Sie können von Wunden zu Weisheit verwandelt werden, indem man keinen Moment des verbleibenden Lebens verschwendet und niemals den tragischen Trost in der Opferhaltung sucht, man könne nie wieder irgendetwas bewirken. Joe Nichols weiß, dass er es kann. Wenn

Sie Ihre Arme und Beine nicht mehr bewegen können, dann zählt jedes Gramm Ihrer Anstrengungen. Dieser Mann verwendet seine Energien darauf, darüber nachzudenken, wie er weiterhin ein erfolgreiches Leben für seine Familie, seine Mitarbeiter und seine Gemeinde schaffen kann. Egal, wie schlecht die Dinge stehen oder wie elend sie sich fühlen, Menschen wie Joe Nichols zeigen uns, was möglich ist und nehmen uns jede Möglichkeit, uns zu verstecken.

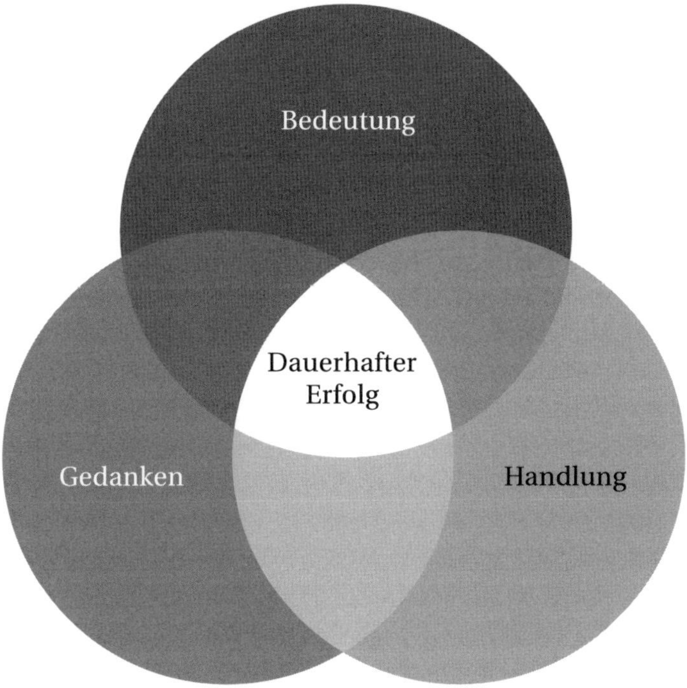

Teil 3

AktionsStile – Wie man Leidenschaft in Handlung übersetzt

Über Handlung – verdienen Sie sich Ihr Glück durch die Verwandlung von Leidenschaft in Handlung * Wie Sie die benötigte einheitliche Ausrichtung erzielen * Genießen Sie ein Leben, das Bedeutung hat

„Keine lohnenswerte Sache lässt sich im Alleingang bewerkstelligen.“

Kapitel 9

Verdienen Sie sich Ihr Glück – Wie Sie sich durch die Verfolgung großer, aufregender, verwegener Ziele für den glücklichen Zufall vorbereiten

Nichts ist schwieriger als die Einführung einer neuen Ordnung. Denn der Neuerer wird all diejenigen zum Gegner haben, denen es unter der alten Ordnung gut ging, und nichts als lauwarme Unterstützung derjenigen erhalten, denen es unter der neuen besser gehen könnte.
– Niccolò Machiavelli

Ich glaube stark an Glück, und je härter ich arbeite, umso mehr Glück scheine ich zu haben.
– Thomas Jefferson

Wenn Sie dauerhaft erfolgreiche Menschen über ihre Erfolge befragen, werden die meisten antworten, das sei ein Weg gewesen, der mit glücklichen Zufällen gepflastert war. Das soll nicht heißen, dass sie einfach Glück hatten. Im Jahr 1754 prägte Horace Walpole, vierter Graf von Orford, England, den Begriff *Serendipity* (glücklicher Zufall), wie er sagte, auf Basis „eines albernen Märchens mit dem Titel *The Three Princes of Serendip*, in dem die Helden durch Zufall und Scharfsinn stets neue Dinge entdeckten, nach denen sie gar nicht gesucht hatten ...“[1]

Im tropischen Paradies von Serendip, das sich ungefähr mit „Land, in dem die Löwen leben“ übersetzen lässt, stellte ein mächtiger König namens Giaffer jeden einzelnen seiner Söhne auf die Probe, indem er sie dazu einlud, auf seinem Thron Platz zu nehmen. Jeder der Prinzen lehnte das Angebot des Vater mit einem für sein Alter ungewöhnlichen Charme und Respekt ab. Zwar war der Vater über ihre Weisheit erstaunt, aber er gab sich noch nicht zufrieden. In der Überzeugung, dass die Prinzen Erfahrungen in der realen Welt machen mussten, verbannte er sie aus dem Königreich. So weit war das nicht gerade, was man eine Reise der glücklichen Zufälle nennen würde, und ihr „Glück“ besserte sich auch nicht. Kaum, dass die Prinzen die erste Etappe ihrer Abenteuer erreichten, wurden sie von einem Kameltreiber angehalten, der sie fragte, ob sie vielleicht eines seiner Dromedare gesehen hätten. Das hatten sie nicht, aber wie Detektive gaben sie aufgrund der Hinweise, die ihnen entlang ihres Wegs aufgefallen waren, eine detaillierte Beschreibung des Kamels. Die Prinzen verblüfften den Kameltreiber durch ihre Fragen, „ob das vermisste Kamel auf einem Auge blind sei, ihm ein Zahn fehle und ob es lahme.“[2] Sie sagten außerdem, das Kamel „habe auf der einen Seite eine große Ladung Butter und auf der anderen Seite eine große Ladung Honig getragen und sei von einer schwangeren Frau geritten worden.“ Die Prinzen schienen das Kamel so gut zu kennen, dass der Kameltreiber daraus schloss, sie hätten das Tier gestohlen, und so ließ er die nichts ahnenden Königssöhne ins Gefängnis werfen. Erst nachdem sein Nachbar das Kamel fand, wurden sie freigelassen.

Als diese fantastische Geschichte die Runde machte, bestellte der Imperator Beramo die Prinzen in seinen Palast. Er fragte sie, wie sie eine derart akkurate Beschreibung eines Kamels abgeben konnten, das sie nie zuvor gesehen hatten. Die Prinzen taten jede magische Lösung ab. Die Lösung lag allein in Logik und einer aufmerksamen Beobachtung. Die Prinzen hatten das Rätsel auf Sherlock-Holmes-ähnliche Weise anhand von Indizien und Beweisen gelöst. Das königliche Trio stand anschließend noch vor vielen weiteren Herausforderungen und bewältigte jede mit Bravour, wobei es Schätze fand, von denen es sich zu Beginn des Abenteuers nie hätte träumen lassen.

Glück muss man sich verdienen

Dieses Märchen handelt eher davon, dass man sich sein Glück verdienen muss anstatt sich einfach auf das Glück zu verlassen. Das ist eine sehr geeignete Metapher für den steinigen, unvorhersehbaren Weg, den Erschaffer bei der Verfolgung ihrer Träume beschreiten. Die überwältigende Mehrheit der Erschaffer sagt von sich, ihr Erfolg sei eine Reise der glücklichen Zufälle gewesen, und das Glück, das sie erfuhren, war üblicherweise ein verdientes Glück, für das sie oft einen hohen Preis zahlen mussten. Das taten sie durch ihre Konzentration auf eine Tätigkeit, die ihnen etwas bedeutete und dadurch, dass sie in der Tiefe schürften, um entlang ihres Wegs wichtige Hinweise zu entdecken. Sie setzten sich hohe Ziele und gingen ganz in der vor ihnen liegenden Arbeit auf.

Als Konsequenz sind Erschaffer besser darauf vorbereitet, Dinge in Chancen zu verwandeln, die oberflächlich betrachtet schlecht oder nutzlos erscheinen. Was als Brillanz, Heldentum oder passives Glück erscheinen mag, ist tatsächlich eine Saga an Leidenschaft, Profundität und Kompetenz. Weil sie lieben, was sie tun, investieren Erschaffer die nötige Zeit, um detailliertes Wissen über die Dinge zu erwerben, die ihnen wichtig sind. Es sind eher Fokus und Wissen als reiner Intellekt und Muskelkraft, die es ihnen ermöglichen, die Feinheiten ihres Pfads zu erkennen und die glücklichen Zufälle zu ihren Gunsten zu verwenden. Wie die Prinzen aus dem Märchen von Serendip, beschreiben Erschaffer ihren Weg als voll von Missgeschicken und Glücksfällen. Nur ein vorbereiteter Geist und ein offenes Herz setzen sich durch.

Wie die Prinzen aus dem Märchen von Serendip, beschreiben Erschaffer ihren Weg als voll von Missgeschicken und Glücksfällen. Nur ein vorbereiteter Geist und ein offenes Herz setzen sich durch.

Wollen Erschaffer damit sagen, dass Ziele und Pläne nutzlos sind?

Nein, oft sind sie unerlässlich. Tatsächlich verwenden Erschaffer Pläne und Ziele – und oft große Ziele –, um sich selbst in eine Position zu bringen, die glückliche Zufälle anzieht. In ihrem Buch *Built to Last* prägten Collins und Porras den Begriff „Big Hairy Audacious Goals" (BHAGs)*, um zu beschreiben, wie visionäre Organisationen auf Basis ihrer Kernwerte wagemutig ihre Bestrebungen verfolgen. BHAGs existieren nicht einfach parallel zu einer Ideologie; sie sind deren Manifestation. Sie sind eine Verlängerung der eigenen Person und dessen was einem wichtig ist. „Sich große, aufregende, verwegene Ziele zu setzen erfordert in gewisser Hinsicht ein übersteigertes Selbstvertrauen. Wie (Präsident Kennedys) Mission der Landung auf dem Mond, ist ein echtes BHAG klar und überzeugend und dient als Brennpunkt, auf den sich alle Anstrengungen konzentrieren. Oft erzeugt das einen enormen Teamgeist", sagten die Autoren.[3] Und wie der Mond überlebt das Ziel sogar seine Erschaffer, denn das Weltraumrennen hat auch nach der Ermordung des Präsidenten nicht an Dynamik verloren. Kennedy erlebte nicht, wie Neil Armstrong den Mond betrat, aber sein Ziel hatte bereits eine ganze Nation vereint.

„Ein BHAG fasziniert Menschen. Es spricht sie an und trifft sie direkt ins Herz. Es ist greifbar, erfüllt mit Energie und ist hoch fokussiert. Die Menschen verstehen es sofort; es braucht keine langen Erklärungen. Es hat eine ganz klare Deadline, so dass die Organisation weiß, wann sie ihr Ziel erreicht hat. Die Menschen lieben es, auf Deadlines hinzuarbeiten."[4] Diese BHAGs beinhalten ein beständiges Muster an gewagten bis riskanten Investitionen in kühne Projekte, um den Fortschritt zu stimulieren, während gleichzeitig die Kernwerte und die Ideologie gewahrt bleiben.

---

* ungefähr: große, aufregende, verwegene Ziele (A.d.Ü.)

Der Mythos der Authentizität

BHAGs sind etwas Greifbares, bei dem Sie offen und ehrlich sein können. Es wird häufig verlangt, dass Führer authentisch sein müssen, aber Erschaffer werden Ihnen sagen, dass Sie vorsichtig mit diesem Begriff umgehen sollten. Ihre BHAGs müssen wahre BHAGs sein, aber die Welt will nicht jedes Detail Ihrer Gedanken wissen. Der Schlachtruf nach Offenheit und Ehrlichkeit ist eine gut gemeinte Aufforderung, deren Umsetzung jedoch einiges Fingerspitzengefühlt erfordert. In anderen Worten: Sie sind gut beraten, unter Beweis zu stellen, dass Sie sich Ihrem Ziel ernsthaft verpflichtet fühlen. Und Ihr Verhalten muss zu Ihren Worten passen. Ihre Worte wiederum sollten auf persönlichen Erfahrungen basieren und keine smarten Zitate von Helden sein, die Sie nie getroffen haben. Jeder, der sich auch nur einen Deut darum schert, wofür Sie ihn rekrutiert haben, will wissen, was für Sie dabei auf dem Spiel steht. Sie müssen Ihre ganz persönliche Art und Weise entwickeln, Ihrer Leidenschaft und der persönlichen Bedeutung, die Sie diesem Ziel oder dieser Mission beimessen, Ausdruck zu verleihen.

Auf der anderen Seite war selbst Churchill – die Führungspersönlichkeit des 20. Jahrhundertes, die in typischen Motivationsgesprächen am häufigsten zitiert wird – nicht immer offen und ehrlich. Er machte seine Zweifel darüber, ob England den Zweiten Weltkrieg überstehen würde, genauso wenig publik wie seine Vorliebe für intensiven Alkoholgenuss und Frauengeschichten. Weder Churchill noch Lincoln ließen sich öffentlich über ihre niederdrückenden Depressionen aus, die sie im Verlauf ihrer außergewöhnlichen Karrieren immer wieder befielen. Genauso wenig will Amerika wissen, ob der Präsident vielleicht einen schlechten Tag hat.

Zu viel intime Information

Sei dir selbst treu. Aber welchem Ich soll man treu sein? Sie sind ein Mann, eine Frau, ein Sohn oder eine Tochter, ein Student, eine Lehrerin, ein Liebender oder jemand, der geliebt wird. Wie in dem Buch *Portfolio of Passions* untersucht wurde, haben Sie wahrscheinlich viele Leidenschaften. Sie müssen unter keiner Persönlichkeitsspaltung leiden, um bei der Verfolgung dieser Leidenschaften verschiedene Ausprägungen Ihres Ichs zu erleben, und manche gehen schlicht niemanden etwas an. Hazel Markus, Expertin in kognitiver Psychologie, bemerkte dazu: „Es gibt nicht nur ein Ich; jeder hat viele Ichs, die in den verschiedenen Rollen im Leben zum Tragen kommen.“

Jimmy Carter wurde in den Medien wegen seines Eingeständnisses im *Playboy Magazine* kritisiert, dass er Frauen begehre, auch wenn das per Definition für einen gesunden, heterosexuellen Mann ehrlich und unvermeidlich ist. Seine Absicht war, den Menschen zu vermitteln, dass man „schmutzige“ Gedanken haben und sich dennoch entscheiden konnte, ethisch und spirituell geprägt zu handeln. Allerdings wurde Carters Empathie weder als seiner Rolle angemessen betrachtet, noch diente es seiner Mission als Präsident der Vereinigten Staaten und Führer der freien Welt. Das mag unglaublich unfair sein, die Wirklichkeit sieht aber dennoch so aus, dass Sie einige Aspekte Ihres authentischen Ichs besser im Schatten belassen, wenn sie für die Erreichung und Integrität Ihrer Ziele nicht von direktem Nutzen oder unmittelbarer Relevanz sind. Hier können BHAGs die Grenzen aufzeigen und Sie davon abhalten, von Ihrer Botschaft abzuweichen.

Martin Luther King jun. verankerte seinen Lebenssinn und inspirierte die Welt mit seinem unerschütterlichen Traum. Durch die brillante Artikulierung seines kühnen Ziels und die standhafte Verkörperung seiner Werte durch seine Lebensweise, leitete King mit der überzeugenden Klarheit seiner Vision den Wandel der allgemeinen Wahrnehmung über das Erreichbare ein. In gewisser Hinsicht übertraf seine Wirkung sogar seine eigene Erwartung. King begann nicht mit dem Ziel, der Weltgeschichte ein dauerhaftes Vermächtnis zu hinterlassen. Er hatte den Mut der Überzeugung und bewirkte damit nachhaltige Veränderungen. Reverend King erreichte gleichzeitig aber auch weniger, als er gehofft hatte – die Rassendiskriminierung lauert noch immer im Schatten jeder Gesellschaft. Dennoch wird die Kraft seines Ziels dauerhaft den Fortschritt des Menschlichen antreiben.

Rabbi Israel Singer des Jüdischen Weltkongresses sagte: „Unsere Überzeugungen sind unsere Stärken und gleichzeitig unsere Schwächen. Unsere Entscheidungen machen den Unterschied, ob sie unserer Sache schaden oder sie unterstützen." Rabbi Singer hat seine Karriere damit verbracht, eine Brücke zwischen Juden und Christen zu schlagen. Sein Ziel, die beiden Glaubensrichtungen miteinander auszusöhnen, ist in der Tat ein großes, aufregendes und verwegenes Ziel. Heute ist er bestrebt, jüdische, christliche und islamische Geistliche zu einem Dialog zusammenzubringen. „Es ist nicht so, dass wir einfach Gutmenschen sind. Einige glauben, die Welt lasse sich richten – das ist schön. Aber wir glauben an inkrementelle, kleine Gewinne, die zu einer permanenten Veränderung führen. Das ist der Weg, um etwas zu bewirken", argumentierte Rabbi Singer. „Es ist wirklich wichtig, sich nicht entmutigen zu lassen", weil man sein Ziel nicht auf Anhieb erreiche, sagt er. BHAGs sind nicht erst dann von Wert, wenn sie das erste Mal erreicht werden; ihr größter Wert liegt darin, dass sie den Weg vorgeben. „Worauf es ankommt, ist, was Sie auf diesem Weg erleben – wie Sie sich verändern, während Sie die Welt verändern", betonte Rabbi Singer. „Ihr Einfluss mag im Moment relativ klein erscheinen, aber es sind all die kleinen Schritte, die zusammen eine große Wirkung erzielen. Sie verändern die Welt Mensch-für-Mensch, Ort-für-Ort, Rabbi-für-Rabbi, Priester-für-Priester, Minister-für-Minister, Imam-für-Imam, Religionsgemeinschaft-für-Religionsgemeinschaft; jeweils ein Gedanke und ein Leben nach dem anderen."

Die Erforschermentalität

Egal, wie hochfliegend ihre Ambitionen waren, Erschaffer wie Rabbi Singer konnten sich weder vorstellen, wie sehr sich ihr Erfolg von ihren Plänen unterscheiden würde, noch hatten sie eine Wegbeschreibung dabei, die dem Pfad, den sie nahmen, geähnelt hätte. Ihre Ziele helfen ihnen, eine Vision zu entwickeln und „ihren angestrebten Lebensstil zu kreieren". Hätte man sie jedoch vor 20 oder 30 Jahren gebeten, das Leben zu beschreiben, das sie heute führen, dann wären nur sehr wenige dazu in der Lage gewesen.

Steve Jobs' zuvor erwähnte Vision, jeden Schreibtisch mit einem Computer auszustatten, wurde umgesetzt. Allerdings war es nicht Apple, das 95 Prozent der Geräte lieferte. Gandhi erreichte nie sein Ziel, Hindus und Moslems zu vereinigen, aber nur wenige Menschen haben mehr zur Schaffung von Frieden und Freiheit beigetragen als dieser Mann mit seiner Vision der Liebe. Die Reise der meisten Erschaffer vermittelt eher den Eindruck, als hätten sie den Mond anvisiert und seien stattdessen auf dem Mars gelandet – vielleicht ein besseres, aber ein anderes Ergebnis, als sie im Blick hatten. Hätten sie sich aber nicht grundsätzlich auf das Erforschen vorbereitet, wären sie nie in der Lage gewesen, ein besseres Ziel zu treffen. Erschaffer sind die Ersten, die (zumindest im privaten Rahmen) zugeben, dass sich eine Planung bewährt, aber der Plan selbst meist nicht. Zwar ist es schwer, ohne jede Planung Fortschritte zu machen, dennoch stellen Erschaffer fest, dass das, was sie langfristig angestrebt haben, nicht immer wie erwartet eintritt.

Der Verleger Steve Forbes sagte, eines der wichtigsten „Dinge, auf die man sich im Leben vorbereiten sollte, ist der glückliche Zufall". Denn „man sucht nach etwas Bestimmtem, aber landet schließlich woanders – vorausgesetzt man hält die Augen offen". Forbes verwies auf das klassische Beispiel von Ray Kroc, dem Mann, der McDonald's aufbaute. Er war Mitte Fünfzig und als Verkäufer von Milchshakemaschinen mehr oder weniger erfolgreich, als er über den Hamburgerstand der McDonald-Brüder stolperte und sich sagte: „Mein Gott, wenn die expandieren, kann ich ihnen mehr Milchshakemaschinen verkaufen." Als die McDonald-Brüder jedoch nicht glauben wollten, dass das Geschäft so expandieren konnte, wie sich Kroc das vorstellte, kaufte er ihnen den Stand einfach ab, und der Rest ist Geschichte. Wenn Erschaffer dem, was sie wissen und was ihnen wichtig ist, treu bleiben, dann haben die Dinge die Tendenz, sich besser zu entwickeln als vorhergesehen, sagte Forbes.

Wenn Erschaffer dem, was sie wissen und was ihnen wichtig ist, treu bleiben, dann haben die Dinge die Tendenz, sich besser zu entwickeln als vorhergesehen.

Dies ist eine der subtileren, aber absolut kritischen Kräfte der BHAGs. Sie nehmen auf der Stelle unser Herz und unseren Verstand gefangen. Sie weisen eine eindeutige Richtung. Das ist jedoch nicht das Gleiche wie eine Wegbeschreibung. Erschaffer haben eine Richtung, aber keine genaue Wegbeschreibung. Nehmen Sie zum Beispiel den Wettlauf um die erste Mondlandung. Oft wird vergessen, dass die USA zur Zeit, als das Ziel formuliert wurde, „noch vor dem Ende des Jahrzehnts einen Menschen zum Mond und wieder zurück zu bringen", keinen blassen Schimmer hatten, wie das gehen sollte. Die Bedeutung der Mission lag nicht im Mond selbst oder darin, zu wissen, wie man dort hinkommt. Der Mond ist lediglich ein Haufen Fels und Steine, der die Erdanziehungskraft, die Gezeiten und unsere Laune beeinflusst. Die Bedeutung der Mondlandung lag in unserer Kühnheit, tatsächlich eine Reise zu diesem entfernten und mystischen Ort zu wagen. Kennedys Ankündigung weckte den Wettbewerbsgeist der Nation. Die Wissenschaft wurde zur Metapher für den Triumph der Demokratie über den totalitären Kommunismus. Es ging nicht darum, dass wir wussten, wie wir dahin gelangen würden, sondern um unsere Überzeugung, dass wir es tun mussten.

Das ist, offen gesagt, die Art und Weise, wie die meisten Erschaffer ihr Leben leben, und es ist das Geheimnis zu dauerhaftem Erfolg. Es geht erstens um Bedeutung und zweitens um die Methode. Auch wenn die Wissenschaftler eine ungefähre Vorstellung davon hatten, wie man eine Rakete zum Mond schießt, verfügte niemand über das Wissen, wie man genau dort hingelangte und wieder zurückkam, vor allem Kennedy nicht. Die Richtung war klar, aber es gab keine Vorlage. Das BHAG selbst symbolisierte Amerikas Traum. Es wurde zum Inbegriff für den Fortschritt und die Überwindung der Kluft zwischen Ungewissheit und Realität. BHAGs helfen einem dabei, diese Art Uneindeutigkeit auszuhalten. Die geplante Mondlandung ließ die Amerikaner eine übertriebene, überwältigende und furchtbar detaillierte Kursvorgabe ertragen und die Geduld aufbringen, die grundlegenden messbaren Schritte zu entwerfen, die dafür nötig waren. Dieses Ziel verlieh dem ganzen Land eine außergewöhnliche Courage, öffentliche Misserfolge zu schlucken aus ihnen zu lernen, sich zu verbessern und schließlich über Tausende kleiner Schritte zum Erfolg zu gelangen.

Große Risiken in kleinen Schritten gemessen

Erschaffer gehen große Risiken ein, die sie in kleinen Schritten messen. Das ist das, was Rabbi Singer tut. Das ist, was Michael Dell schon immer getan hat. „Ich würde den Beginn des Unternehmens als eine Reihe an Experimenten charakterisieren", sagte Dell und wies auf eine Tafel, auf der er einige der nobelsten Vorhaben aufgelistet hatte, die ihr Ziel verfehlt hatten. „Die meisten waren Misserfolge, aber keiner war so groß, dass er das Unternehmen zerstört hätte." Die meisten Menschen können Uneindeutigkeit schlecht aushalten. Erschaffer können das. Uneindeutigkeit ist der Feind von Wagemut und Innovation. Sie entfacht Angst in unseren Herzen und sät Zweifel in unseren Köpfen. Wann ist es Ihnen zuletzt gelungen, Ihrem Vorgesetzten, Ihrem Partner oder Ihrem Team ohne einen genauen Schlachtplan eine Idee zu verkaufen? Wollten sie nicht den detaillierten Ablauf zur Umsetzung dieser Idee wissen und Gewissheit über das Ergebnis haben? Es liegt in der menschlichen Natur, nach Gewissheit zu streben und Ideen abzulehnen, die keine Garantie auf Gelingen bieten. Und dennoch bieten das nur die wenigsten. Herausragende Ideen und Karrieren sind nicht das Ergebnis im Voraus aufgestellter perfekter Pläne.

Michael Dell hatte diese Art BHAG. Es war klar und strahlte Vertrauen aus, aber es mangelte ihm sowohl an Detailgenauigkeit als auch an Gewissheit. So wirkt das allerdings nicht, wenn Sie heute über Dell lesen. Die Presse bejubelt ihn, als habe er im Hörsaal der Universität eine verborgene Truhe gefunden, in der die Schatzkarte seines Lebens gelegen hätte. Wenn Sie Michael jedoch jemals begegnet wären, hätten Sie festgestellt, dass er ein bescheidener, bodenständiger Mensch ist, der versichert, dass er nie einen genauen Plan hatte. Er wagte sich einfach auf ein Terrain, das niemand vor ihm betreten hatte. Die bezwingende Natur der Idee beziehungsweise des Ziels – nicht des Plans – ist das, was Entrepreneure antreibt. Dell erkannte, dass er den Einzelhandel umgehen und seine Computer per Versand direkt an Kunden verkaufen konnte – eine Idee, die sich mit einem Nettoergebnis von satten 80.000 Dollar im ersten Jahr umgehend bestätigte. Wenig überraschend entschloss er sich, von seinem Schlafzimmer der University of Texas, Austin, aus

Computer zu verkaufen, anstatt sich seinem Collegeabschluss zu widmen. In der Zeit, die er gebraucht hätte, um sein Diplom zu machen, wurde er zum jüngsten Unternehmer, der je ein Unternehmen an die Börse geführt hatte. Innerhalb eines Jahres stand er jedoch kurz vor dem Desaster, als seine Warenlager vor elektronischen Komponenten nur so überquollen. Er hatte geglaubt, das Profi-Paket an Computertechnologie würde sich verkaufen wie heiße Semmeln. Wenngleich Dell heutzutage für seine großartige Idee bekannt ist, den traditionellen Einzelhandel zu umgehen, musste er zunächst unbedingt seine Lagerüberhänge abbauen. Das kostete sein Unternehmen beinahe die Existenz, bis er sich entschied, seine Computer eine Zeit lang über CompUSA- und Best-Buy-Märkte anzubieten und so vorübergehend sein BHAG zu verletzen, Computer ausschließlich per Bestellversand zu vertreiben.

Kaum hatte er das Unternehmen wieder auf Kurs gebracht, kam der nächste Rückschlag. Dell kämpfte mit Verlusten in einem Geschäft, das spät abhob – Laptops –, und er war mit teuren Fehlern in Europa konfrontiert. Das zwang ihn, einen zweiten Börsengang abzusagen. Nachdem er sich von dem zweiten großen Rückschlag erholt hatte, ernannte ihn das Magazin *Upside* zum Turnaround-CEO des Jahres, woraufhin er einen Satz sagte, der legendär wurde: „Ich hoffe, ich werde diese Auszeichnung nie wieder gewinnen!"

Verantwortliche Chuzpe oder wagemutige Verantwortlichkeit

Wie bei den meisten Erschaffern, war das, was Dell auf seiner Berg- und Talfahrt auszeichnete, eine merkwürdige Mischung aus Verantwortlichkeit UND Wagemut. Es ist nicht einfach, die richtigen Worte für diese Führungsqualität zu finden. Das jiddische Wörterbuch bringt uns der Sache schon näher: Wir sprechen über eine verantwortliche Form der *Chuzpe* – den nonkonformistischen draufgängerischen Wagemut, etwas gegen alle Widerstände zu erschaffen. In diesem Fall enthält die verantwortliche Chuzpe nicht die völlig selbstbezogene Arroganz, die normalerweise mit dem Begriff Chuzpe assoziiert wird.

Leo Rosten definiert Chuzpe in dem Buch *The Joys of Yiddish* als „Frechheit, Schamlosigkeit, Unverfrorenheit, unglaubliches ‚Draufgängertum', Überheblichkeit plus Arroganz, wie es kein anderes Wort und keine andere Sprache besser ausdrücken könnte."[5] Der Unterschied besteht hier darin, dass auf Langfristigkeit ausgerichtete Erschaffer verantwortlich sind; sie sind Menschen, die ihre Versprechen gleichzeitig sich selbst und der Außenwelt gegenüber erfüllen. Verantwortlichkeit bedeutet „für einen Teil, eine Sache, eine Ursache oder Quelle eines Geschehnisses oder eine Reihe von Umständen geradezustehen und daran gemessen zu werden." Eine wagemutige Verantwortlichkeit bedeutet, dass Sie Ihr Leben aus dem Blickwinkel der Eigenverantwortung für dessen Verlauf und die Dinge, die Ihnen widerfahren, betrachten. Keine Sorge: Das hier ist keine informative Werbung – ein „Infomercial" – für den Psychojargon über die so genannte Human-Potenzial-Bewegung**. Dies ist eine der besten Lektionen der Menschheitsgeschichte: Egal, ob Sie für das, was Ihnen widerfährt, die Schuld tragen oder nicht – in jedem Fall ist es Ihre Verantwortung, etwas dagegen zu tun.

Dies ist eine der besten Lektionen der Menschheitsgeschichte: Egal, ob Sie für das, was Ihnen widerfährt, die Schuld tragen oder nicht – in jedem Fall ist es Ihre Verantwortung, etwas dagegen zu tun.

Erschaffer behaupten nicht, alles unter Kontrolle zu haben, aber sie haben den Wagemut, die Vorstellung zu unterhalten, dass sie allein (oder mit Hilfe eines Schöpfers) dieses Leben aus einem bestimmten Grund aufbauen, statt zu glauben, das Leben sei etwas, das passiere, während sie damit beschäftigt sind, andere Pläne zu machen. Wenn das nach einem Widerspruch in sich klingt, dann haben Sie Recht. Tatsächlich würden nur sehr wenige langfristig erfolgreiche Menschen ihre persönlichen Ziele per se als wagemutig oder als eine herkulische Aufgabe bezeichnen.

** Psychotherapeutische Bewegung der 1970er Jahre, die durch die Lösung von emotionalen und kreativen Begrenzungen den Weg zur persönlichen Weiterentwicklung und die Entfaltung des menschlichen Potenzials fördern will. (A.d.Ü.)

Für dauerhaften Erfolg ist die Größe nicht entscheidend

Anders als die kühnen Visionen, die Erschaffer für ihre Organisationen entwickeln mögen, beschreiben sie das, was sie persönlich antreibt, nicht als groß, aufregend und verwegen. Die Größe hat keine Bedeutung. Die Reichweite ihres Ziels und seine relative Kühnheit waren ihnen nicht wichtig, vielleicht zogen sie es aber auch einfach nur vor, nicht in diesen Begriffen darüber nachzudenken. Tatsächlich hatten viele dieser Gespräche den entschiedenen Touch naiver Begeisterung, die über jede Logik und sicherlich über die Reichweite konventionellen Denkens hinausreicht. Diese Menschen betrachteten das, was sie taten, mit einer Zen-ähnlichen Haltung, die zu der Frage verleitet, ob sie nicht auch gerade deshalb so kühne Leistungen vollbrachten, weil sie sie eben nicht als derart kühn betrachteten!

In dem Buch *Built to Last* stellten Collins und Porras fest, dass „BHAGs Außenstehenden kühner und wagemutiger erschienen als den Insidern. Die visionären Unternehmen sahen ihre Kühnheit nicht als eine Herausforderung der Götter. Es kam ihnen schlicht und einfach nicht in den Sinn, zu glauben, sie könnten das, was sie sich vorgenommen hatten, nicht erreichen."[6] Nur sehr wenige Erschaffer versahen ihre Arbeit mit hochtrabenden Etiketten wie Mission, Berufung, Sache oder höherer Zweck. Solch ein Podest kann eine unnötige Belastung sein. Vielmehr beschreiben Erschaffer ihre Ziele als unerlässlich – als etwas, das getan werden muss –, und das es verdient, umgesetzt zu werden. Erschaffer glauben an die Ernsthaftigkeit ihrer Ziele, daran, dass es das Richtige ist, ein besserer Weg. Es ist das, was sie hier und jetzt tun müssen; ein langfristiges, aber dringendes Ziel.

Erschaffer erzählen oft von den erfreulichen und leidvollen Ereignissen, die zu einem erfüllten Leben führen. Sie sind allerdings sehr wählerisch, was die glücklichen Zufälle angeht, die sie verfolgen wollen. Sie nehmen nur diejenigen wahr, die eine große Bedeutung für sie haben; Dinge, die sie lieben und die sie nur unter Qualen ignorieren können; etwas, das ihnen so wichtig ist, dass sie den Mut aufbringen, sich trotz und nicht wegen der Meinung Dritter dafür zu engagieren. Erschaffer entwerfen keine predigerhaften Beschreibungen, die unabsichtlich noch mehr Erfolgshindernisse auftürmen, als sowieso schon vorhanden sind. Stattdessen sind langfristig erfolgreiche Menschen eher damit beschäftigt, spezifische Methoden zur Messung ihres Erfolgs zu entwickeln.

Die wichtigen Dinge messen und die Ergebnisse festhalten

Ohne Feedback können wir uns nicht anpassen oder uns verbessern. Eine Ergebnismessung ermöglicht dieses Feedback. Und jedes Mal, wenn wir weitere Information darüber erhalten, wie wir uns verbessern können, zahlen wir auf das Konto unseres persönlichen Kapitals ein. Das ist, was Erschaffer tun. Und das ist das Problem: Solange wir gewinnen, halten wir gerne die Ergebnisse fest! Und wenn nicht – nun, dann wäre es uns wirklich lieber, wenn niemand den Punktestand sehen würde. Erschaffer sehen das anders.

„Am ersten Tag in meinem Amt als CEO hängte ich nur eine Folie an die Tafel, vor der das gesamte Managementteam saß“, sagte Robert Lane, CEO von John Deere & Co, Inc. Einige Mitarbeiter erinnern sich, dass diese Zahl irgendetwas mit den Finanzkennzahlen oder anderen betrieblichen Kennzahlen zu tun gehabt habe, aber dem war nicht so. Die Zahl war 18.000, und sie bedeutete, dass wir in den nächsten sechs Monaten für 18.000 Mitarbeiter schriftliche Ziele darüber festgelegt haben mussten, wie wir in einheitlicher Ausrichtung auf unsere übergeordneten Ziele zusammenarbeiten wollten.“ Diese einheitliche Ausrichtung von Menschen und Messgrößen ist von zentraler Bedeutung. „Wir verbringen viel Zeit und Energie damit, die richtigen Ziele zu setzen und die richtigen Wege zu finden, die Zielerreichung zu messen“, sagte Michael Dell. Klein oder groß, Dell studiert alle relevanten Details der Unternehmenstätigkeit mit der Akribie der Spurensicherung am Tatort, „um zu sehen, welche Dinge für Kunden ausschlaggebend sind.“ Dell achtet genau auf Beweise und lässt sich nicht von „den Dingen in die Irre leiten, die wir für herausragend halten, weil wir meinen, sie würden unseren Kunden gefallen." Als wir mit Michael Dell in Trekkingstiefeln und Geschäftsanzügen durch den Schneematsch in Davos stolperten, erzählte er uns seine berühmte Geschichte aus der Zeit, in der er als Teenager anfangs mit seiner Zeitungsroute kämpfte. Das Zeitungsaustragen brachte ihm finanziell „überhaupt nichts ein", bis er erkannte, dass Menschen dazu neigen, nach größeren Veränderungen in ihrem Leben wie Umzügen in ein neues Viertel, dem Einzug in ein neues Haus, Geburten, Hochzeiten etc. viele neue Dinge anzuschaffen – unter anderem Zeitungsabonnements. Diese Beobachtung mündete in eine bahnbrechende Idee, nämlich sich auf die Ereignisse und Veränderungen im Leben seiner Kunden zu konzentrieren.

So konnte er die Daten verfolgen und deren Bedürfnisse in den verschiedenen Stadien ihres Lebens erfüllen. Dieses frühe Interesse an der Analyse von Kundendaten gewährte ihm später Einsichten in die Kaufgewohnheiten im Computerbereich. Als Teenager brachte ihm das 18.000 Dollar ein – mehr, als sein skeptischer Lehrer verdiente, und genug, um sich in der Highschool einen BMW zu kaufen, als seine Schulkameraden noch um Taschengeld bitten mussten.

Wenn guten Menschen schlechte Ziele widerfahren

Die Messung des Fortschritts hilft einem dabei, sich ein Bild über die eigene Position auf dem langen Weg zur Zielerreichung zu verschaffen, aber sie gibt keinen Aufschluss darüber, ob wir in die richtige Richtung gehen. Es ist wichtig, von Anfang an das Ende im Kopf zu haben, allerdings könnte sich das als Sackgasse entpuppen, wenn man es so eilig damit hat, zur eigenen Zufriedenheit oder zur Zufriedenheit anderer ein Ziel zu setzen, ohne zunächst das zu beherzigen, was im ersten Teil dieses Buches besprochen wurde: eine bedeutungsvolle Leidenschaft zu finden.

Dem Zielsetzungsprozess wohnt eine große Kraft inne, aber er ist auch gefährlich, weil er dazu führen kann, dass wir bestimmte Ziele effektiv erreichen – sozusagen den Gipfel erklimmen –, ohne uns zu vergewissern, ob wir auch auf den richtigen Berg steigen. Ziele haben keine intrinsische Bedeutung; wir müssen ihnen eine Bedeutung verleihen. Trotzdem gibt es keine eingebaute Garantie, dass wir den Prozess der Zielerreichung genießen oder anschließend von dem Ergebnis profitieren werden. Wir wissen noch nicht einmal, ob wir überhaupt auf dem richtigen Weg sind. Ziele erfordern naturgemäß weniger eine Fokussierung auf Inspiration als auf Transpiration und die schlichte pragmatische Anstrengung, Dinge umzusetzen. Dabei scheint ein wenig Verwirrung über das zu herrschen, was Steven Covey predigte, als er sagte, alle Dinge müssten mit dem „Ende im Kopf" beginnen. Die Herausforderung besteht darin, zu wissen, welches Ende man im Kopf haben sollte. „Dabei handelt es sich nicht zwangsläufig um ein Ziel oder auch nur einen Zweck", sagte Covey. „Es handelt sich um einen Lebensstil", den wir anstreben sollten. „Nehmen wir an, Sie hätten gerade einen Herzinfarkt erlitten", eine Schlüsselmetapher, die Covey in seinem Buch *The 8th Habit* verwendet. „Welche Ziele würden Sie sich angesichts dieser lebensbedrohenden Situation setzen, die wie ein Damoklesschwert über Ihrer Entscheidung schwebt? Welche Dinge sind es wert, in Ihrer verbleibenden Lebenszeit getan zu werden? Warum warten wir, bis wir verletzt oder krank sind, um diese Sorgfalt in unseren Zukunftsentscheidungen aufzubringen?"

Ziele und ihr heimliches Eigenleben

Es ist wichtig, den rationalen Impuls zu bremsen, uns zu früh Ziele zu setzen. Ziele entwickeln sich zu Hindernissen für Erfolg und Zufriedenheit, wenn es nicht wirklich unsere eigenen Ziele sind. Wir nennen dies *das heimliche Eigenleben* der Ziele. Sie können dazu führen, dass man Erfolg um seiner selbst willen oder gemäß der Definition Dritter anstrebt, der nicht zwangsläufig auch uns und den Stakeholdern, die uns wichtig sind, etwas bedeutet. Sie werden es wahrscheinlich Leid sein, über Jack Welchs 20-jährigen Rekord als CEO von General Electric zu hören. Aber es gibt eine letzte Episode über ein BHAG, die Sie kennen sollten. Das BAHG wurde einst für seinen anhaltenden Erfolg gepriesen und entwickelte schließlich ein heimliches Eigenleben. Wirtschaftsbücher wie *Built to Last* und viele andere lobten Welchs dauerhaftes Ziel, in jedem Geschäftsfeld die Nummer eins oder zwei hinsichtlich der Marktanteile zu sein. Aber nachdem er jahrelang diesen kompromisslosen Schlachtruf nach Marktanteilsführerschaft ausgegeben hatte, war Welch schließlich der erste, der eben dieser Forderung ein Ende setzte.

Dieser Gesinnungswandel wurde durch eine Gruppe hochrangiger Militäroffiziere ausgelöst, die GEs Schulungszentrum in Crotonville besuchten. GE ist seit langem dafür bekannt, Menschen aus allen Lebensbereichen zum Austausch von Ideen und Best Practices einzuladen. Ein Colonel beharrte darauf, dass GEs Marktanteilsziel, die Nummer eins oder zwei in jedem Geschäftsfeld zu sein, dem Unternehmen zu leicht ermöglichte, sich herauszuwinden. Welch war schockiert. Jeder, der über ein bisschen Kreativität verfüge, so habe der Colonel erklärt, „kann einen Markt so eng definieren, dass er Nummer eins wird", sagte Welch. Wer Nummer eins sein will, misst einfach seinen Erfolg so, „dass er der erfolgreichste Produzent von Stühlen mit geschwungenen Armlehnen ist. Ich erkannte plötzlich, wie man das System überlisten konnte", gab Welch zu. „Diese Vorstellung war wie ein Schlag ins Gesicht", sagte er. Sie unterminierte den Zweck des BHAG. Welch hätte nie erwartet, dass ein derart entscheidender Gedanke von einem Außenstehenden kommen würde, geschweige denn von jemandem, der nicht einmal in der Wirtschaft tätig war.

Noch überraschender ist jedoch, dass es überhaupt geschah. „Neutronen-Jack", wie er aufgrund seiner unnachgiebigen Haltung während umfangreicher Massenentlassungen genannt wurde, war bereit, lange genug aufzuhören, Jack zu sein, um zu erkennen, dass der Gipfel, den er erstürmte, nicht länger wert war, erstürmt zu werden. Für einen Moment hörte er auf, Kommandeur und Befehlshaber zu sein und trat einen Schritt beiseite, betrachtete sich von außen und erkannte, dass er ein Unternehmensführer war, der in die falsche Richtung lief. Er wurde nicht zu einem klassischen Fall des *heimlichen Eigenlebens der Ziele,* dem die wahre Mission zum Opfer fällt. Es war ein glücklicher Umstand, dass die „Kavallerie" im rechten Augenblick eintraf, um die überraschende

Botschaft zu überbringen UND dass Welch bereit war, die übergeordnete Bedeutung der Mission zu erkennen – für GE hieß das Wachstum und nicht nur Marktanteile.

Andy Grove hatte eine ähnliche Erleuchtung. Der ehemalige CEO des weltgrößten Chipherstellers Intel Corporation ist ebenfalls für seine schonungslose Klarheit und seine entwaffnend scharfsinnigen Fragen bekannt. Er zierte mehr als ein Dutzend Cover von Wirtschaftsmagazinen, die ihn alle als einen der besten Wirtschaftsführer aller Zeiten rühmten. Als PBS' *Nightly Business Reporter* die Wharton-Juroren bat, unter den besten CEOs aller Zeiten ihren Favoriten zu nennen, fiel ihre Wahl auf Grove.[7] An einem für Intel besonders schweren Kreuzweg saßen Andy Grove und Gordon Moore, einstiger CEO von Intel und Erfinder des Mooreschen Gesetzes in einer Bürozelle zusammen und machten sich Gedanken über die Zukunft des Geschäfts. (Ja, bei Intel hat es Tradition, dass selbst die CEOs in einer Bürozelle sitzen.)

Was würde geschehen, wenn sich die Entwicklungen verschlechterten und das Board ihn feuerte?, spekulierte Grove. Moore sagte, dann würde das Board zweifellos einen neuen CEO von außen ins Boot holen, der den Mut hätte, das zu tun, wozu wenige fest etablierte CEOs bereit wären: das Kerngeschäft abzustoßen. Für Intel hieß das Speicherchips. Ein Außenstehender könnte zur Rettung herbei eilen und etwas Dramatisches tun, aber kein Insider, der seine Karriere und sein Ego auf der Verfolgung des bisherigen Kurses aufgebaut hat. Grove war im sozialistischen Ungarn aufgewachsen, wo er ein System hassen gelernt hatte, in dem die kommunistischen Parteibonzen nie in Frage gestellt wurden und eine Innovation daher nicht möglich war. Seine jüdische Familie war während des Zweiten Weltkriegs vor den Nazis geflohen, und er selbst hatte seinen Namen viermal geändert – zunächst, um seine jüdische Herkunft zu verbergen und später, um die Aussprache zu vereinfachen. In den USA hatte er als Ingenieur ein neues Leben begonnen, mit großen Träumen, die er ins Silicon Valley trug. Grove und sein Team nahmen allen Mut zusammen, um sich vor dem Board zu postieren und eine großspurige Idee vorzutragen, die das Unternehmen neu ausrichteten sollte und es im Rückblick sogar rettete. Grove ergriff radikal einschneidende Maßnahmen, ungeachtet der Schmerzen, die es ihn kostete, und verbannte alle Pläne, Intels größtes Geschäftsfeld noch weiter zu verfolgen, bevor dieses unter ihnen wegbrach.

Hatten sie Glück? Vielleicht. Hatten sie es verdient? Auf alle Fälle. Andy Groves Leben verkörpert die Bedeutung des Märchens über die drei Prinzen von Serendip. Das Glück favorisiert diejenigen, die vorbereitet sind.

Achten Sie darauf, dass Ihre Ziele ehrlich bleiben

Glückliche Umstände begünstigen diejenigen, die ihre Hausaufgaben gemacht und den Mut haben, die Realität nüchtern zu überprüfen, um zu bestimmen, ob sie immer noch auf dem richtigen Kurs sind und der Bedeutung ihrer Ziele gerecht werden. Diese brutale Objektivität war der Grundstein für das neuerliche Wachstum, das Intel rettete. Indem sie sich an der Bedeutung orientieren, bewahren Erschaffer wie Grove die Ehrlichkeit ihrer Ziele. Es ist daher keine Überraschung, dass Erschaffer gut vorbereitet sind, um die besten Chancen aus glücklichen Umständen zu ziehen, wenn ihre BHAGs das verkörpern, was wirklich wichtig ist. Wie bei den drei Prinzen von Serendip ist ihre erfolgreiche Reise weder das Ergebnis unverdienten Glücks noch der Vorsehung. Indem Erschaffer ihre Werte leben und aufmerksam beobachten, sind sie in der Lage, einen ständigen Strom an unvermeidlichen, unvorhersehbaren und herausfordernden Ereignissen in ihrer Arbeit und ihrem Leben in positive Ergebnisse zu verwandeln.

Kapitel 10
Der schonungslos offene Dialog – Wie Sie von Auseinandersetzungen profitieren können

Uneinigkeit ist erfrischend, wenn zwei Männer den wohlwollenden Wunsch hegen, ihre Ansichten zu vergleichen, um der Wahrheit näher zu kommen. Eine Kontroverse ist deprimierend, wenn sie nur dem Versuch dient, anderen nachzuweisen, dass sie im Unrecht sind.
– Frederick William Robertson

„Ich weiß nicht, ob ich jemals irgendjemanden da hineinlassen würde; er würde wahrscheinlich erschrecken", sagte Warren Staley. Außenstehende werden nicht zu seinen Mitarbeiterversammlungen eingeladen, aber die Mitarbeiter freuen sich darauf. „Also, da kochen schon mal Emotionen hoch und es wird leidenschaftlich über die Ideen diskutiert." Staley ist Chairman und CEO von Cargill, einem der größten nicht börsennotierten Unternehmen der Welt. Mit einem Umsatz von mehr als 70 Milliarden Dollar ist Cargill größer als Dell, Microsoft oder Procter & Gamble, und es würde – wenn es ein börsennotiertes Unternehmen wäre – unter den Top 20 der Fortune-500-Liste von 2006 rangieren.

„Wenn Sie das Glück haben, Mitarbeiter zu gewinnen, die genauso verrückt und leidenschaftlich davon begeistert sind, etwas zu erschaffen wie Sie, dann kommt es unweigerlich zu Auseinandersetzungen“, betont Staley. „Das geht gar nicht anders. Wir haben wirklich clevere Leute aus der ganzen Welt, die Dutzende von Geschäftsfeldern leiten. Unser Background ist unterschiedlich, wir kommen aus unterschiedlichen Kulturen, aber wir verfügen alle über große Erfahrung. Und ich meine, das ist das Beste, was einem Unternehmen passieren kann, nämlich eine große Bandbreite an Ideen und Menschen, die sich gegenseitig bis zum Äußersten fordern. Das gilt auch für mich, und ich fühle mich damit sehr wohl.“

Kreative Auseinandersetzungen als Mitarbeiterbelohnung

Es mag widersprüchlich klingen, aber das Beste, das Sie bei einer Auseinandersetzung tun können, ist, Öl ins Feuer zu gießen. Ja, Sie haben richtig gelesen. Einer der merkwürdig inspirierenden AktionsStile dauerhaft erfolgreicher Menschen besteht darin, dass sie buchstäblich nach Auseinandersetzungen suchen. Wir sprechen von einem schonungslos offenen Dialog – oder wie manche sagen: Hier wird Tacheles geredet.

> *Einer der merkwürdig inspirierenden AktionsStile dauerhaft erfolgreicher Menschen besteht darin, dass sie buchstäblich nach Auseinandersetzungen suchen.*

Viele Unternehmer leben bei diesem Thema auf. Es ist etwas, auf das sie sich freuen, und viele sagten, ihr Team betrachte Auseinandersetzungen als „Belohnung“ dafür, dass sie für das Unternehmen arbeiteten. Falls das nach einer Episode der brachialen TV-Realityshow *Jerry Springer* klingt: Nein, das ist es nicht. Diese schonungslos offenen Dialoge dienen nicht dazu, jemanden persönlich anzugreifen (obwohl man vielleicht trotzdem ein dickes Fell braucht). Der Fokus liegt auf den Sachthemen, nicht auf Menschen. Was Erschaffer entfachen, ist eigentlich eine Art kontrolliertes Feuer, bei dem sie mit der einen Hand ein Streichholz entzünden und in der anderen Hand einen Löschschlauch halten. Der Zweck des

Ganzen ist, auf sehr präzise Weise eine Auseinandersetzung zu initiieren, um dem Team die besten, engagiertesten und kreativsten Ideen zu entlocken.

Warum ist das so wichtig? Mike McGavick, der ehemalige Chairman und CEO von Safeco, führte den Versicherungsgiganten im Jahr 2001, als er diesen Posten übernahm, von einem Verlust nahe der Milliardengrenze zum Turnaround und erzielte wenige Jahre später sogar Rekordgewinne. McGavick ist der Ansicht, kreative Auseinandersetzungen seien notwendig, um einer Unternehmenspolitik vorzubeugen, die Produktivität und Wachstum hemme. „Ich glaube, man kann ohne Übertreibung sagen, dass es in der alten Safeco[kultur] üblich war, nach oben zu buckeln und nach unten zu treten. Was der Boss sagte, wurde gemacht, ohne dass Sie gewagt hätten, es in Frage zu stellen“, so McGavick. „Und wenn jemand sagte: ‚Das sehe ich aber anders‘, dann galt das als Mangel an Respekt.“ McGavick wollte jedoch, „dass jeder, der eine Meinung hatte, diese auch kundtat und sich an der Diskussion beteiligte. Dann wollten wir zu einer gemeinsamen Lösung kommen und uns dem nächsten Thema zuwenden und mit Disziplin agieren. Hier das richtige Gleichgewicht zu finden, ist [harte] Arbeit. Wenn die Menschen den Eindruck haben, dass Worte wie ‚Kooperation‘ und ‚einheitliche Ausrichtung‘ nichts weiter als alter Wein – nämlich, ‚Tu, was dein Chef dir sagt‘ – in neuen Schläuchen ist, dann haben Sie eigentlich eine Menge Unternehmenswert eingebüßt, denn der gesamte Unternehmenswert besteht nicht nur aus unserer finanziellen Bilanz, sondern auch aus der kollektiven Intelligenz der Menschen, die wir dafür bezahlen, dass sie jeden Tag zur Arbeit kommen. Und wenn wir diese Intelligenz nicht hundertprozentig ausschöpfen, verschwenden wir Unternehmensressourcen.“ Wenn Sie Ihren Mitarbeitern nicht die Gelegenheit zu kreativem Input bieten, verschwenden Sie deren Intelligenz und Talent.

Ringen Sie mit der Materie, nicht miteinander

Erschaffer versuchen nicht, Auseinandersetzungen zu verhindern, sondern sie nutzen sie gezielt als Quelle der Inspiration. Wenn Sie einen sicheren Platz schaffen können, um offen über Themen zu sprechen, schaffen Sie ein konstruktives Ventil für Kräfte, die andernfalls unweigerlich bedrohlich werden und sich später zu infektiösen, pestilenten Unruheherden entwickeln. Wenn das Team die Auseinandersetzung auf Sachthemen beschränkt, dann ist sie Erschaffern willkommen. Wenn die Gesprächspartner dagegen beginnen, sich gegenseitig zu attackieren, ist die Auseinandersetzung unerwünscht.

Gloria Fox, ein Komiteemitglied des National Black Caucus of State Legislators*, hat seit 1985, dem Jahr, in dem sie das Amt als Abgeordnete des Bundesstaats Massachusetts übernahm, beinahe täglich mit Auseinandersetzungen zu tun. „Politik ist sehr persönlich. ‚Und was habe ich davon?' beziehungsweise ‚Was tut ihr eigentlich für mich?' ist die Art und Weise, wie die meisten Menschen über Politik fühlen und denken. Dann muss man einen Schritt weiter gehen und fragen ‚Und was hast *du selbst* getan?'", sagte sie. Man könne damit beginnen, egoistische negative Auseinandersetzungen in positive Energie zu verwandeln, riet Fox, indem man den Menschen ein konstruktives Ventil biete. „Geben Sie ihnen eine Aufgabe", sagte sie. „Geben Sie ihnen etwas Konkretes zu tun. Viele beschweren sich, aber sie müssen definitiv in irgendeiner Weise aktiv werden."

Auseinandersetzungen über Sachthemen werden, wenn sie nicht geführt – beziehungsweise unterdrückt – werden, unweigerlich destruktiv und damit unwillkommen, persönlich und kontraproduktiv. Und noch schlimmer: Mit der Vermeidung von Auseinandersetzungen betrügen Sie sich um die beste Gelegenheit, die wirkungsvollsten Ideen zutage zu fördern. Das ist zu Beginn eines jeden Projekts fruchtbarer Boden, der verdorrt, wenn er nie bepflanzt wird. Daher stellen Erschaffer sicher, dass sich die Auseinandersetzung auf die Erschaffung von etwas Neuem oder auf die Lösung eines bestehenden Problems konzentriert, und nicht auf gegenseitige Attacken. Wir nennen das *kreative Auseinandersetzung*, und Erschaffer halten sie für eine sehr gute Sache.

---

* ungefähr: Bundesvereinigung schwarzer Landtagsabgeordneter (A.d.Ü.)

Michael Dertouzos, der bis zu seinem Tod im Jahr 2001 über Jahrzehnte als Innovator am Massachusetts Institute of Technology tätig war, brachte Human Touch in die Technologiewelt. Aber nach seinen Worten verging selten eine Woche ohne einen größeren Ringkampf mit seinen Kollegen. „Meinungsverschiedenheiten sind sehr wichtig, vor allem wenn sie sich auf das Erreichen eines übergeordneten gemeinsamen Ziels richten. Man einigt sich auf das große Ziel und streitet dann darüber, wie man da genau hinkommt. Wir alle kämpfen irgendwie miteinander, und ich denke, wenn auch nur einer dabei gefehlt hätte, dann wäre das Ergebnis nicht so stark gewesen. Es ist gut, die Differenzen und Spannungen auszutragen", empfahl er. „Sie sind Teil der Veränderungen, die sehr, sehr wichtig sind."

Die Vermeidung von Größenwahn

Außerdem kann die kreative Auseinandersetzung Ihrem Team dabei helfen, Größenwahn und gefährliches ständiges gegenseitiges Einvernehmen zu vermeiden. „Als ich eine Zwei-Milliarden-Dollar-Sparte von Honeywell leitete, sah ich, dass man Diskussionen genauso leicht abwürgen wie anspornen konnte. Da gab es Gruppen, in denen der Mangel an Diskussion geradezu erschreckend war", sagte Bill George, der ehemalige CEO und Autor des Bestsellers *Authentic Leadership*. „Anfangs galten Leute mit festen Überzeugungen als Primadonnen; manchmal hatten sie Recht, und manchmal lagen sie daneben, aber ihre Ideen und Erkenntnisse wurden gebraucht. Glauben Sie mir, Unternehmen, die das nicht wertschätzen, verpassen etwas, weil die Alternativen nicht beleuchtet werden, von denen später so manche als offizieller Kurs ausgegeben werden." George sagte: „Mein Ego und meine Bestrebungen, CEO zu werden, kamen mir bei Honeywell so manches Mal in die Quere. Ich hatte 20.000 Mitarbeiter und fühlte mich der Rüstungsindustrie emotional nicht wirklich stark verbunden." Als George jedoch CEO bei Medtronic wurde, einem Unternehmen, das medizinische Geräte herstellt und vertreibt, war er Feuer und Flamme, wie in keiner Führungsposition je zuvor. „Ich fühlte mich, als sei in mir ein Schalter umgelegt worden. Ich war auf eine Art und Weise engagiert, wie ich es noch nie in meiner Karriere erlebt hatte." Anstatt es sich in seinem weitläufigen Eckbüro in der Unternehmenszentrale gemütlich zu machen, widmete er einen Großteil seiner Zeit dem unmittelbaren Markt, zusammen mit Forschungsmedizinern, Verkaufsteams und Kunden. Er schlüpfte in OP-Kittel und sah den Operateuren der Gehirn-, Herz- und Wirbelsäulenchirurgie, die bei ihren Eingriffen die Produkte von Medtronic verwendeten, über die Schulter und wohnte so persönlich mehr als 1.000 Operationen bei. „Es ist in Ordnung, wenn Sie nicht auf Anhieb die Stelle in Ihrem Berufsfeld finden, die genau passt, aber Sie müssen weiter danach suchen und dürfen sich nie mit weniger zufrieden geben. In dem Moment, in dem Sie die Position finden, die genau zu Ihnen passt, verändert sich alles. Und eines der Dinge, die sich ändern, ist die Art und Weise, wie Sie das Vertrauen gewinnen, Ihre Leute anzuspornen. Wenn Sie und Ihr Team wirklich leidenschaftlich bei der Sache und von ihr überzeugt sind, dann kommt es automatisch zum Feuerwerk. So war die Kultur bei Medtronic. Wenn Ihre Tätigkeit Sie nicht mit Begeisterung erfüllt und Sie sich mit Ihrer Meinung oder Ihrem Beitrag zurückhalten, dann ist das nicht okay. Dann werden Sie nicht bereit sein, schlechte Nachrichten oder die besten Ideen anzuhören. Und Sie werden nicht erfolgreich sein."

Grundregeln für kreative Auseinandersetzungen

Wie der König der Süßigkeiten, William Wrigley, einmal sagte: „Wenn zwei Männer sich geschäftlich immer einig sind, dann ist einer von ihnen überflüssig." Erschaffer machen Auseinandersetzungen nicht nur akzeptabel, sondern sogar erforderlich. Einer der Schlüssel für eine gesunde Diskussion ist, klare Grundregeln festzulegen.

Staley erinnerte sich: „Zu Beginn meiner Zeit als CEO von Cargill wollte ich einen Verhaltenskatalog aufstellen, um einige sehr schlechte Angewohnheiten zu beseitigen, in die wir verfallen waren. Wir hatten die Kultur, zu diskutieren, eine Entscheidung zu treffen, aber dann nicht damit einverstanden zu sein, so dass man jeden wissen ließ, ‚Ich habe dieser Entscheidung nicht zugestimmt', und dann alles daransetzte, dass sie keinen Erfolg hatte. Ich tolerierte das gelegentlich, und so gingen wir noch einmal einige Schritte zurück und verbrachten viel Zeit mit erneuten Diskussionen und einer erneuten Entscheidung, bei der dieses Mal andere protestierten, wie wir nur diese Entscheidung hatten treffen können. Ich habe es gehasst. Mehrere Male habe ich das mitgemacht. Ich sagte: ‚Wenn ich hier jemals genug zu sagen habe und über ausreichend Autorität verfüge, dann hört das auf.' Das ist wie ein Krebsgeschwür. Also sagten wir, ‚Diskutieren, entscheiden, unterstützen', und wenn wir das Meeting verließen, haben wir eine Entscheidung getroffen, die wir alle mit größtem Einsatz unterstützten. Es ist in Ordnung später zu sagen, ‚Es funktioniert nicht.' Dann gehen wir zurück, wir ändern es, wir biegen es gerade, wir gehen einen Schritt weiter. Aber wir werden all unsere Energie darauf verwenden, zu versuchen, die Dinge zum Laufen zu bringen", sagte Staley. „Wir mussten alle lernen, bestimmte Verhaltensweisen tatsächlich umzusetzen und zu sagen, ‚Nein, du bist jetzt nicht dran, Freddy, du hörst jetzt einfach zu'", lachte Staley. Bei Meetings „bekommen wir alle Rippenstöße. Man braucht ein ziemlich dickes Fell. Aber zumindest verspreche ich unseren Mitarbeitern, dass wir mindestens 95 Prozent der Ideen auf den Tisch bringen. Nun, Sie mögen unserer Entscheidung nicht zustimmen. Aber ich kann Ihnen versichern, dass wir sie sehr genau durchdacht haben. Wenn die Menschen an Ihre guten Absichten glauben, dann sind sie viel eher bereit, etwas hinzunehmen und erweisen Ihnen einen ziemlich großen Respekt."

Auseinandersetzungen werden nicht bösartig, es sei denn, man ignoriert sie. Erschaffer sehen kreative Auseinandersetzungen als Teil eines wertvollen beständigen Kooperationsprozesses, der jeden Tag aufs Neue in einer sich ständig ändernden Umgebung zum Handeln anregt. „In einem Unternehmen wie diesem braucht man viel Sinn für Humor", sagte Staley. „Wir sind in 60 Ländern fest vertreten und in wahrscheinlich 100 weiteren Ländern tätig. Jeden Tag geht

Erschaffer sehen kreative Auseinandersetzungen als Teil eines wertvollen beständigen Kooperationsprozesses, der jeden Tag aufs Neue in einer sich ständig ändernden Umgebung zum Handeln anregt.

irgendetwas schief. Angesichts von Problemen wie BSE, das genau zwei Tage vor Weihnachten durch die Presse ging, pflegen wir hier ein internes Sprichwort: ‚Wenn wir jemals auf allen Zylindern laufen würden, könnten wir das wahrscheinlich gar nicht aushalten.' Das passiert nie!"

Als globales und hoch komplexes Unternehmen nutzt Cargill kreative Auseinandersetzungen, um die täglichen Herausforderungen zu bewältigen und sich jeden Tag zu verbessern.

Schaffen Sie eine sichere Zeit und einen sicheren Ort für Auseinandersetzungen

Viele Unternehmen halten „Workout"-Sitzungen ab, auf denen alle Themen aufs Tapet gebracht werden müssen.[1] Wenn sich Menschen wirklich zu einer offenen und aufrichtigen Diskussion verpflichten, können diese Meetings sehr effektiv die angemessene Umgebung dafür schaffen, das zu tun, was in der Arbeit gewöhnlich politisch nicht korrekt ist. In anderen Worten: Diese Meetings können dazu dienen, den Fokus von Persönlichkeitskonflikten auf das eigentlich zu lösende Problem zu verlagern, indem ein sicherer und aufrichtigerer Dialog ohne Lamento und persönliche Schuldzuweisungen gefördert wird. Die Meetings bieten einen Platz, um sich über die Fakten hinter den schlimmsten Befürchtungen und größten Hoffnungen auszutauschen, statt zuzulassen, dass diese weiterhin willkürlich kollidieren. Und zwar je früher solch ein Meeting stattfindet, desto besser. Die Ermunterung zu frühzeitigen Auseinandersetzungen hilft dabei, zu entdecken, wo Probleme auftreten, und diese zu lösen, solange sie noch klein sind. Ohne ein Forum oder die Zeit und den Ort, die Probleme anzugehen und zu beheben, können sich relativ kleine Probleme zu kontraproduktiven Obsessionen entwickeln.

Einen Ort und die Zeit für Auseinandersetzungen zu schaffen heißt nicht, dass man deswegen zahllose Meetings abhalten muss. Vernon Hill, CEO und Gründer der schnell wachsenden Commerce Bank, gibt seinem Team provokative „Paniktasten", die sie jederzeit drücken können, um das Geschäft zu verbessern. „Wir dulden keine unsinnigen Regeln. Vielmehr wollen wir aktiv etwas dagegen tun und zahlen jedem Mitarbeiter eine Prämie, wenn er uns unsinnige Regeln nennt, die wir beseitigen können", sagte er und setzte mit einem Lächeln die Faust auf den Tisch. „Fünfzig Dollar für die Beseitigung jeder unsinnigen Regel. Jeder Computer in diesem Haus hat eine Unsinnige-Regel-Taste. Jeder Mitarbeiter kann diese Taste drücken und uns eine unsinnige Regel nennen, die abgeschafft gehört." Diese Politik fordert die Mitarbeiter der Commerce Bank auf kreative und selbstbestimmte Weise dazu heraus, die Geschäftsabläufe für das Unternehmen und seine Kunden zu verbessern.

„Jeder Mitarbeiter kann diese Taste drücken und uns eine unsinnige Regel nennen, die abgeschafft gehört."

Erschaffer sind Meister in der Kunst der kreativen Auseinandersetzung

Ein Symphonieorchester ist ein weiteres Beispiel für einen Ort, an dem diese Art der selbstbestimmten, kreativen Auseinandersetzung eine hohe Kunst ist. In der Tat ist die Metapher einer Symphonie, die von einem leidenschaftlichen Dirigenten geleitet wird, ein beliebtes Klischee in Führungstrainings. Die Ironie ist, dass selbst einige Dirigenten offen zugeben, dass sie zu den schlimmsten Diktatoren gehören, während ihre Musiker vor stiller Wut kochen. „Ein Orchestermusiker ist wohl das am wenigsten selbstbestimmte Lebewesen unter der Sonne", meinte Benjamin Zander, Dirigent des Boston Philharmonic Orchestra. „Tatsächlich fand eine Studie der Universität Harvard heraus, dass Orchestermusiker im Hinblick auf Jobzufriedenheit gleich hinter Gefängniswärtern rangierten, was schon ein wenig tragisch ist. Der Grund dafür ist, dass sie kein Mitbestimmungsrecht haben; sie haben einfach nichts zu sagen." Zander hatte eine Erleuchtung, als er 45 Jahre alt wurde. Er erkannte, dass der „Dirigent eines Orchesters der einzige Musiker ist, der keinen einzigen Ton produziert", lachte er. „Dabei bedeutet Symphonie ‚gemeinsam erklingende Stimmen'. Es ist also die Aufgabe des Dirigenten, dafür zu sorgen, dass jede Stimme gehört wird. Und nicht nur gehört, sondern auch ausgedrückt wird. Es ist nämlich sehr einfach, jemandem zu sagen, ‚Sei du still, und du, und du, und dann wird diese Person gehört', aber das ist nicht das, worum es in der Musik geht. Es geht darum, dass Menschen sich umfassend ausdrücken, dass sie sich leidenschaftlich engagieren und alles geben und dabei gleichzeitig jedem anderen ebenfalls die Möglichkeit zu geben, gehört zu werden. Also unternahm ich etwas sehr Radikales“, sagte Zander mit verschmitztem Blick. Er „legte ein weißes Blatt [Papier] auf den Notenständer eines jeden Musikers, und zunächst wurde es von den meisten ignoriert. Einige schreiben nichts, aber viele tun es inzwischen. Ich lese jede einzelne Notiz. Ich ermuntere sie dazu, sich laut zu äußern. In der Tat sagen manche Leute, die zu meinen Proben kommen: ‚Meine Güte, das ist hier ja wie bei den Quäkern.' Nun, hier haben wir 35 Blätter Papier, und jedes hat etwas zu sagen. Das kann etwas Praktisches sein, wie ‚Was hat der Komponist in diesem Moment gedacht?' oder ‚Die Trompeten und Oboen scheinen diese Phrase unterschiedlich zu interpretieren.' Das sind sehr praktische Themen, und wir können sie klären. Das ist eine gute Kommunikationsmethode, weil ein Orchestermusiker nicht zu einem Dirigenten sprechen kann.“

Ein Mangel an offener Auseinandersetzung schürt Zynismus, betont Zander. Die Menschen werden sich verhalten, als „wollten sie nicht in etwas verwickelt werden, was ja doch nur in einer weiteren Enttäuschung endet. Aber wenn Sie immer wieder die Leidenschaft ansprechen, dann werden Sie sehen, dass die Zyniker weniger werden. Sie verschwinden, weil ein Zyniker jemand ist, der sich gegen weitere Enttäuschungen schützt.“ Wenn Menschen versäumen, sich in offenen Auseinandersetzungen zu engagieren, werden kreative Ideen zu heimlichen Schätzen, die von Einzelnen gehortet anstatt mit dem Team geteilt werden um dieses zu stärken. „Es ist nicht meine oder ihre Idee, es ist unsere Idee“, sagte Zander. „Oft behandeln wir alle Menschen, die uns dabei helfen könnten, unsere Ziele zu erreichen, als Rivalen und begeben uns damit in ein Überlebensverhalten, das einem Nullsummenspiel gleicht.“ Wenn das Team beginne, die Interaktionen zwischen den einzelnen Mitgliedern als Wettstreit zu betrachten, führe das langfristig zum Desaster, warnte Zander. „Entweder Sie sind oben, oder Sie sind unten, und Sie vergleichen und manövrieren und hecken Strategien aus und versuchen, Leute aus dem Weg zu schaffen und dem nächsten ein Bein zu stellen. Diese ganze neurotische Welt des ‚Bin ich gut genug? Sind die anderen besser?' ist letztlich eine Abwärtsspirale. Die meisten von uns verbringen den größten Teil ihres Lebens damit. Visionen haben da keinen Platz; Visionen leben von unserem Beitrag zur Menschheit. Nun, das sind vielleicht hehre Worte, aber so ist es eben."

Aufmerksamkeit, Absicht und Auseinandersetzung

Erschaffer richten ihre Aufmerksamkeit darauf, über Initiativen, mit denen sie ihre eigene leidenschaftliche Seele nähren, einen Beitrag zur Gesellschaft zu leisten. Das ist ihre Absicht. Und darin liegt die Genialität des UND. Wenn Sie Ihre Aufmerksamkeit fokussieren, Ihre Gedanken und Handlungen auf die Bedeutung und Verfolgung Ihrer Absicht ausrichten, können Sie von kreativen Auseinandersetzungen profitieren. Leidenschaft sei per Definition spannungsgeladen, so wie Schmerz und Wut, sagte uns Alex von Bidder, Eigentümer des Restaurants Four Seasons in New York, von dem viele Menschen behaupten, mittags versammele sich zwischen seinen vier Wänden mehr Macht als im Westflügel des Weißen Hauses. Neben dem Restaurantbetrieb reist von Bidder durch die USA und die ganze Welt und leitet spirituelle Entwicklungs- und Therapiegruppen für Männer. „Wenn Sie sich auf die Anspannung einlassen (das ist die Definition des englischen Worts für Auseinandersetzung *contention* – „mit Spannung"), dann können Sie erreichen, dass die Auseinandersetzung zu Ihren Gunsten wirkt, bevor Sie sich gegen Sie wendet."

Candice Carpenter, Gründerin von iVillage, schloss sich dem an. „Ich habe immer eine Umgebung gefördert, in der jeder offen seine Meinung sagen konnte und Diskussionen hoch geschätzt wurden", sagte sie. „Ich habe einfach zugelassen, dass die Mitarbeiter mit mir als CEO hitzige Diskussionen führen konnten. Und hinterher sahen sie, dass sie trotzdem befördert wurden, dass sie nach wie vor ihre Belohnungen erhielten – selbst wenn sie mir zuvor gesagt hatten, dass sie meine Idee für wirklich dumm hielten. Es hat eine sehr befreiende Wirkung auf eine Organisation, wenn die Mitarbeiter das Gefühl haben, dass man einen uneingeschränkten intellektuellen Austausch haben kann und dabei trotzdem jeden für seine unterschiedliche Meinung respektiert. Man muss das aushalten können, aber es lohnt sich, zu sehen, wie jeder motiviert wird – und das wird in einer solchen Umgebung passieren."

Jeder macht einen Vorschlag, und die beste Idee gewinnt

Carpenter liebte ein besonderes Meeting, bei dem das Brainstorming wie Eishockey klang. „Wir hatten ein Meeting, bei dem Directors, Vice Presidents und Senior Vice Presidents anwesend waren, und auch ich war immer dabei. Das Meeting fand grundsätzlich im Stehen statt, und niemand hat es je verpasst. Ich wurde von vielen gebeten, auch daran teilzunehmen – in einer Welt, in der jeder eigentlich mit viel zu vielen Meetings beschäftigt ist. Es war ein strategisches Meeting, und die Regel lautete: Jeder macht einen Vorschlag, und die beste Idee gewinnt. Alle liebten dieses Meeting. Die Qualität der Arbeit von den meisten Nachwuchskräften war – nun, ich habe so etwas noch nie gesehen. Und das, weil sie wussten, dass sie, wenn sie ihre Hausaufgaben gemacht und ihre Argumente beisammen hatten und sich ihre Idee durchsetzte, einen direkten Einfluss auf die Unternehmensrichtung haben würden. Das war sehr aufregend." Nicht jeder in der obersten Führungsriege war auf diese Art Auseinandersetzung erpicht. „Es gab durchaus Topmanager, die große Befürchtungen hatten. Manche dachten, wir stünden kurz vor einer Französischen Revolution. Ich versetzte einige Topmanager in Angst und Schrecken, die aus Unternehmen der wirklich alten Schule stammten. Sie befürchteten das Schlimmste, weil es ihnen erschien, als habe man Gefängnisinsassen die Zellenschlüssel ausgehändigt. Aber ich denke, die Ergebnisse sprachen für sich selbst. Das heißt, die wahre Intelligenz innerhalb der Organisation sollte direkt an die Unternehmensspitze gelangen. Sie muss nicht durch acht Filter laufen und verwässert werden. So gewinnen Sie Einsichten in ihrer reinsten Form."

Haben Sie nicht Recht – seien Sie effektiv

Abschließend lässt sich sagen, dass es vor allem um Effektivität geht. Dauerhaft erfolgreiche Menschen sind eifrig bestrebt, das übergeordnete Ziel, das sie sich selbst gesetzt haben, zu erreichen. Was uns aber wirklich – und immer wieder aufs Neue – überraschte, ist die Tatsache, dass ihre Besessenheit, mit der sie auf ihr Ziel hinarbeiten, sie nicht davon abgehalten hat, viele verschiedene Ideen darüber anzuhören, wie sich das gewünschte Ergebnis am besten erzielen lässt. In dieser Hinsicht sind sie extrem konsequent.

Greg Foster, Chairman und President der Spielfilmsparte von IMAX meint, diese Effektivität unterscheide den durchschnittlichen Filmregisseur von den wirklich fähigen. Unabhängig davon, wie dogmatisch er über den kreativen Bereich seines Projekts herrsche, sei ein fähiger Regisseur extrem effektiv darin, Einsichten zu gewinnen, die ihm Dritte vermitteln können, sowie kreative Auseinandersetzungen zu fördern, sagte Foster. „Sie hören zu. Dagegen hören sich viele junge Regisseure gerne selbst reden. Diejenigen, die keine Angst davor haben, um Hilfe zu bitten und zu sagen, ‚Hey, ich habe zwar durchaus eigene Ansichten über diese Sache, aber es gibt ein paar Dinge, die ich nicht verstehe, und ich könnte wirklich Ihre Hilfe gebrauchen', das sind diejenigen, die es schaffen."

Die Meinungen anderer Menschen basieren auf ihren Erfahrungen, die sie in einem bestimmten Augenblick durch die Brille ihrer jeweiligen Werte und DenkStile betrachten. Unter Umständen sind diese Perspektiven Dritter besser geeignet, um Ihr Endziel zu erreichen, vielleicht sind aber auch Ihre eigenen Ansichten effektiver. Es ist jedoch sehr wahrscheinlich, dass Sie durch die Kombination unterschiedlicher Ansichten eher dahin kommen, wo Sie langfristig hinsteuern. Das ist die Genialität des UND im Gegensatz zur Tyrannei des ODER.

„Normalerweise sind die Menschen darauf trainiert, Recht zu haben und ihrem Gegenüber möglichst zu beweisen, dass er im Unrecht ist", seufzte Ben Zander. „Wenn Sie den Finger erheben, auf jemanden zeigen und sagen, ‚Sie sollten, müssten, sind verpflichtet', dann töten Sie jede kreative Ader im Körper ab." Wenn Sie vor Ihrem Team immer Recht haben müssen, dann ist das, als ziehe man den Stecker aus der Wand: Sie können sehen, wie sich der Blick der Menschen verdunkelt. „Wenn wir das Gefühl haben, einen Beitrag zu leisten, dann fangen unsere Augen an zu leuchten – wenn wir morgens aufstehen und etwas verwirklichen können", fügte Zander hinzu. „Es geht nur um leuchtende Augen."

Kapitel 11
Sorgen Sie für eine einheitliche Ausrichtung – Die Umgebung gewinnt immer

Absolute Sicherheit ist ein Aberglaube. Sie wird weder von der Natur noch von irgendeiner Kultur geboten. Letzten Endes ist es genauso gefährlich, der Gefahr auszuweichen, wie sich ihr auszusetzen. Das Leben ist entweder ein gewagtes Abenteuer oder nichts.
– Helen Keller

Die Unruhen von 1967 teilten Detroit wie viele US-amerikanische Städte entlang scharf definierter Rassengrenzen. Eine junge weiße Hausfrau, die die gewalttätigen Ausschreitungen in der Innenstadt von dem Komfort ihres Vororthauses aus im Fernsehen verfolgte, geriet derart in Rage, dass sie ihre von der weißen Mittelschicht geprägte Wohngegend verließ und kurz nach dem Ende der Unruhen mit ihrem Mann und ihren fünf Kindern in die von Schwarzen bewohnte Innenstadt von Detroit zog. Die plötzliche Veränderung ihres Lebensstils stieß in ihrer Familie auf wenig Verständnis. Eleanor Josaitis wurde von ihrem Schwiegervater enterbt und von ihrem Schwager aufgefordert, ihren Namen zu ändern. Als sich die Neuigkeit verbreitete, dass sie Schwarze und Weiße zusammenbringen wollte, wurde sie mit Hassbriefen und Brandbomben bedroht. „Es gab Momente, in denen wir schreckliche Angst hatten“, seufzte sie. „Aber das änderte nichts an dem, was wir tun mussten.“ Die Menschen, die bereit waren zu helfen, wurden von Josaitis als Freiwillige ihrer Nonprofit-Organisation „Focus: HOPE“ angeworben, die heute 43.000 Alte, Mütter und Kinder jeden Monat mit Essen versorgt, Ausbildungsprogramme in Metallbearbeitung, Ingenieurwesen und Informationstechnologie, Kinderbetreuung, Räumlichkeiten für Geschäftskonferenzen, kommunale Kunstprojekte und eine Reihe anderer Initiativen bietet. Focus: HOPE hat 400 Mitarbeiter und wird von 51.000 Menschen unterstützt.[1] Das alles ist möglich, wenn man eine ganze Gemeinde auf ein Ziel ausrichtet – Junge, Alte, Schwarze und Weiße.

„Keine Sache, die wirklich etwas wert ist, kann von einer Person allein getan werden“, sagte Josaitis. „Es gibt viel zu viel Heldenverehrung in dem Sinne, dass eine Person alles ganz allein erreicht. An einem bestimmten Punkt wollten wir unbedingt charismatische Führungspersönlichkeiten, aber diese Idee ist ziemlich schnell in Verruf geraten, weil wir gesehen haben, wie Saubermänner im Gefängnis gelandet sind beziehungsweise den überzogenen Erwartungen in keiner Weise gerecht wurden. Nun, man KANN in einem Unternehmen oder in seiner Gemeinde etwas bewirken, aber das hat nicht nur mit einem selbst zu tun. Das erreicht man, indem man Leute findet, die von ihren eigenen Überzeugungen inspiriert sind und daran glauben, dass sie auf ähnliche Weise etwas bewirken können wie man selbst. Sie müssen einfach andere Führer finden, die mit Ihnen zusammen an der Verwirklichung Ihrer Ziele arbeiten!“

„Keine Sache, die wirklich etwas wert ist, kann von einer Person allein getan werden.“

„Es kommt darauf an, dass Sie das, was Sie sind und das, was Sie tun, miteinander in Einklang bringen“, sagte Josaitis und schlug mit der Faust in die Hand. Aus jedem ihrer Sätze klingt ein wenig Selbstgerechtigkeit. „Sie müssen sich selbst für etwas gewinnen, an das Sie glauben, und dann müssen Sie sich die richtige Aufgabe aussuchen. Und dann können Sie losgehen und die Gelegenheit beim Schopf packen. Und wenn Sie einen Führer brauchen, dann müssen Sie auch diese Person gewinnen. Sie müssen sich ganz auf Ihre Rolle einstellen, in der Sie sich mit anderen Menschen so verbunden fühlen wie mit der Sache selbst. Wenn Sie das empfinden, haben Sie ein Team." Menschen für ihr Team zu gewinnen, so Josaitis, bedeute „Menschen zu finden, die den selben Traum haben wie Sie, und sie dann nicht eher loszulassen, als bis sie etwas für die Sache getan haben!" Erschaffer sind Menschen, die an einem bestimmten Punkt ihres Lebens den Gedanken „Jeder muss für sich allein kämpfen!" überwunden haben.

Senator John McCain lernte diese Lektion durch bittere Erfahrung. „Als junger Pilot glaubte ich, aller Ruhm sei der Ruhm eines Einzelnen. Ich war davon überzeugt, niemanden zu brauchen und perfekt in der Lage zu sein, alles, was ich tun musste, allein zu tun. In der Gefangenschaft lernte ich, dass ich auf andere angewiesen war, sowohl mit Hinblick auf meine physische als auch meine psychische Unversehrtheit. Wenn ich schwach wurde, richteten mich meine Mitgefangenen wieder auf, redeten mir gut zu und halfen mir, mich wieder dem Kampf zu stellen. Das große Privileg meines Lebens war, neben Helden gedient zu haben, einem Platz, an dem ich Tausende couragierter, mitleids- und liebevoller Taten beobachtet habe." McCain, der fünfeinhalb Jahre Kriegsgefangenschaft überlebte, beschrieb seine brutale Erfahrung als lebensverändernd. Er sagte, er sei Vietnam dafür dankbar, dass es sein Selbstvertrauen gestärkt und er gelernt habe, seinem eigenen Urteil zu vertrauen, und dass er sich nicht selbst aufgeben musste, um sich anderen Menschen verbunden zu fühlen.

„Es gibt kein größeres Gefühl im Leben – keine größere Freiheit – als zu wissen, dass man sowohl man selbst als auch Teil einer Gruppe sein kann, die sich für eine Sache engagiert, die größer und wichtiger ist als die eigene Person."

„Es gibt kein größeres Gefühl im Leben – keine größere Freiheit – als zu wissen, dass man sowohl man selbst als auch Teil einer Gruppe sein kann, die sich für eine Sache engagiert, die größer und wichtiger ist als die eigene Person", so McCain.

Rekrutieren Sie ein Team, das Ihren Traum unterstützt

Erschaffer haben diese eigenartige Wahrnehmung, dass viele der Menschen, die sie kennen lernen, potenzielle Mitglieder ihrer Gemeinde oder ihres Teams sind – als Mitarbeiter, Kunde, Lieferant, Freiwilliger, Freund oder was auch immer. Das gilt selbst für ehemalige Mitarbeiter, da sie in ihrer nächsten Position eine dieser Rollen ausfüllen könnten. Würde sich Ihr Verhalten in der Zusammenarbeit mit anderen verändern, wenn Sie im Voraus wüssten, dass Ihre Beziehungen langfristig sein werden? Wie würden Sie die Beziehungen aufbauen, wenn jeder, mit dem Sie gearbeitet, von dem Sie gekauft oder dem Sie in irgendeiner Weise gedient haben, für immer Ihr Nachbar wäre oder zumindest die clevere, talentierte Person, die Sie halten möchten?

In einer globalen, virtuellen Welt können Sie sich nicht verstecken. Die Wahrscheinlichkeit ist groß, dass Sie denselben Menschen wieder begegnen, egal, ob Sie die Beziehung als kurz- oder langfristig, gut oder schlecht betrachtet haben. Es kann lebensverändernd sein, diese Tatsache anzunehmen. Betrachten Sie jeden Menschen als potenziell langfristiges Mitglied Ihres Dreamteams.

Beziehungen, die auf Dauer angelegt sind

Wenn Sie langfristigen Erfolg suchen, sind Sie gut beraten, Ihre Beziehungen zu anderen Menschen als etwas zu betrachten, das auf Dauer angelegt ist, wobei sich lediglich deren Rollen verändern – manchmal arbeiten sie für Sie, manchmal arbeiten Sie für andere, manchmal verlassen sie Ihre Organisation und werden Ihr Kunde, Lieferant, Regulierer oder Wettbewerber. Wenn Sie sie als Mitglieder Ihres „virtuellen" Teams betrachten, ändert sich lediglich ihre Rolle; die Beziehung bleibt bestehen. Natürlich können Sie nicht alle Menschen gewinnen. Es wird Ihnen nicht gelingen – und vielleicht wollen Sie das auch gar nicht –, jedes Mitglied im Team zu halten. Wenn Sie jedoch darauf achten, wie sich erfolgreiche Personen mit langen Karrieren verhalten und wie ihr Netzwerk an Beziehungen mit den Jahren immer größer, dichter und wertvoller wird, dann wird offensichtlich, dass sie dies sehr wertschätzen. Sie behalten High Performer in ihren Teams, egal wohin diese auch gehen. Wenn Sie Ihre Sicht dahingehend verändert haben, dass sich die Rollen – Mitarbeiter, Freiwilliger, Partner, Kunde, Lieferant, Nachbar – im Laufe der Zeit ändern können, Ihr Netzwerk oder Team aber bestehen bleibt, dann denken Sie langfristig und richten sich auf Beziehungen aus. Und dann werden Sie sich auch so verhalten, dass diese Beziehungen zu einem wahren Schatz werden.

‚Sie sind nur so gut wie Ihre Leute' und andere abgedroschene Phrasen

Erschaffer verbringen eine scheinbar übertriebene Menge an Zeit damit, über die Notwendigkeit zu sprechen, talentierte Menschen dauerhaft zu gewinnen, die ihren Traum unterstützen. Napoleon Hills[2] berühmter Rat an seine Fans lautete, sie sollten eine so genannte Mastermind-Gruppe bilden – eine Art persönlichen Aufsichtsrat, dessen Mitglieder dieselben Interessen und Ambitionen hegen, sei es für ihre lokale Eltern-Lehrer-Organisation, eine Kirche oder das Management eines großen Unternehmens. Die Erschaffer, die wir interviewt haben, sprachen darüber, als handele es sich dabei um herausragende Neuigkeiten, und die meisten wünschten, sie hätten dies bereits in der Schule oder zu einem früheren Zeitpunkt ihrer Karriere gelernt. Sie ließen sich endlos darüber aus, ein ums andere Mal zu wiederholen, dass sie den größten Teil ihrer Zeit damit verbrachten, nach Top-Leuten, Spitzentalenten, Führungspersönlichkeiten, herausragenden Managern, Level-5-Leadern*, Engeln und Heiligen Ausschau zu halten, sich mit ihnen zu umgeben und sie zu entwickeln – Menschen, die den Traum unterstützten beziehungsweise die eigentliche Arbeit machten. Wir konnten die Erschaffer kaum stoppen, immer neue Superlative für ihre Leute zu finden.

* Bezeichnung für Topmanager, die sich mit großer persönlicher Integrität und Bescheidenheit und einer extrem hohen Leistungsbereitschaft für den Unternehmenserfolg einsetzen. (A.d.Ü.)

Der Grund dafür, dass sich das wie ein Klischee anhört, ist, dass es ein Klischee ist. Wenn Sie jemals die Rede eines CEO auf der Jahreshauptversammlung gehört oder einen Geschäftsbericht gelesen haben, werden Sie wissen, dass kein Weg an dem Gemeinplatz vorbeiführt, die Mitarbeiter seien der größte Vermögenswert des Unternehmens.

Glauben Sie keinen Worten – Glauben Sie dem Verhalten

Fast jeder bekennt sich zum *Porras-Prinzip*: „Glauben Sie keinen Worten, glauben Sie nur dem Verhalten." Das heißt aber nicht, dass er auch danach handelt. Eine Methode, mit der Sie feststellen können, ob dieser Satz wirklich ernst gemeint ist, beobachten Sie das Verhalten dauerhaft erfolgreicher Menschen, und dann sehen Sie den Unterschied. Sie füllen ihre Worte mit Inhalt. Menschen beurteilen anderer Leute Werte und Charakter nach der Übereinstimmung zwischen Worten und Taten. Jedem ist besser gedient, wenn sich Worte und Taten decken. Auch wenn politischer Eigennutz verlockend sein kann, stellen Erschaffer fest, dass sie das Gefühl haben, auf dem richtigen Weg zu sein und – welche Überraschung – sie die richtigen Leute für ihr Team anwerben können, wenn ihre Kernwerte, Worte und Handlungen übereinstimmen.

Senator John McCain schilderte mit ruhiger Transparenz eine schmerzvolle Lektion, die er erfuhr, als er politische Zweckmäßigkeit über die Übereinstimmung seiner Werte, Worte und Taten stellte. „Wir können Dinge tun, die scheinbar nützlich sind und uns einen vorübergehenden Vorteil verschaffen, aber wenn wir nicht wirklich an diese Dinge glauben, werden wir damit langfristig keinen Erfolg haben. Jedes Mal in meiner Karriere, wenn ich etwas aus politischem Eigennutz getan habe, habe ich es später bereut. Wenn ich mir einen Standpunkt zu einem Thema erarbeitet habe, und sei er zu dem Zeitpunkt noch so unpopulär gewesen, hat er sich am Ende immer als richtig erwiesen", betonte er. „Ich will Ihnen ein kleines Beispiel geben: Als ich für das Amt des US-Präsidenten kandidierte, war die Bundesflagge von South Carolina ein riesiges Thema. Ich flog gerade über das Staatskapitol der Hauptstadt, und weil ich dachte, das würde mir Stimmen einbringen, sagte ich, ‚Das ist Sache des Bundesstaates. Ist nicht mein Thema' – ein eindeutig feiger Ansatz zu diesem Problem. Ich habe die Wahl trotzdem verloren und dabei obendrein auch noch Feigheit bewiesen. Anschließend fuhr ich nach South Carolina und entschuldigte mich, aber das war eigentlich bedeutungslos. Zu dem Zeitpunkt, als es Bedeutung hatte, entschied ich mich für politisches Kalkül statt für den Standpunkt, von dem ich überzeugt war."

Es gebe einen besseren Weg, und an den solle man sich halten, riet McCain: Bleiben Sie dem treu, von dem Sie wissen, dass es richtig ist. Punkt. Und wenn Sie etwas nicht wissen, dann zögern Sie nicht, es zuzugeben. In der Tat beantworten die meisten Erschaffer eine Frage, auf die sie keine Antwort haben, mit einem Satz, den Sie zur besten TV-Sendezeit fast nie hören werden (vielleicht hat die Medienkontrollbehörde den Satz zensiert). Es ist vielleicht der provokativste und mutigste Satz, den irgendjemand öffentlich aussprechen kann. Der Dalai Lama, globaler spiritueller Führer des tibetischen Buddhismus, der sein Leben dem Versuch widmet, das Verständnis der verschiedenen Religionen füreinander zu fördern, wurde allein im vergangenen Jahr dabei ertappt, wie er diesen Satz ohne jede Hemmung in mindestens fünf Großstädten ausgesprochen hat. Mit einem Lächeln und ohne jede Scham sagt er: „Das weiß ich nicht", wenn er etwas gefragt wird, auf das er keine Antwort hat. Üblicherweise brechen die Zuhörer dann in nervöses Lachen aus, und dann schweigen sie verblüfft, während er auf der Bühne lächelt wie ein glatzköpfiger Kobold in orangen Gewändern und Turnschuhen. Das wirkt schockierend simpel in einer Welt, in der so genannte Experten im Fernsehen weit über die Grenzen ihrer Ausbildung und ihres Wissens hinaus Spekulationen anstellen und sich dabei gegenseitig über Dinge anschreien, von denen sie nichts verstehen.

Auch wenn es anfangs nicht beruhigend klingen mag, ist der Satz „Das weiß ich nicht" eine Art Code oder Fangphrase, anhand derer Sie aufrichtige Menschen und dauerhaft erfolgreiche Erschaffer auf der ganzen Welt identifizieren können. Es ist eine Art heimlicher Händedruck der Integrität. Wenn Sie etwas gefragt werden, auf das

Sie keine Antwort wissen, dann blicken Sie einen Moment lang ernst, und wenn sich Ihre Zuhörer vorbeugen, um atemlos Ihrer nun folgenden Weisheit zu lauschen, sagen Sie: „Das weiß ich nicht." Das wirkt Wunder und schafft Raum, in dem Lernen möglich ist. Viele Erschaffer haben einen extrem scharfen Verstand, wissen aber über die meisten Dinge wenig bis gar nicht Bescheid. Sie sind entschuldigt, wenn Sie während der letzten 200 Seiten gelegentlich eingenickt sind, aber wenn Sie von unserer Arbeit irgendetwas mitnehmen können, dann dies: Bedeutung ist alles! Sie ist der Motor aller Dinge. Erschaffer richten ihre Aufmerksamkeit auf das aus, was ihnen etwas bedeutet, und über diese Dinge wissen sie sehr viel. Sie sind Experten auf den Gebieten, die ihnen wichtig sind – ihrem Portfolio an Leidenschaften. Sie sprechen verantwortlich auf ihren Fachgebieten, andernfalls sagen sie: „Das weiß ich nicht."

Bedeutung ist alles! Sie ist der Motor aller Dinge. Erschaffer richten ihre Aufmerksamkeit auf das aus, was ihnen etwas bedeutet, und über diese Dinge wissen sie sehr viel.

Der Dalai Lama beschäftigt sich mit vielen Dingen, aber er weiß nicht auf alles eine Antwort. Wie andere herausragende spirituelle Führer weiß er über einige sehr wichtige Dinge mit größter Detailgenauigkeit Bescheid. Das liegt daran, dass Erschaffer disziplinierte Kontext-Junkies sind. Sie sind fanatisch darin, alles, was sie sagen, in den Rahmen ihrer Ziele und Werte zu stellen. Die meisten Antworten auf die Fragen, die man ihnen stellt, enden mit einer Rückleitung zu dem Ziel oder der Mission, für die sie sich leidenschaftlich engagieren. Das hat etwas von einer kaputten Schallplatte. Nur wenige Sekunden, nachdem sie gesagt haben, „Das weiß ich nicht", erzählen sie Ihnen, was sie über ihre Leidenschaft beziehungsweise ihr Ziel wissen. Wenn ein Mitarbeiter einen Fehler macht, erzählen sie, wie dessen Verhalten die Zielerreichung beeinträchtigte. Wenn ein Mitarbeiter eine herausragende Leistung erbringt, erzählen sie, wie dessen Arbeit das Ziel beziehungsweise die Werte unterstützt. Erschaffer arbeiten hart daran, nicht vom Thema abzuweichen.

Die Idee ist hier, dass Menschen grundsätzlich linguistisch geprägte Lebewesen sind und über Sprache agieren. Erschaffer nutzen Sprache, um einen gemeinsamen Realitätssinn zu schaffen und die Bedeutung für ihre Partner und Teammitglieder zu managen. Handlung wird durch Sprache gesteuert. Instinktiv drängen und schieben sie die drei zuvor erwähnten Kreise immer wieder auf eine einheitliche Ausrichtung. Alles, was eine Bedeutung hat, wird in einem DenkStil organisiert, der anschließend in Worte und Taten – AktionsStile – verwandelt wird, die das unterstützen, was ihnen wichtig ist. Sie nutzen jede Gelegenheit, ihre Ziele und deren Bedeutung zu bestätigen.

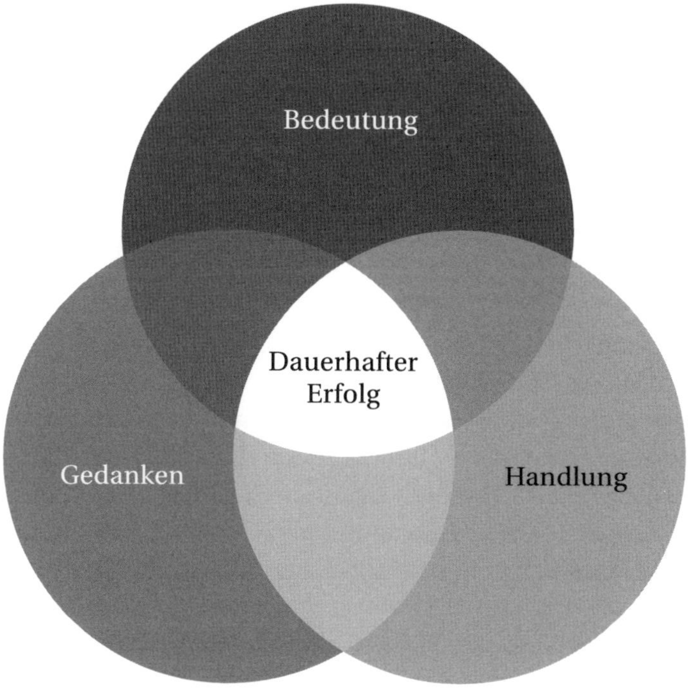

Die Macht der Sprache

„Ich achte auf meine Sprache, denn Worte können Menschen sehr treffen“, sagte Joe Nichols jun. „Wenn ich mich selbst dabei ertappe, wie ich das Falsche sage, oder – was öfter der Fall ist – wenn [meine Frau] Bonnie mich dabei ertappt, dann versuchen wir, wieder auf den richtigen Weg zurückzufinden. Was man sagt, ist wirklich wichtig. Unsere Worte müssen unseren Zielen und Einstellungen entsprechen", fuhr er fort. Joe achtet stets darauf, dass seine Worte und Handlungen im Einklang mit seinen Absichten und Zielen stehen. Er mag sich heute vielleicht nicht stark oder mutig fühlen – tatsächlich „fühle ich mich oft nicht so. Aber wenn ich diese drei Dinge richtig mache – wenn meine Worte, meine Taten und meine Absichten übereinstimmen –, dann funktioniert alles."

Sehr erfolgreiche Menschen verwenden Sprache auf eine instinktive beziehungsweise intuitive Art und Weise, und diese fokussiert auf das, was sie zu erreichen versuchen. Menschen benutzen Worte, um „Dinge umzusetzen" oder „Dinge zu vermasseln", so Joe, also achte er streng darauf, wie er Menschen mit seinen Worten behandele und wie er sich selbst mit den Worten, die ihm durch den Kopf gehen, behandele. Wenn Sie sich fragen, was wir damit meinen: Wir sprechen über die Stimme, die Sie gerade in Ihrem Inneren gehört haben und die diese Frage gestellt hat. Wie Sie Ihr Leben lang bemerkt haben, kann Ihre innere Stimme sowohl vergiftend sein, als auch Ihnen dabei helfen, Ihre Ziele zu erreichen. Lassen Sie aber auf keinen Fall zu, dass Ihre langfristigen Ziele dieser Stimme zum Opfer fallen oder subtil und schleichend unterminiert werden. Worauf wir uns in unseren Worten und Taten konzentrieren, hat Einfluss auf unsere Effektivität und – wie Studien inzwischen beweisen – unsere Gesundheit. „Überraschenderweise steigt die stressbedingte Arbeitsunfähigkeit oft nach der Teilnahme an Stressmanagement-Workshops", berichtete Autor Al Siebert.[3]

Unsere Worte und Taten können aber auch unser Wohlbefinden steigern und uns dabei helfen, den Kurs beizubehalten und die eigene Einstellung zu steuern, und nicht umgekehrt. Dauerhaft erfolgreiche Menschen aus der ganzen Welt berichten, es sei kein Zufall, dass man vergiftete Gedanken bekämpfen und schließlich ganz eliminieren könne, wenn man mit einer starken Rhetorik und entsprechenden Taten auf ein Ziel hinarbeite. „Manchmal fühlt es sich an, als müsse man seine Gedanken mit Gewalt zurückholen, als seien sie von einem Terroristen aus dem eigenen Kopf entführt worden", sagte Terry Pearce, Autor von Büchern zu Führungsthemen. „Aber Sie können diesen Kampf verhindern, indem Sie den Feind mit Worten und Taten neutralisieren, die Ihre Absichten unterstützen. So können Sie diesem Kampf die kalte Schulter zeigen."

Wenn Erschaffer strikt auf ihre Wortwahl und ihre Handlungen achten und sicherstellen, dass diese beiden Dinge auf ihre langfristigen Ziele und nicht auf eine momentane Befindlichkeit ausgerichtet sind, entdecken sie auf wundersame Weise, dass sie eine positivere Haltung entwickelt haben! Das wiederum formt ihr „Ökosystem" für Erfolg.

Die Umgebung gewinnt immer

„Leben Sie Ihren Traum. Es gibt keine zweite Chance. Entweder Sie entscheiden sich, Ihre Umgebung zu formen, oder Ihre Umgebung wird Sie formen", sagte Bill Strickland, CEO des Bidwell Training Centers und der Manchester Craftman's Guild. Strickland, der einst dem Gremium Expansion Art Panel der 1965 gegründeten Stiftung zur Förderung von Kunst und Kultur National Endowment for the Arts vorstand, hat seine lebenslange Leidenschaft für die Kunst dazu genutzt, das Leben von Tausenden von Menschen in Armut zu verändern. „Menschen, die in Armut leben, können sich überhaupt nicht vorstellen, in anderen Umständen als im Elend zu leben. Wenn sie ein Gebäude von Weltklasse-Architektur bauen, es öffnen und das Gebäude von Licht und Atmosphäre durchflutet wird, dann fühlen sich die Menschen plötzlich optimistischer und sehen ihr eigenes Leben mit offeneren Augen. Dadurch, dass sie sich physisch in diesem Raum aufhalten, verändert sich ihre gesamte Stimmung, ihr Auftreten und ihre Selbstwahrnehmung. Ich glaube, dieser erste Schritt ist unerlässlich für eine Transformation von Menschen, die fundamental benachteiligt sind und die sich im Leben einfach abgehängt fühlen."

Die physische Umgebung ist ein wichtiger Teil des gesamten „Ökosystems", das die Mission, der wir uns verpflichtet fühlen, unterstützt. Gemäß der These, dass keine lohnenswerte Sache von einer Person allein vollbracht werden kann, beinhaltet das Ökosystem unser persönliches Team, unsere Organisation und den Ort, an dem wir unsere Zeit verbringen. Es gibt fünf wichtige Elemente, um die herum wir die Umgebung gestalten: Struktur, Kultur, Systeme, Technologie und der physische Rahmen. Der langfristige Erfolg oder Misserfolg wird davon abhängen, wie gut diese Dinge im Einklang mit den Anreizen stehen, die wir geschaffen haben, sowie den Verhaltensweisen, die wir für den Erfolg brauchen – alles in diesem „Ökosystem" kann uns und unser Team inspirieren oder demotivieren. Hier wirkt nicht nur ein Element, sondern alle zusammen. Egal, wie sorgfältig Sie die richtigen Mitarbeiter für Ihren Traum oder Ihre Organisation auswählen, auf das Innere eines Menschen haben Sie wenig Einfluss. Wir sprechen hier über die persönliche Geschichte und Erfahrungen eines jeden Individuums – alle seine Erfolge, Enttäuschungen und Dämonen. Einige Details seines oder ihres Lebens bieten vielleicht mehr Kenntnisse, als Sie haben wollen, andere Dinge sollten Sie dagegen verstehen, auch wenn Sie die Person nicht ändern können. Wie der ehemalige Quarterback und Profifootballspieler der Hall of Fame, Steve Young, sagte: „Manche Menschen fühlen sich angespornt, wenn man sie anschreit. Andere wären dagegen am Boden zerstört. Und es ist gut zu wissen, wen Sie vor sich haben."

Wir sind in unserem Inneren alle verschieden, haben unterschiedliche Wünsche, Motive, Ziele, Wahrnehmungen, kulturelle Einflüsse und so weiter. Worauf Sie direkt Einfluss nehmen können, ist die äußere Umgebung. Wenn Sie ein Unternehmen führen oder auch nur eine Abteilung leiten, ist es Ihre Aufgabe, die gesamte Umgebung zu betrachten, in der Ihr Team versucht, zu arbeiten und erfolgreich zu sein. Wenn die äußere Umgebung an Mitarbeiter verwirrende Signale über das erwünschte Verhalten aussendet, dann werden Sie alle nur denkbaren Verhaltensweisen beobachten. Lassen Sie uns das kurz an einem Beispiel klarmachen. Stellen Sie sich vor, Sie arbeiteten in einer Organisation, in der Ihr Vorgesetzter von Ihnen etwas Bestimmtes verlangt, Sie von der Organisation aber für etwas ganz anderes bezahlt werden und Ihre Kollegen wieder eine andere Auffassung davon haben, was getan werden muss. Auf welches Signal reagieren Sie? Nun, das hängt zum großen Teil von Ihrer Person und Ihrer Lebenserfahrung ab.

Wenn Sie zum Beispiel einen dominanten Vater gehabt haben, werden Sie vielleicht eher (oder auch gerade nicht) auf Ihren Vorgesetzten hören. Wenn Sie ein ausgeprägtes Sozialempfinden hätten, würden Sie vielleicht eher auf Ihre Kollegen hören. Und wenn Sie ausgesprochen ehrgeizig wären und mit sieben Jahren angefangen hätten, Zeitungen auszutragen, dann würden Sie sich vielleicht danach richten, was das Belohnungssystem honoriert. Wie Sie reagieren, hängt also von Ihrem Inneren ab. Wenn die Signale der Organisation jedoch einheitlich sind, lässt sich Ihre Reaktion bis zu einem gewissen Grad vorhersagen. Das Basismodell für langfristigen Erfolg gründet auf dem Wissen, welche Verhaltensweisen Sie von sich selbst, von Ihrem Team und in Ihrer Organisation erwarten sowie der einheitlichen Ausrichtung aller Signale und Anreize, die Sie durch das System senden, inklusive Ihrer eigenen Person. Das lässt sich leicht sagen, ist aber sehr schwer durchzuführen. Die meisten Menschen und Organisationen erreichen nie ein hohes Niveau an einheitlicher Ausrichtung. Wir alle haben schon einmal irgendwo versucht, trotz der äußeren Umgebung etwas zu erreichen. Das ist eine Zeit lang möglich, aber es ist Schwerstarbeit, die überdies selten nachhaltige Wirkung hat.

Auf der Suche nach dem Wunder

Zusammengenommen haben wir drei Autoren im Verlauf unserer beruflichen Karrieren mit buchstäblich Zehntausenden von Menschen als Führungskräfte, Berater, Lehrer und Coaches gearbeitet. Wir haben Menschen auf wundersame Weise wachsen sehen. Dem Lexikon zufolge ist ein Wunder ein in jeder Hinsicht ungewöhnliches, aber reales Ereignis. Auf Basis dieser Definition haben alle Menschen, die wir für dieses Projekt interviewt haben, ein wundersames Leben geführt. Man kann darüber diskutieren, ob „es die Gene sind oder die äußere Prägung", aber warum sollte man? Auf Ersteres haben Sie keinen Einfluss, dafür können Sie eine Menge für Letzteres tun. Die Wissenschaft hat festgestellt, dass sich die inneren Aspekte eines Menschen beeinflussen lassen, die nicht genetisch bedingt sind. Sie können eine extreme Veränderung durchmachen, und die beginnt immer in Ihrem Kopf UND sie erfordert etwas, das wir als extreme Umwelthygiene bezeichnen. Was heißt das? Eine einheitliche Ausrichtung. Das setzt voraus, dass Sie aus Ihrem Leben all die Dinge entfernen, die nicht mit Ihren Zielen und Leidenschaften im Einklang stehen. Dazu gehören auch Menschen. Klingt hart – lässt sich aber nicht ändern. So ist es eben. Zu Ihrem Leben gehört alles, was Ihre Persönlichkeit und das, was Sie schaffen wollen, entweder unterstützt oder untergräbt. Treffen Sie Ihre Wahl mit Bedacht. Selbstverständlich ist das ein Prozess und kein Lichtschalter. Und dieser Prozess ist schwierig und braucht seine Zeit.

Es geht um das Verständnis von Anreizen

Uns hat erstaunt, dass dauerhaft erfolgreiche Menschen unendlich viele Versionen dieses Ansatzes verwenden, um eine einheitliche Ausrichtung zu erreichen – ob sie nun zu Hause oder in einem Unternehmen der Fortune 500 sitzen, das die teuersten Unternehmensberater der Welt engagiert hat oder eine ausgefeilte Software verwendet. Eine einfache und wirkungsvolle Methode, die zahlreiche Erschaffer regelmäßig anwenden, ist: Betrachten Sie eine Verhaltensweise, die Sie ablehnen und gerne abschaffen würden, die aber immer wieder auftritt. Klopfen Sie die äußere Umgebung auf alles ab, das dieses Verhalten belohnt und auf alle Aspekte, die es verhindern. Sie werden feststellen, dass die erste Liste länger als die zweite ist. Dann nehmen Sie eine Verhaltensweise, die Sie gutheißen, die für den Erfolg von großer Bedeutung ist, aber nicht oft genug an den Tag gelegt wird, und wiederholen Sie die Analyse. Nun werden Sie feststellen, dass die Dinge, die das erwünschte Verhalten verhindern, wesentlich zahlreicher sind, als die, die es fördern.

Ein Dr. Phil. würde sagen, das liegt an dem Belohnungssystem, das sabotierende Verhaltensweisen unterstützt und es daher leicht oder eben schwer macht, Ihre Ziele und Absichten zu erfüllen. Der Trick besteht darin, die Botschaften und Anreize besser auf die erwünschten Verhaltensweisen auszurichten. Das gilt für das Privatleben genauso wie für die Arbeit.

„Zeigen Sie mir, wie jemand Golf spielt, und ich sage Ihnen, wie er sein Leben lebt“, sagt Fred Shoemaker, einer der herausragendsten aktiven Golflehrer. Seine Schüler sagen ihm, sie würden Golf spielen, um sich eine mentale Auszeit zu nehmen – sie liebten es, sich zu entspannen und mit sich selbst und ihren Freunden in der Natur aufzuhalten und einfach loszulassen. Aber wenn Shoemaker fragt, was sie von ihrem Golfworkshop erwarten, „dann sagen sie Dinge wie ‚ich will meinen Slice stoppen', ‚mein Shortgame verbessern', ‚meinen Score erhöhen', ‚mehr Kraft entwickeln' und all das, was Golfer eben so wollen“. Ihre erste Antwort hatte mit Genuss zu tun, ihre zweite fokussierte auf die Dinge, die an ihrem Golfspiel noch nicht stimmten. Beim Golf wie auch im Leben gibt es ein Problem, wenn Ziele und Bedeutung nicht aufeinander abgestimmt sind. Beim Golf, im Privat- und im Geschäftsleben warten zu viele Menschen darauf, dass sich irgendwann in der Zukunft, wenn einmal alles funktioniert, Zufriedenheit einstellt. Ironischerweise „haben wir ohne Freude selten das Standvermögen und die Leidenschaft, die Dinge zu erreichen, nach denen wir streben!“, sagte Shoemaker. Deshalb sollten Ihre Ziele Ihnen von Anfang an eine gewisse Zufriedenheit geben. Das ist einer der Tests, mit denen Sie feststellen können, ob Ihnen Ihre Ziele wirklich etwas bedeuten.

Das Geheimnis

Wir geben zu, dass es eine enorme Einsatzbereitschaft, Disziplin und gelegentlich auch Courage erfordert, sich kontinuierlich auf eine einheitliche Ausrichtung zu konzentrieren. Das Einzige, das dauerhaften Erfolg bietet (und Glück, wenn das zu Ihrer persönlichen Definition von Erfolg gehört), ist die tägliche Übung und die tägliche Anstrengung, die drei Kreise – Bedeutung, Gedanken und Handlung – in Ihrem Leben und Ihrer Arbeit einheitlich auszurichten. Das ist ein Abenteuer, das Sie möglichst mit Leib und Seele verfolgen sollten, weil diese Herausforderung nicht endet, so lange Sie auf der Welt sind.

Bisher ist es für uns eine ziemlich lange Reise gewesen. Wir sagen „bisher“, weil wir von den Erschaffern gelernt haben, dass dauerhafter Erfolg ein dauerhaftes Engagement voraussetzt und es noch so viel zu lernen gibt. Der legendäre TV-Autor und Produzent Norman Lear sagte einmal, dass einer seiner Meilensteine für Erfolg darin bestehe, als Blitzableiter für gesellschaftlich relevante Dialoge zu dienen. Wir hoffen, dieses Buch dient als Blitzableiter für den kontinuierlichen Dialog über Erfolg, der uns allen nutzt. Vorläufig können wir sagen, wenn es so etwas gibt, wie ein Geheimnis, das wir herausgefunden haben, dann dies: Wenn Sie dauerhaften Erfolg haben wollen, dann erschaffen Sie sich ein Leben, das (für Sie) eine Bedeutung hat.

Die Freude daran, Dinge herauszufinden* – Ein Blick auf die Recherchen zu diesem Buch

Hintergrund und Methoden

Wir sind stets tief bewegt gewesen in der Gegenwart von Menschen, die in dem, was sie tun, herausragend sind – Menschen, die einen Weg gefunden haben, um ihr Potenzial ganz auszuschöpfen und zu leben. Mehr über das Leben dieser Menschen zu erfahren, ist eine der großen Freuden bei der Erstellung dieses Werkes gewesen. Unsere Gespräche mit bemerkenswerten Menschen förderten unglaublich wertvolle Dinge zutage; einige Prozesse mussten daraufhin neu definiert werden, um den Kernideen und Verhaltensweisen gerecht zu werden, die diese Menschen dazu befähigen, so zu leben, wie sie es tun. Gelegentlich können selbst sehr erfolgreiche Menschen ihre Entwicklung nicht genau beschreiben – sie tun einfach, was sie tun –, da sie fast jenseits der Bewusstseinsgrenze stattfindet. Wir verwenden das Wort *Bewusstsein* hier in der Bedeutung „sich über das, was man tut und warum man es tut, im Klaren zu sein". In anderen Worten: Viele erfolgreiche Menschen sind damit beschäftigt, das zu tun, was sich bewährt, ohne sich immer darüber im Klaren zu sein, was sie genau tun und warum.

---

* Verwendet in Anerkennung von Richard P. Feynmann, et al.[1]

Eine gute Recherche kann viele dieser Rätsel lösen. Das ist ein bisschen, als spiele man Sherlock Holmes. Wenn die Rätsel gelöst sind, wird ein exzellentes Coaching möglich, das wir alle nutzen können, um unser Potenzial stärker auszuschöpfen. Was immer wir sind, nun können wir lernen, darin wirklich herausragend zu sein!

Nachfolgend haben wir für alle unsere Leser, die neugierig auf die Details dieses Prozesses sind, die wichtigsten Daten festgehalten. Einige sind so einleuchtend, dass wir zugeben müssen, dass sich unsere eigene Überzeugung über Erfolg und was er für Menschen bedeutet, zum Besseren verändert hat. Außerdem haben sich einige unserer Verhaltensweisen zum Besseren gewendet. Vielleicht stellen auch Sie fest, dass die folgenden Daten auf Sie eine ähnliche Wirkung haben.

Wenn Sie das Buch *Built to Last* gelesen haben, erinnern Sie sich vielleicht, dass die verwendete Recherchemethode von drei Kernkomponenten bestimmt war:

1. **Stichprobenauswahl** – 750 CEOs wurden befragt und gebeten, bis zu fünf Unternehmen zu nennen, die sie als die „visionärsten" Organisationen betrachteten. (Dieser Prozess brachte schließlich 18 Unternehmen hervor, die als visionäre Unternehmen aufgenommen wurden, zusammen mit 18 Unternehmen einer Vergleichsgruppe.) Zwei Quellen wurden für die Auswahl der befragten CEOs verwendet.
   a. Zunächst wurde eine Querschnittsprobe von 500 CEOs aus zwei Fortune-500-Listen von 1990 über die größten Industrie- und Dienstleistungsunternehmen der USA ausgewählt.
   b. Zweitens wurden 250 CEOs aus zwei Listen des *INC Magazine* über die wachstumsstärksten privaten und börsennotierten Unternehmen ausgewählt. Die 18 am häufigsten genannten Unternehmen bildeten die Stichprobe der visionären Unternehmen.
   c. **Alter** – Darüber hinaus mussten die ausgewählten Unternehmen lange genug bestehen, um mindestens zwei verschiedene CEOs gehabt zu haben. Die beiden jüngsten Unternehmen der abschließenden Stichprobe wurden 1945 gegründet.

2. **Historische Perspektive** – Die gesamte Lebensgeschichte aller Unternehmen wurde auf Basis der Daten aus Büchern, Magazinen, Zeitungsartikeln, Dissertationen, wissenschaftlichen Arbeiten und Unternehmensarchiven studiert.
3. **Vergleichsgruppe** – Für jedes visionäre Unternehmen wurde anhand der folgenden Eigenschaften ein Vergleichsunternehmen ausgewählt:

- Das Vergleichsunternehmen wurde ungefähr zur gleichen Zeit gegründet wie das visionäre Unternehmen.
- Es ist in der selben Branche aktiv.
- Es ist ein Schlüsselwettbewerber des visionären Unternehmens.
- Es wurde in der zuvor genannten CEO-Umfrage selten erwähnt.
- Es war im Jahr 1990 noch im Geschäft.

Für das vorliegende Buch führten wir zwei ausführliche und vollkommen voneinander unabhängige Studien durch, die zusammen die Einsichten über die Eigenschaften erfolgreicher Menschen testeten und verglichen. Diese zwei Teile der Recherche unterscheiden sich aus zahlreichen wichtigen Gründen erheblich von der Recherche für *Built to Last*, nicht zuletzt deswegen, weil sich das vorliegende Werk auf Individuen aus allen Lebensbereichen konzentriert, statt sich auf börsennotierte Unternehmen zu beschränken. Seit mehr als einem Jahrzehnt bitten uns Führungspersönlichkeiten, mehr Einsichten in den Erfolg und die Führung aller Arten an Organisationen zu bieten. Die Durchführung von zwei neuen Studien gab uns die Gelegenheit, die Genialität des UND-Prinzips aus *Built to Last* anzuwenden.

Hintergrundrecherchen

Die erste der beiden Studien für das vorliegende Buch bestand aus zehn Jahren Feldrecherche – einer Serie an persönlichen Interviews mit einer recht heterogenen Gruppe dauerhaft erfolgreicher Menschen. Diese Gespräche wurden an einigen der geeignetsten Orte zur Beobachtung ihres Verhaltens geführt – in den privaten Räumlichkeiten oder den Büros dieser Führungskräfte sowie während ihrer Reisen zu Wohltätigkeitsveranstaltungen und Firmenniederlassungen. Dieser Ansatz ermöglichte uns, Leiter von börsennotierten Unternehmen, Regierungsbehörden, kleinen und großen Privatunternehmen sowie Einzelpersonen (von Schullehrern und Wissenschaftlern bis zu Entertainern, Athleten und Autoren) in der Öffentlichkeit zu beobachten. Dieser Prozess bot einige wertvolle Einsichten und Hypothesen, die wir vermutlich in isolierter Atmosphäre oder durch traditionelle Umfragemethoden so nicht gewonnen hätten. Die zweite Studie für dieses Buch testete Schlüsselerkenntnisse der ersten Studie in einer unabhängigen, quantitativen Befragung – dem *World Success Survey*.

In der ersten Studie wurden folgende Methoden verwendet:

1. **Stichprobenauswahl** – Die Menschen, für die wir uns interessierten, waren Individuen, deren traditioneller Erfolg seit Jahrzehnten andauerte, darunter zahlreiche Nobelpreisträger, Regierungsführer und Leiter gemeinnütziger Organisationen, Lehrer, Wissenschaftler und Olympiateilnehmer, aber auch Pulitzer-Preis-, Grammy-, Peabody- und Oscar-Gewinner sowie CEOs kleiner und großer Organisationen.
   a. Zur Identifizierung dieser Kandidaten arbeiteten wir uns durch eine ganze Bandbreite an etablierten Listen, zum Beispiel die der einflussreichsten Menschen des *Time Magazine* sowie die Listen der „Unternehmensführer des Jahres" der größten, wachstumsstärksten oder in großen Wirtschaftspublikationen – vor allem *Forbes* und *Fortune* – am meisten bewunderten Organisationen. Außerdem gingen wir die von Nonprofit-Organisationen erstellten Listen über bemerkenswerte Menschen durch, zum Beispiel die Liste der Gewinner der von Oprah Winfrey verliehenen Auszeichnung *Use Your Life Award*.
      i. Wir glauben, dass die Listen über erfolgreiche Menschen, die Magazinen, Zeitungen und anderen Agenturen entnommen sind, ein angemessener Ersatz für die CEO-Umfrage sind, die für *Built to Last* durchgeführt wurde.

b. Unsere potenziellen Interviewpartner wurden auf unterschiedliche Interessen, Branchen und Geschlecht gesichtet. Die ausgewählten Kandidaten mussten mindestens zwei Jahrzehnte auf einem oder mehreren Gebieten nachweislich erfolgreich gewesen sein. Dieses 20-Jahre-Minimum ist als Parallele zu den Kriterien über das Mindestalter zu sehen, die in *Built to Last* angewendet wurden und mindestens zwei Generationen an CEOs für die Auswahl eines Unternehmens zur Bedingung machten.
c. Wir luden mehrere hundert Personen zur Teilnahme ein und führten von 1996 bis 2000 mehr als 200 persönliche Gespräche.

2. **Historische Perspektive** – In Vorbereitung jedes einzelnen Interviews gingen wir die relevanten biographischen Informationen über jeden Kandidaten durch, die wir Büchern, Magazinen, Zeitungsartikeln, Unternehmenswebsites und -archiven entnommen hatten. Weil es nicht möglich war, ausschließlich anhand externer Quellen schlüssig zu bestimmen, wie eine Person von ihren frühesten Lebensjahren an bis heute über ihr Leben dachte, beschlossen wir, ihre eigenen Aussagen und Wahrnehmungen über den Aufbau ihres Leben und ihrer Karriere als Informationsquelle zu verwenden.
   a. Die Daten über unsere Rechercheobjekte wurden in skriptunabhängigen und breit gefächerten Interviews über ihren Erfolg und ihre Führungsrolle sowie die Prinzipien gesammelt, von denen sie sich in ihrer Karriere hatten leiten lassen. Die größte Herausforderung bestand darin, die zentrale Dynamik im Leben dieser bemerkenswerten Menschen zu enthüllen. Wir glauben, dass wir in Anbetracht der Beschränkungen, denen eine Studie über sehr einflussreiche Menschen unterliegt, eine größtmögliche Genauigkeit erzielt haben. (Letzten Endes sind Sie der beste Richter über die Ergebnisse, die wir hier vorgetragen haben: Ergeben sie für Sie einen Sinn? Sind sie hilfreich?)
   b. Der Inhalt von mehreren hundert persönlichen Interviews wurde mittels organisatorischer Themencodes und Verhaltensstandpunkte analysiert und codiert. Eine detailliertere Beschreibung der Methoden und des in dieser Studie ver-

wendeten Ansatzes zur Datenanalyse wird in späteren Abschnitten (siehe Nachweis 1 „Die persönlichen Interviews und andere Datenanalyse") vorgestellt.

3. **Vergleichsgruppe** – Wir erkannten schon früh im Prozess der Manuskripterstellung, dass wir unsere Schlussfolgerungen anhand eines Vergleichsets überprüfen müssten, auch wenn es schwer war, angesichts der vielfältigen konkurrierenden Definitionen von Erfolg eine solche „Kontroll"gruppe zu erstellen. Da wir keine börsennotierten Unternehmen untersuchten, konnten wir nicht denselben Prozess wie in *Built to Last* verwenden.[2] Stattdessen wollten wir herausfinden, ob sich unsere Ergebnisse bestätigten, wenn wir eine unabhängige Studie entwickeln und durchführen würden – den *World Success Survey* –, und zwar mit Hilfe einer unabhängigen Teilnehmergruppe und einer Methode, die sich von den persönlichen Interviews, die wir in den letzten zehn Jahren zusammengetragen haben, gänzlich unterschied (siehe Nachweis 1). Die Ergebnisse waren bemerkenswert und ergänzten die Interviews um eine ausgeprägte Tiefe und unglaubliche Einsichten.

Der World Success Survey

Zu einem Zeitpunkt, als der Entwurf des Manuskripts bereits feststand, ging unser Team aus Stanford eine Partnerschaft mit unseren Kollegen von Pearson/Prentice Hall, The Wharton School an der University of Pennsylvania und der Sparte i-Novation von Moskowitz Jacobs, Inc. (MJI) ein, um eine Internetumfrage zu entwickeln und zur Verfügung zu stellen. Dieser so genannte *World Success Survey* wurde mit dem Ziel entwickelt, die Erkenntnisse aus unseren Gesprächen mit dauerhaft erfolgreichen Menschen aus der ganzen Welt zu validieren.

Im Frühling 2006 informierten wir die Leser von Knowledge@Wharton über die Möglichkeit, an einer globalen Studie über Erfolg teilzunehmen. Knowledge@Wharton ist eine Online-Publikation, die von Managern, Pädagogen und anderen Akademikern auf Senior- und Juniorebene in 100 Ländern gelesen wird. Diese wurden dazu eingeladen, an einer globalen Umfrage darüber teilzunehmen, wie Menschen über Erfolg denken (siehe Nachweis 2). Diejenigen, die daran Interesse hatten, mussten einen bestimmten Link anklicken und erhielten eine kurze Anleitung (siehe Nachweis 3). In der ersten Woche beantworteten 365 Teilnehmer die Umfrage, und diese Ergebnisse wurden in die Analyse aufgenommen. Demographisch betrachtet waren die Teilnehmer zu zwei Dritteln männlich und zu einem Drittel weiblich. Die Altersstruktur war wie folgt: 23 Prozent waren unter 35 Jahre, 57 Prozent zwischen 35 und 54 Jahre und 20 Prozent 55 Jahre oder älter. Insgesamt stammten 66 Prozent der Teilnehmer aus den USA. Die verbleibenden 34 Prozent kamen aus der ganzen Welt: 13 Prozent aus Asien, 9 Prozent aus Europa und 12 Prozent aus anderen Regionen.

In der Studie wurde Dr. Howard Hoskowitz' proprietäre Technologie IdeaMap verwendet, eine Methode zur Untersuchung des Verbraucherverhaltens. Das theoretische Fundament der Arbeit von Moskowitz Jacobs, Inc. (MJI) sind experimentelles Design und mathematische Modelle. Die IdeaMap entwickelte sich aus der Methode der Conjoint-Analyse sowie aus einer Analyse, die Moskowitz als „Algebra des menschlichen Gehirns" bezeichnete, und verlangt von den Teilnehmern eine Reaktion auf eine Serie von Bildschirmansichten. Die Idee dahinter ist, dass, selbst wenn ein Teilnehmer völlig unfähig ist, seine Empfindungen zu artikulieren, trotzdem Ergebnisse erzeilt werden. Jede Bildschirmansicht zeigte ein „Erfolgsmenü", das einzigartige Kombinationen aus drei bis vier Aspekten über „dauerhaften Erfolg" auf Basis der Schilderungen aus unseren persönlichen Interviews – zum Beispiel über die Definition von Erfolg oder wie Menschen über Niederlagen, Zielsetzung oder Schuldzuweisung dachten (siehe Nachweis 4). Jeder Teilnehmer reagierte auf diese Erfolgsmenüs, die mittels des experimentellen Designs entwickelt wurden, anhand einer Bewertungsskala von 1 (sehr schlecht) bis 9 (sehr gut), um anzuzeigen, wie gut jedes Menü seine Sichtweise über dauerhaften Erfolg beschrieb. Moskowitz Jacobs, Inc. hatte IdeaMap ursprünglich in den ausgehenden 1980er und 1990er Jahren entwickelt und validiert, um instinktive Antworten und aufrichtiges Feedback anstelle eines

„manipulativen“ Verhaltens zu provozieren, das sich bisweilen in anderen, pedantischeren Umfragemethoden findet. Auf diese Weise enthüllt die Umfrage die wahren Gefühle der Teilnehmer über erfolgsbezogene Faktoren.

Regressionsanalyse und Impact Score

Die Regressionsanalyse (siehe Nachweis 5, „Das Regressionsmodell“), die die klassifizierenden Antworten mit den Teststimuli (unsere „Erfolgsmenüs“)in Bezug brachte, zeigt an, welchen Beitrag (positiv oder negativ) *jeder der 36 Aspekte* zum Erfolg leistet (Nachweis 6). Auf Basis dieser Ergebnisse wurde der absolute Einfluss jedes einzelnen Aspekts der Umfrage bestimmt – von einer hohen Punktzahl von +21, die auf einen sehr hohen Erfolgsbezug hinwies, bis zu einer sehr niedrigen Punktzahl von -28 für einen sehr geringen Erfolgsbezug. (Unsere Erfahrung legt nahe, dass Bewertungen von +6 oder höher und -6 oder niedriger auf wichtige und bemerkenswerte Ergebnisse hindeuten.) Eine solche Bandbreite an Bewertungen unterstreicht das ausgeprägte Gefühl, das die Teilnehmer in der Umfrage ausdrückten und ermöglicht uns eine eindeutige Interpretation dieser Gefühle. Die Teilnehmer beantworteten auch Fragen darüber, wie erfolgreich sie sich selbst einschätzten, und zwar privat und beruflich. Diese Selbsteinschätzungen sind die Basis für die Einordnung der Teilnehmer in die Gruppen erfolgreich/nicht erfolgreich für eine Analyse. Von den 365 Teilnehmern der Umfrage bezeichneten sich

- 35 Prozent als beruflich und privat erfolgreich.
- 31 Prozent als beruflich und privat nicht erfolgreich.
- 23 Prozent als ausschließlich privat erfolgreich.
- 11 Prozent als ausschließlich beruflich erfolgreich.

Durch die Analyse der Ergebnisse jeder Gruppe erstellten wir Profile über die verschiedenen Sets an Überzeugungen über mögliche Erfolgsfaktoren. Außerdem verglichen wir die Ansichten „erfolgreicher“ Menschen – die „S“-Gruppe („successful“), wie wir sie genannt haben – mit den Ansichten derjenigen, die sich als „nicht erfolgreich" bezeichnet hatten – die „U"-Gruppe („unsuccessful"). Die Ergebnisse der IdeaMap halfen uns zu verstehen, was die Denkweise dieser zwei Gruppen an Menschen unterscheidet. Und schließlich untersuchten wir *demographische* Schlüsselkategorien, zum Beispiel Alter und Geschlecht, um Aufschluss über eventuelle Unterschiede zu erhalten, wie diese Gruppen Erfolg und erfolgreiche Menschen betrachteten (in Abschnitt IV „Ausgewählte Schlüsselergebnisse: demographische Kategorien" besprochen).

Fazit

Der *World Success Survey* bot eine unabhängige und erstaunlich transparente Vergleichsquelle und unterstützte die wichtigsten Ergebnisse aus unseren persönlichen Interviews. Außerdem bestätigte die Umfrage, dass sich erfolgreiche Menschen in der Verfolgung ihrer Ziele, Anliegen oder Berufungen nicht auf die Zustimmung Dritter verlassen. Erfolgreiche Menschen ergreifen *trotz* und nicht wegen des gesellschaftlichen Drucks die Initiative. Sie fühlen sich eher dazu verpflichtet, *zu tun, was sie lieben* als von anderen *geliebt zu werden*. Sie verbeißen sich nicht in eine einzige Niederlage oder suchen nach Sündenböcken oder Schuldigen, wenn etwas schief geht. Vielmehr legen erfolgreiche Menschen eine höhere Priorität darauf, effektiv in der Erzielung der angestrebten Ergebnisse zu sein.

Unabhängig davon, ob die Umfrageteilnehmer sich als erfolgreich oder nicht erfolgreich bezeichneten, waren sich alle Gruppen einig, dass die traditionelle Definition von Erfolg – insbesondere die Anhäufung von Ruhm, Reichtum und Macht – nicht beschreibt, was Erfolg für sie persönlich bedeutet. Auch wenn zum Beispiel Popularität und Wohlstand angenehme Ergebnisse sind, ziehen es die Menschen vor, Erfolg als die Fähigkeit zu definieren, „etwas Nachhaltiges zu bewirken", „etwas Besonderes zu leisten" und „ein Leben der persönlichen Erfüllung" zu führen, so das Resultat der Studie. Was dauerhaft erfolgreiche Menschen auszeichnet, ist die Tatsache, dass sie sich nicht mit weniger zufrieden geben!

Wie in Kapitel 7 „Der *Stolperstein* – Machen Sie immer neue Fehler“ und Kapitel 8 „Wunden zu Weisheit – Vertrauen Sie Ihren Schwächen und nutzen Sie Ihre Kerninkompetenzen“ beschrieben, verwenden Erschaffer ihre Erfolge und Misserfolge als Informationen, um anschließend ihre Effektivität zu erhöhen. Erfolgreiche Menschen sagten auch, dass „die Liebe zu dem, was man tut“ eine notwendige Voraussetzung für Erfolg ist. Kapitel 2 „Lieben Sie es oder verlieren Sie – Leidenschaften und die Suche nach der Bedeutung“ untersucht die Gefahren, die damit verbunden sind, nicht das zu tun, was man liebt, weil Menschen, die eine Leidenschaft empfinden, beharrlicher sind und andere bei der entsprechenden Aufgabe übertrumpfen. In einer globalen Wirtschaft kommen auf jeden Menschen, der seine Arbeit halbherzig verrichtet, Dutzende anderer, die mit Leib und Seele darauf warten, ihnen den Job wegzunehmen. Leidenschaft für das, was man tut, ist nicht nur für kreative Aufgaben ein Muss – sie ist eine allgemeine Wettbewerbsnotwendigkeit.

Die Studie führte außerdem zu einem Durchbruch in unserer Denkweise mit Hinblick auf drei *einstellungs-* oder *mentalitätsbezogene* Gruppen. Die Antwortdaten dieser einstellungsbezogenen Schlüsselgruppe bot weitere Einsichten in unsere ursprünglichen Interviews. Sie zeigten nämlich, welche Verhaltenstendenz unterschiedliche Gruppen an Menschen aufweisen. Je nach ihrer Einstellung fühlen sich diese Gruppen von verschiedenen Erfolgsdimensionen angezogen. Sie werden nicht von ihrer Selbsteinschätzung definiert, sondern ihrer tatsächlichen Reaktion auf die Stimuli – was sie denken und wie sie Erfolg definieren. Das wird in Abschnitt III „Ausgewählte Schlüsselergebnisse: Mentalitätsgruppen – ein überraschender Durchbruch“ dargestellt.

Abschnitt I
Ausgewählte Schlüsselergebnisse: erfolgreiche Menschen

Die 35 Prozent der Befragten, die sich als *privat und beruflich erfolgreich* bezeichneten, äußerten mehrere sehr starke Überzeugungen darüber, was sie mit Erfolg assoziieren.

Die wichtigste Überzeugung dieser Gruppe besteht darin, Erfolg erfordere ein Bekenntnis und das Engagement dafür, Dinge umzusetzen. Etwas muss erschaffen werden, und dieses Etwas muss etwas *Besonderes* und *von dauerhaftem Wert* sein. Mit einem Kompromiss geben sie sich nicht zufrieden.

Erfolgreiche Menschen stimmen folgenden Aussagen stark zu:

- „Erfolg bedeutet, dass ich wirklich etwas bewegen und von nachhaltiger Dauer bewirken kann." (+14).

Die Wahrnehmung über den Zustand des Glücklichseins erhält im Vergleich mit den übrigen Messgrößen für Erfolg dagegen nur eine verhalten positive Bewertung.

- „Erfolg bedeutet, dass ich glücklich bin" wurde mit +6 bewertet.

Erfolgreiche Menschen definieren Erfolg eher nach persönlicher Erfüllung als nach Reichtum oder sozialer Anerkennung.

- „Erfolg heißt, dass ich ein persönlich erfülltes Leben führe" erreichte eine starke Bewertung von +13, während
- „Erfolg heißt, dass ich Ruhm, Geld und Macht erlange" in dieser Gruppe eine sehr negative Bewertung von -15 erzielte.

Dieser Glaube an Selbstverwirklichung wird von dem Glauben begleitet, dass man sich tunlichst auf sich selbst verlässt. Diese Menschen haben kein Interesse daran, sich von anderen sagen zu lassen, wie sie welches Ziel am besten erreichen. Sie tun die Dinge nicht nur „für sich selbst", sondern auch „auf ihre ganz persönliche Weise":

- „Um bei der Verfolgung meiner Ziele auf dem richtigen Kurs zu bleiben, verlasse ich mich am besten auf die Meinung anderer" wurde deutlich abgelehnt (-20).

Wenngleich diese Befragten stark auf ihre Ziele und die Art und Weise der Zielerreichung fokussiert sind, sind sie keine Einzelkämpfer. Ganz im Gegenteil, sie verstehen die Bedeutung guter Beziehungen:

- „Erfolg bedeutet, dass ich enge Beziehungen und Verbindungen zu anderen Menschen aufbaue“ erreichte eine Bewertung von +9.

Erfolgreich zu sein, heißt nicht, dass diese Menschen keine Niederlagen erlebt haben. Aber wenn sie Misserfolge erleben, nutzen sie sie als wichtiges Lerninstrument. So können sie ihre Chancen verbessern, in der Zukunft erfolgreich zu sein. Sie verwandeln ihre Wunden zu Weisheit:

- „Ich lerne mehr aus meinen Misserfolgen als aus meinen Erfolgen“ (+7).

Sie verstehen ihre einzigartigen Leidenschaften und weisen jeder die aus ihrer Sicht *richtige* Menge an Zeit zu (nicht die gleiche Menge und auch nicht ausgewogene Anteile, sondern die nach ihrer Präferenz ausgewählte Menge an Zeit):

- „Ausgewogenheit heißt für mich, dass ich die RICHTIGE Menge an Zeit auf meine Arbeit, meine Familie, persönliche Interessen und die Gemeinde verwende.“ (+10)
- „Ausgewogenheit heißt für mich, dass ich die GLEICHE Menge an Zeit auf meine Arbeit, meine Familie, persönliche Interessen und die Gemeinde verwende.“ (-6)

Die Befragten nehmen sich die Freiheit zu wählen, was ihnen wichtig ist und dann danach zu handeln:

- „Erfolg heißt, dass ich die Freiheit habe, das zu tun, was für mich eine Bedeutung hat.“ (+9)

Rückschläge veranlassen sie nicht dazu, das aufzugeben, was ihnen am wichtigsten ist:

- „Rückschläge veranlassen mich nicht dazu, meine Leidenschaften beziehungsweise mein Anliegen AUFZUGEBEN.“ (+7).

Sie lehnen die Idee ab, dass sie etwas, das ihnen wichtig ist, aufgeben müssen, um ein anderes Ziel zu erreichen; sie wollen beides. Wie wir in unseren Interviews erfahren haben, glauben dauerhaft erfolgreiche Menschen an die Genialität des UND statt an die Tyrannei des ODER:

- „Ich ziehe es vor, eine von zwei Alternativen zu verfolgen, statt zu versuchen, beide zum Erfolg zu bringen" kommt auf eine sehr negative Bewertung von -15.

Erfolgreiche Menschen verneinen weiterhin den Gedanken, alle ihre Karriereschritte seien von Anfang an geplant gewesen. Sie sind vielmehr darauf fokussiert, was in ihrem Leben bei jedem Schritt ihrer Reise wichtig ist und treffen ihre Entscheidungen über den nächsten Schritt entsprechend der Bedeutung, die dieser Schritt hat, und nicht entsprechend einem vorgefertigten Plan. Wie wir in unseren persönlichen Interviews feststellten, konzentrieren sie sich auf die Dinge, die ihnen wichtig sind; und dabei sind sie in der Lage, Vorteile aus den glücklichen Umständen zu ziehen, die sich ihnen unterwegs bieten, statt sich auf eine genaue Wegbeschreibung zu verlassen:

- „Meine Karriere ist einer präzisen Wegbeschreibung gefolgt, die ich selbst erstellt habe." (-16)
- „Ich wusste schon immer, was ich für den Rest meines Lebens tun wollte." (-10)

Dieses Set an Überzeugungen leitete die Handlungen der „S"-Gruppe. Die Untersuchung der Überzeugungen der Gruppe, die sich selbst als *beruflich und privat nicht erfolgreich* bezeichnete (31 Prozent der Befragten), weist jedoch eine Menge Übereinstimmungen auf. Daher stellt sich natürlich die Frage: Worin besteht der *Unterschied*? Auch wenn die „U"-Gruppe bedeutungsvolle Dinge tun will, misst die S-Gruppe dem eine höhere Dringlichkeit bei. Im Leben erfolgreicher Menschen ist das *die höchste Priorität*, wohingegen die Menschen, die sich als nicht erfolgreich empfinden, sagen, sie *würden gerne* etwas tun:

- „Die höchste Priorität in meinem Leben ist, bedeutungsvolle Dinge zu tun" wird von der S-Gruppe mit starken +14 bewertet gegenüber einer Bewertung von +3 der U-Gruppe.

Die S-Gruppe ist außerdem kompromisslos in ihrer Überzeugung, dass „Liebe" eine notwendige Voraussetzung für ihren Job ist, wohingegen die U-Gruppe dazu eine relativ neutrale Haltung hat:

- „Es ist für mich absolut notwendig, in einem Job zu arbeiten, den ich wirklich liebe" erzielt bei der S-Gruppe eine Bewertung von +7 und +1 bei der U-Gruppe.

Was ihre Überzeugungen über die Bedeutung angeht, aus Fehlern zu lernen und dann weiterzumachen, ist die S-Gruppe strikt gegen „Schuldzuweisungen", wohingegen uns die U-Gruppe sagt, sie hätten keine ausgeprägte Meinung zu diesem Thema, oder sie sind vielleicht Opfer von Schuldzuweisungen geworden und betrachten das deswegen als übliche Vorgehensweise!

- „Ich glaube, die meisten Menschen suchen nach einem Sündenbock, wenn etwas schief geht" erreichte -17 bei der S-Gruppe und -3 bei der U-Gruppe.

Menschen, die sich selbst für nicht erfolgreich halten, sind sich weniger sicher über ihre Arbeit und haben eher das Bedürfnis, bei allem, was sie tun, als gut zu gelten. Erfolgreiche Menschen fokussieren mehr auf das, was ihnen wichtig ist und kümmern sich weniger darum, wie gut sie in den Augen Dritter erscheinen:

- „Bei allem, was ich mache, versuche ich, darin gut zu sein" wird von der U-Gruppe mit +10 und von der S-Gruppe mit -2 bewertet.

Erfolgreiche Menschen sind nicht besessen von dem Gedanken, was andere über ihre Arbeit denken mögen. Wie sich in unseren Interviews herausstellte, ist es erfolgreichen Menschen wichtiger, zu *tun, was sie lieben* als *geliebt zu werden.* Sie behandeln ihre Leidenschaften nicht als triviales Streben oder Dinge von untergeordneter Bedeutung. Erfolgreiche Menschen konzentrieren sich darauf, in dem, was ihnen wichtig ist, gut zu sein und nicht in allem, was sich gerade ergibt.

Menschen, die sich selbst als nicht erfolgreich bezeichneten, suchen außerdem nach Akzeptanz (oder zumindest nach dem Gefühl der Akzeptanz) bei Menschen, die ihnen wichtig sind, während die S-Gruppe sich darüber weniger Sorgen zu machen scheint:

- „Menschen, die mir wichtig sind, unterstützen mich in der Verfolgung meiner Leidenschaften“ wird von der U-Gruppe mit +8 und von der S-Gruppe mit +/-0 bewertet.

Wie wir aus den Interviews erfuhren, neigen dauerhaft erfolgreiche Menschen dazu, bedeutende Dinge zu tun, weil sie ihnen wichtig sind, und zwar *trotz* und nicht wegen der Popularität oder des gesellschaftlichen Drucks.

Abschnitt II
Ausgewählte Schlüsselergebnisse: Beruflicher versus persönlicher Erfolg

Wir analysierten die Antworten auf alle 36 Erfolgsaspekte des Tests und verglichen die Angaben der *beruflich erfolgreichen* Menschen mit den Angaben derjenigen, die sich als *privat erfolgreich* bezeichnet hatten. Wir wollten herausfinden, ob sich die Wahrnehmung über „Erfolg“ dieser beiden Gruppen unterschieden, und wenn ja, auf welche Weise.

Die Ergebnisse der Befragung demonstrierten auf überwältigende Weise, dass beruflich erfolgreiche Menschen *die gleichen Überzeugungen* über die Faktoren haben, die zu ihrem Erfolg beitragen, wie die Menschen, die privat erfolgreich waren:

Die Angaben zu allen 36 Aspekten in dieser Umfrage wiesen keine signifikanten Unterschiede zwischen den Befragten auf, die sich als *beruflich erfolgreich* bezeichneten und denen, die sich als *privat erfolgreich* einstuften.

Alle Befragten glauben, dass die Faktoren, die bei jedem Vorhaben zum Erfolg beitragen, „universell" sind.

Abschnitt III
Ausgewählte Schlüsselergebnisse: Mentalitätsgruppen – ein überraschender Durchbruch

Mit Hilfe der IdeaMap-Technologie konnten wir die Daten auf zentrale Mentalitätsunterschiede unter den Befragten analysieren und dann in Gruppen unterteilen. Menschen derselben Mentalitätsgruppe „gleichen sich" bei der Überprüfung, welche unserer 36 spezifischen Faktoren der Motor für ihre Definition von Erfolg ist. *Bei der ersten Betrachtung der Mentalitätssegmentierung erkannten wir die Macht der Aussage, die dahinter steckt, noch nicht.* Ehrlich gesagt waren wir so fasziniert davon, dass eine so wenig verwandte und unabhängige Recherche – der *World Success Survey* – so viele andere Aspekte dessen bestätigte, was wir in unseren ursprünglichen Interviews erfahren hatten, dass uns diese weitere Dimension beinahe entgangen wäre. Wir waren uns nicht einmal sicher, ob wir sie überhaupt in die Diskussion einbringen sollten, aber Moskowitz bestand darauf, dass wir sie näher betrachten sollten, weil die Unterteilung nach inneren Einstellungen so überzeugend war und die statistischen Daten förmlich danach riefen, uns etwas Wichtiges über die spezifischen Mentalitäten dieser Umfrageteilnehmer zu verraten.

Dazu mussten wir die Entdeckungen dieser wissenschaftlichen Studie, die allein auf der Mathematik des IdeaMap-Algorithmus basierten, mit den tiefer gehenden und detaillierteren Erkenntnissen aus unseren ausführlichen persönlichen Interviews vergleichen. Der Algorithmus produzierte für jede Person in dieser Studie entsprechend ihren unterschiedlichen Reaktionsmustern auf die Stimuli ein Set an Ergebnissen. (Keinen zwei Befragten wurde im Verlauf der Studie eine identische Anordnung dieser

Erfolgsaspekte vorgelegt, weil jede Person ein nach dem Zufallsprinzip gemischtes Set an Elementen erhielt!) Menschen mit ähnlichen Mustern fielen in dieselbe Mentalitätsgruppe, unabhängig davon, wer sie waren und wie sie sich selbst beschrieben hatten. *Diese ausgefeilte statistische Analyse enthüllte drei charakteristische Mentalitäten, und zwar allein auf Basis der Reaktion der Befragten auf die Erfolgsmenüs.* Die Gruppen waren unterschiedlich, wie Sie später sehen werden. Irgendeiner Sache waren wir auf der Spur – aber welcher?

Bei eingehender Betrachtung hatte unsere Research Director Bonita Thompson, die über eine bemerkenswerte Fähigkeit zur Verbindung der verschiedenen Punkte zu einem Gesamtbild verfügt, eine Erleuchtung. Sie erkannte, dass diese Daten eine objektive Wiedergabe der drei Kreise *Bedeutung, Gedanken* und *Handlung* waren. Wir waren erstaunt über die unabhängige Bestätigung der IdeaMap-Umfrage, dass es in der Tat drei charakteristische einstellungsbezogene Aspekte des dauerhaften Erfolgs gibt – Bedeutung, Gedanken und Handlung. Darüber hinaus hatten die Umfragedaten ergeben, dass Menschen beachtliche einstellungsbezogene Präferenzen haben, ohne sich selbst darüber bewusst zu sein (uns war das zunächst auch nicht bewusst!). Selbstverständlich gibt es zwischen diesen Gruppen und der Definition von Erfolg Überschneidungen. Nur wenn es darauf ankommt, identifiziert jeder Befragte sich ein wenig mehr mit einer dieser drei Dimensionen. Diese drei Dimensionen sind folgende:

Bedeutung: Die Gruppe „wirklich etwas bewegen, nach Bedeutung streben“ (44 Prozent der Stichprobe)
DenkStil: Die Gruppe „verbringe meine Zeit mit meinen Leidenschaften“ (29 Prozent der Stichprobe)
AktionsStil: Die Gruppe „erreiche etwas und liebe meine Arbeit“ (27 Prozent der Stichprobe).

Es sollte erwähnt werden, dass es keine signifikanten demographischen Unterschiede in diesen Einstellungen gab. Die Antworten waren konsistent, unabhängig von Alter, Geschlecht und geographischer Herkunft.

Darüber hinaus war die Wahrscheinlichkeit, dass sich diese Gruppen als *erfolgreich* bezeichneten, über alle drei Gruppen sehr ähnlich, wie sich aus der folgenden Tabelle ablesen lässt.

	Gesamt-stichprobe	Bedeutung Gruppe 1		DenkStil Gruppe 2		AktionsStil Gruppe 3	
	Anzahl (N)	N	%	N	%	N	%
Gesamtstichprobe	365	160	44	105	29	99	27
Beruflich und privat erfolgreich	129	53	33	39	37	37	37
Beruflich erfolgreich, aber nicht privat erfolgreich	39	15	9	12	11	12	12
Privat erfolgreich, aber nicht beruflich erfolgreich	83	36	23	24	23	23	23
Weder beruflich noch privat erfolg-reich	114	56	35	30	29	27	27

Wie alle anderen Gruppen unserer Stichprobe, stimmten alle drei einstellungsbezogene Gruppen – Bedeutung, Gedanken, Handlung – darin überein, dass

- „Erfolg bedeutet, dass ich wirklich etwas bewegen und von nachhaltiger Dauer bewirken kann."

Und dass:

- „Erfolg (nicht) heißt, dass ich Ruhm, Geld oder Macht erlange."

Die drei Gruppen unterschieden sich aber sehr deutlich und teilweise sogar dramatisch in einigen anderen Überzeugungen.

Bedeutung

Die größte einstellungsbezogene Gruppe, in die 44 Prozent der Befragten fielen, ist *„wirklich etwas bewegen, nach Bedeutung streben"*. Diese auf Bedeutung ausgerichtete Gruppe weist eine etwas geringere Wahrscheinlichkeit auf, sich selbst als beruflich und privat erfolgreich zu bezeichnen, als die beiden anderen Gruppen. (Was die „Bedeutung" betrifft, ist es sehr schwer, jemals das Gefühl zu entwickeln, man habe etwas wirklich beendet oder sei zu jedem Zeitpunkt in allen Aspekten des Lebens und der Arbeit erfolgreich. Die zentrale Führungsaufgabe des Managements von Bedeutung ist nie erledigt, sagte Professor Warren Bennis, Gründer und Chairman des Leadership Institute der University of Southern California.)

Das zentrale charakteristische Merkmal dieser Gruppe ist ihr ausgeprägtes Bekenntnis zu dem Ziel, etwas zu bewegen/eine nachhaltige Wirkung zu erzielen. Dieses Bekenntnis ist stärker ausgeprägt als bei den beiden anderen Gruppen. Anders als die beiden anderen Gruppen empfindet es diese Gruppe jedoch als *notwendig*, dass alle Menschen in ihrem Leben und ihrer Arbeit dieselbe Auffassung über die Bedeutung teilen:

- „Mein Vorgesetzter unterstützt mich in dem, was ich für bedeutungsvoll und wichtig halte" erreicht in dieser Gruppe eine Bewertung von +9 gegenüber -7 der beiden anderen Gruppen (kombiniert).

Ein weiteres zentrales Merkmal dieser Gruppe ist ihr stärkeres Bekenntnis zu persönlicher Erfüllung:

- „Erfolg bedeutet, dass ich ein persönlich erfülltes Leben führe." (+12 versus +7 der anderen beiden Gruppen zusammengenommen)

DenkStil

Die zweite Gruppe wird als *Verbringe meine Zeit mit meinen Leidenschaften* bezeichnet und umfasst 29 Prozent aller Befragten. Die zentralen Merkmale sind ein starkes Interesse an der Erkenntnis ihrer wahren Leidenschaften und ein Verhalten, das den verschiedenen Passionen in angemessener Weise gerecht wird. Diese Gruppe erkennt ihre persönliche Einzigartigkeit und reagiert nicht auf die Erwartungen der Gesellschaft:

- „Ausgewogenheit heißt für mich, dass ich die RICHTIGE Menge an Zeit auf meine Arbeit, meine Familie, persönliche Interessen und die Gemeinde verwende." (überwältigende +21 versus +4 der beiden anderen Gruppen zusammengenommen)
- „Die Verfolgung vieler verschiedener Leidenschaften steigert meine Effektivität und Kreativität." (+12 versus +1 der beiden anderen Gruppen zusammengenommen)

Von Auseinandersetzungen profitieren

Die DenkStil-orientierte Gruppe, die fast ein Drittel der Stichprobe ausmacht, schätzt keine von ihrer eigenen Sichtweise abweichende Meinung, wohingegen die beiden anderen Gruppen (die verbleibenden zwei Drittel der Stichprobe) „von Auseinandersetzungen profitieren" und bereitwillig die unvermeidlich kreativen Argumente aufnehmen, die entstehen, wenn man etwas Bedeutungsvolles aufbauen will:

- „Es ist für mich überaus wichtig, andere Menschen zu Sichtweisen zu ermuntern, die von meiner eigenen abweichen." (Die DenkStil-orientierte Gruppe bewertete diese Aussage mit -8 gegenüber starken +12 der beiden anderen Gruppen zusammengenommen.)
- „Um das zu erreichen, was für mich eine Bedeutung hat, muss ich unter Umständen entgegen den Wünschen der Menschen handeln, die mir wichtig sind." (-11 versus +5 der beiden anderen Gruppen zusammengenommen)

Von Misserfolgen profitieren

Obwohl die Mitglieder der DenkStil-orientierten Gruppe keine abweichenden Meinungen schätzen, sind sie eher bereit, aus Misserfolgen zu lernen. Wie dauerhaft erfolgreiche Menschen in unseren Interviews beschrieben, versuchten sie, Nutzen aus den Misserfolgen zu ziehen:

- „Ich lerne mehr aus meinen Misserfolgen als aus meinen Erfolgen" (+10 versus +3 der beiden anderen Gruppen zusammengenommen). Die auf Bedeutung ausgerichtete Gruppe (die erste einstellungsbezogene Gruppe) bewertete diesen Satz mit +7, während die nachfolgend beschriebene dritte Gruppe AktionsStil-bezogen ist und den Nutzen, der sich aus Misserfolgen ziehen lässt, weniger enthusiastisch sieht (-3).

AktionsStil

Die dritte einstellungsbezogene Gruppe wird als *„erreiche etwas und liebe meine Arbeit"* definiert und macht 27 Prozent aller Befragten aus. Vor allem anderen will diese AktionsStil-orientierte Gruppe ihre Arbeit lieben:

- „Es ist für mich absolut notwendig, in einem Job zu arbeiten, den ich wirklich liebe." (+15 versus -2 der beiden anderen Gruppen zusammengenommen)

Und sie wollen in ihrem Job etwas leisten:

- „Egal, was andere Leute denken: Was mich am meisten motiviert, ist, in der Arbeit Überdurchschnittliches zu leisten" wurde hoch bewertet (+12 versus +1 der beiden anderen Gruppen zusammengenommen).

Darüber hinaus legt diese Gruppe großen Wert darauf, Dinge umzusetzen und zu erreichen und betrachtet das als Selbstzweck:

- „Manchmal bin ich enttäuscht, wenn ich ein Ziel erreiche und dann feststelle, dass es für mich eigentlich keine Bedeutung hat" wird von dieser Gruppe sehr niedrig bewertet (-21 versus -2 der beiden anderen Gruppen zusammengenommen).

Einklang zu erreichen ist überaus wichtig. Diese IdeaMap-Umfrage bestätigte, dass Menschen als Individuen stark zu einem der drei Kreise (Bedeutung, Gedanken, Handlung) neigen. Während sich viele von uns eifrig abmühen, eine „Ausgewogenheit" zu erreichen, wie sie die Gesellschaft definiert, wird aus dieser Studie und unseren Interviews deutlich, dass die wichtigste Ausgewogenheit, die wir suchen, wahrscheinlich eher der *Einklang* der drei Kreise ist – von dem, was uns wichtig ist (Bedeutung), wie wir über diese Dinge denken (Gedanken) und wie wir sie umsetzen (Handlung). Die Ausgewogenheit, nach der wir streben, besteht darin, das eigene persönlich definierte Portfolio an Leidenschaften herauszufinden, das für uns eine *Bedeutung* hat, das unsere kreativen *Gedanken* beflügelt und uns zur *Handlung* antreibt, mit der wir Dinge umsetzen.

Abschnitt IV
Ausgewählte Schlüsselergebnisse: demographische Kategorien

Insgesamt findet man in verschiedenen Altersgruppen und je nach Geschlecht bei den Menschen, die sich *beruflich und privat erfolgreich* fühlen, unterschiedliche Sichtweisen über Erfolg. Frauen tendieren eher dazu als Männer (40 Prozent versus 30 Prozent), sich als beruflich und privat erfolgreich zu bezeichnen. Wenn man die verschiedenen Altersgruppen betrachtet, steigt das Erfolgsgefühl mit zunehmendem Alter – 59 Prozent der Befragten im Alter von 55+ gegenüber 20 Prozent der Befragten unter 45 Jahren fühlten sich auf beiden Gebieten erfolgreich.

Männer und Frauen stimmten darin überein, dass die Aussage „Erfolg bedeutet, dass ich wirklich etwas bewegen und von nachhaltiger Dauer bewirken kann" der wichtigste Aspekt für dauerhaften Erfolg ist (+12 bzw. +16).

Männer tendieren jedoch auch dazu, Erfolg unabhängig von der Meinung Dritter damit zu assoziieren, „in der Arbeit Überdurchschnittliches zu leisten“:

- „Egal, was andere Leute denken: Was mich am meisten motiviert, ist, in der Arbeit Überdurchschnittliches zu leisten.“ (+6 versus -1 bei Frauen)

Frauen neigen eher dazu, persönlichen Beziehungen und dem Glücksempfinden eine hohe Bedeutung einzuräumen:

- „Erfolg bedeutet, dass ich enge Beziehungen und Verbindungen zu anderen Menschen aufbaue.“ (+11 versus +3 bei Männern)
- „Erfolg bedeutet, dass ich glücklich bin.“ (+9 versus +1 bei Männern)

Alle Altersgruppen waren sich darüber einig, dass der Kernaspekt von Erfolg lautet: „Erfolg bedeutet, dass ich wirklich etwas bewegen und von nachhaltiger Dauer bewirken kann“, und sie zeigten auch bei einer großen Bandbreite von Erfolgsaspekten eine große Übereinstimmung. Was diesen Wunsch betrifft, zeigten die älteren Teilnehmer der Umfrage (55+) jedoch eine stärkere Leidenschaft als alle anderen:

- „Die höchste Priorität in meinem Leben ist, bedeutungsvolle Dinge zu tun.“ (+14 versus +8 bei allen anderen Umfrageteilnehmern)
- „Ich leide, wenn ich nichts Bedeutungsvolles tun kann.“ (+9 versus +1 bei allen anderen Umfrageteilnehmern)

Um irgendeine Schlussfolgerung aus länderspezifischen Unterschieden zu ziehen, hätten wir die Stichprobe in so kleine Gruppen unterteilen müssen, dass sie nicht mehr zuverlässig gewesen wären. Wir entdeckten jedoch so viele regionsspezifische Abweichungen, dass wir uns sicher sind, dass man hier mit weiteren Recherchen sehr wertvolle Erkenntnisse gewinnen könnte. Eine weitere Umfrage nach Ländern würde sich daher lohnen.

Diese Recherchen identifizierten eine globale Sicht über „dauerhaften Erfolg“ mit Hinblick auf die Dinge, die zu Erfolg beitragen und was dieser für Menschen bedeutet. Die traditionelle Definition von Erfolg wurde sowohl in dieser Studie als auch in unseren persönlichen Interviews gänzlich abgelehnt. Es ist erstaunlich, dass die Gesellschaft die überkommene Definition nach wie vor toleriert. Es ist ganz offensichtlich an der Zeit, die Bedeutung von Erfolg, wie sie in Lexika – wenn nicht in der Gesellschaft als Ganzes – definiert ist, zu überarbeiten. Bitte teilen Sie uns und auch den Herausgebern von Wörterbüchern und Lexika Ihre Definition von Erfolg mit. Sie erreichen uns unter www.SuccessBuiltToLast.com.

Nachweis 1
Die persönlichen Interviews und andere Datenanalyse
Schritt 1: Explorative Untersuchung

Seit Beginn unserer Reise ist uns aufgefallen, wie wenig fest etablierte, deutlich erkennbare oder andauernde Untersuchungen es über die Bedeutung von Erfolg und Führerschaft gibt. Wir haben weder eine große internationale Kampagne ausmachen können, die darauf abzielt, Wörterbuchproduzenten davon zu überzeugen, die Definition des Begriffs Erfolg zu verändern oder zu erweitern, noch eine umfangreiche Initiative, die nach bedeutungsvolleren und produktiveren Alternativen suchen würde, mit denen Organisationen, Geschäftsleuten, Partnern, Eltern, Leitern von Gemeinden oder der Gesellschaft als Ganzes gedient wäre. Wir haben die Hoffnung und Absicht, dass mit der internationalen Verbreitung dieses Buches die Bemühungen um eine bessere Definition von Erfolg rasant zunehmen werden.

In der Tat haben wir bei unseren Live-Präsentationen festgestellt, dass die kombinierten Themen Erfolg und Bedeutung zu hitzigen Debatten führen, da Menschen versuchen, vorgefasste oder idealisierte Wahrnehmungen (oder persönliche Dämonen) über das, was ihnen wichtig ist (als Individuen und ihre Organisationen) und was Erfolg *wirklich* bedeutet, rational zu begründen.

Unsere eigene Leidenschaft spiegelte sich auch in einer beachtlichen Unterstützung unseres explorativen Ansatzes zu der erlesenen Sammlung an Interviews, die wir im Verlauf unserer Recherchen geführt haben. Die Menschen sind nicht nur darauf erpicht, diese Gespräche zu führen, sie sind vor allem begeistert (oder erleichtert) über unseren nichttraditionellen Ansatz zum Thema Erfolg. Als wir uns das erste Mal an den inzwischen verstorbenen Peter Drucker wandten und ihn um ein Interview für dieses Projekt baten, teilten wir mit ihm unser Interesse mit, zusätzlich zu den persönlichen Interviews eine Studie über Führung durchzuführen. Er warnte uns, dass „all das schon gemacht wurde". Er stand nicht allein mit seiner Ermunterung, von den pedantischen Methoden abzuweichen – zumindest zu Beginn dieser Reise –, um a) uns stärker darauf zu konzentrieren, wie Führungspersönlichkeiten über Erfolg und nicht nur über Führung selbst denken, und b) diese Übung als offene, explorative Interviews zu führen, anstatt eine standardisierte Form vorzugeben.

Alle drei Autoren sind seit Jahrzehnten im Coaching und in der Beratung von Führungspersönlichkeiten tätig. Die Interviews, auf denen dieses Buch basiert, wurden vor zehn Jahren aus dem praktischen Geschäftsinteresse angeregt, die nicht-theoretischen Einsichten und Praktiken über und zu Erfolg und Führung sowohl für Individuen als auch für Organisationen einzufangen. Wir glauben, dass reale Interviews mit realen Menschen kraftvollere Auslöser für wertvolle Diskussionen sind, und zwar in den vielfältigsten Umgebungen, in denen jeder der Co-Autoren tätig gewesen ist, gleichermaßen: Trainingsprogramme für Topmanager, Consulting, Vortragsunterricht, Publikationen, öffentliche Fernseh- und Rundfunkprogramme und sonstige Gelegenheiten.

Im Verlauf der Jahre haben wir einen opportunistischen Ansatz gewählt, um ungefilterte, unstrukturierte Vier-Augen-Gespräche mit intellektuellen Führern aus Dutzenden von Branchen, Berufen und gemeinnützigen Organisationen auf der ganzen Welt zu führen. Wie in der Einführung erwähnt, glauben wir, dass dieser Ansatz zu einer neuen, frischen Perspektive und der Chance geführt hat, Wissensgebiete und Perspektiven zu erforschen, die sich einem nicht instinktiv aufdrängen und die wir wahrscheinlich nicht entdeckt hätten, wenn wir traditionelle Hypothesen aufgestellt hätten.

Zwar hatten die Interviews nicht als wissenschaftliches Experiment begonnen, aber wir sichteten die Daten in einem wohl durchdachten vierstufigen Prozess – weniger mit dem Ziel, eine feste Regel zu finden, als vielmehr provokative und nützliche Ideen zu entdecken, über die der Leser nachdenken könnte. Der erste Schritt bestand darin, die Erschaffer in der Umgebung zu treffen, in der sie sich normalerweise bewegen, und nicht in einem künstlichen Arrangement. Wir haben uns mit ihnen in ihren Büros, ihren privaten Räumen oder sogar während ihrer Reisen in Hotelzimmern und Konferenzräumen zusammengesetzt. Jedes Interview begann mit einer offenen Frage, wie zum Beispiel „Wie definieren Sie Erfolg?“ oder „Hatten Sie einen Plan beziehungsweise wussten Sie schon vor Jahrzehnten, wo Sie heute sein würden?“ Anstatt nach einer bestimmten Antwort auf Basis einer vorgefertigten Liste an Fragen zu suchen, hakten wir mit Anschlussfragen nach, um die Bedeutung der Antwort auf die erste Frage tiefer zu erforschen und besser zu verstehen. Anschließend sichteten und überprüften wir die Interviews nach organisatorischen Themencodes.

Schritt 2: Content-Analyse – organisatorische Themencodes (OTC)

Wir identifizierten Themengebiete – oder organisatorische Themencodes – die die breite Landschaft der in den Interviews diskutierten Themen abdeckten. Je nach Datenorientierung hätten wir leicht mehr als 100 Kategorien definieren oder uns für weniger OTCs entscheiden können. In der abschließenden Analyse ließen wir bewusst undurchsichtige und technische OTCs aus, die eine komplexe Beschreibung erfordert hätten, und beschlossen, uns lieber auf 21 pragmatische, leicht zu verstehende Themen und ihre Subkategorien zu konzentrieren, die oft in Diskussionen mit Managementteams entstehen, so wie Führung, Erfolg, Risikobereitschaft, Misserfolg und Globalisierung. Anschließend filterten wir den Inhalt unserer Interviews auf Basis der definierten OTCs.

Die Codierung des Dialogs anhand dieser OTCs generierte weitaus mehr Ideen, als wir in einem Buch abdecken konnten, von dem wir hofften, es unter 300 Seiten halten zu können. Für das endgültige Manuskript analysierten wir die Antworten, die für die Mehrheit der Befragten Konsistenz zu haben schienen und die (unserem) instinktiven Verständnis zuwiderliefen. Sie werden feststellen, dass viele dieser Einsichten bereits in der zuvor besprochenen IdeaMap-Umfrage getestet wurden. Wir hoffen, für zukünftige Studien, Bücher und Artikel auf zahlreiche dieser OTCs zurückgreifen und sie nutzen zu können. Die folgenden OTCs wurden im Rahmen des Interviewprozesses verwendet:

- **Führung** – Perspektiven, Rollen, Bedeutung
- **Risiko** – Risikobereitschaft, Risikomanagement
- **Misserfolg** – von Misserfolgen profitieren, Durchhaltevermögen, Häufigkeit
- **Schmerz** – Kummer, Mangel an Fairness, Schmerzen nutzen, Schmerzen managen
- **Selbstvertrauen** – die Rolle des Selbstvertrauens, der Selbstachtung
- **Fokus** – Klarheit, loslassen, Zeit-/Ressourcenmanagement, Zielauswahl, Beharrlichkeit
- **Messbarkeit** – Fähigkeit zur Zielmessung (große und kleine Ziele)
- **Vertrauen** – Respekt, zuhören, Vertrauen bilden, Bedeutung des Vertrauens
- **Werte** – die Rolle der Kernwerte
- **Veränderung** – Management von Veränderung, anderen durch Veränderungen helfen
- **Wachstum** – zu Wachstum anspornen, Wachstum managen, die Notwendigkeit zu wachsen
- **Exzellenz/Bester sein** – sein Bestes geben, Qualität des Produkts
- **Innovation** – Kreativität, wie man zu Innovation anspornt, Ressourcen für Innovation bereitstellen, das Paradox des Misserfolgs als notwendige Voraussetzung für Innovation
- **Kultur** – Organisationskultur, Schaffung einer Kultur, die auf ein Ziel, eine Idee oder Leidenschaft ausgerichtet ist
- **Global/Umgebung** – Globalisierung, Diversität an Ideen, die Umgebung setzt sich immer durch

- **Stakeholder** – die Beziehung zu Kunden, Shareholdern, Zulieferern und Standortgemeinden und ihre jeweilige Rolle
- **Neue Vorhaben** – die speziellen Bedürfnisse neuer Vorhaben, Services oder Ideen
- **Teams** – Menschen steuern, sich selbst steuern sowie die folgenden Subkategorien:
  - **Autorität** – Macht abgeben, andere zur Verantwortung ziehen, Teammitgliedern Ressourcen an die Hand geben, durch andere managen
  - **Fähigkeiten** – andere Führer heranziehen, Schulung, Teambildung, Mentoring
  - **Belohnung/Anerkennung/Anreize/Dankbarkeit** – Belohnungen nutzen, um Ziele zu fokussieren und um Ziele zu kommunizieren
  - **Einheitliche Ausrichtung/Alignment** – Ziele/Überzeugung
  - **Anreize** – finanzielle Honorierung guter Leistung und Konsequenzen für schlechte Leistung
  - **Standpunkt** – das Ziel und seine Bedeutung an das Team kommunizieren, Beharrlichkeit
  - **Auseinandersetzung** – zu Auseinandersetzung anspornen, sie steuern
- **Angst** – Angst managen, anderen dabei helfen, ihre Angst zu managen
- **Vorbereitung** – die Bedeutung, die es hat, seine Hausaufgaben zu machen, und was zur Planung und Vorbereitung gehört
- **Leidenschaften** – die Rolle der Leidenschaften, seine Arbeit und sein Leben lieben (oder auch nicht)

Zwar hielten wir in den Interviews Ausschau nach Mustern, die in eines dieser OTCs passten, aber wir ließen uns nicht dazu verleiten, einfach zu zählen, wie oft unser jeweiliger Gesprächspartner eines dieser Themen nannte. Zum Beispiel achteten wir nicht einfach nur darauf, wie oft das Wort „Angst" fiel, um Aussagen herauszufiltern, die in diesen Bereich passten, sondern wir achteten auf das gesamte Gespräch, um bestimmen zu können, welchem Bereich diese Idee zugeordnet werden sollte. (Wir haben festgestellt, dass Führungspersönlichkeiten oft Angst empfinden, aber dieses Wort selten verwenden – vor allem Männer!)

Wenn einer unserer Gesprächspartner 23 Mal „Vorbereitung“ sagte oder dieses Wort dreimal so oft nannte wie andere OTCs, dann könnte man die voreilige Schlussfolgerung ziehen, diese Person sei immer vorbereitet oder habe stets alles im Voraus geplant. Dann wissen wir aber noch nichts über die Rolle der Vorbereitung in der Organisation oder ihre relative Effektivität in der Organisationsstrategie. Wir wissen auch nicht, ob sich ein bestimmter Begriff in ein tatsächliches Verhalten übersetzt. In dem lobenswerten Versuch, eine Methode zur Kodifizierung des Wortes „Vorbereitung“ zu finden, könnten Ihnen der Kontext oder der Gedanke, den Ihr Gesprächspartner auszudrücken versuchte, entgehen. Sie könnten sogar annehmen – wie es vielen Autoren passiert ist –, dauerhaft erfolgreiche Menschen verfügten über eine genaue Wegbeschreibung, die sie vorab entwickelt hätten, oder sie folgten irgendwelchen Plänen, um zu einem vorab festgelegten Lebensziel zu gelangen. *Tatsächlich sagten Erschaffer fast nie, sie hätten sich zu Beginn ihrer Karriere vorstellen können, wo sie heute stehen.* Für sie bedeutete Vorbereitung, „tief einzutauchen“ in ihr Interessengebiet oder ihre unmittelbare Aufgabe, die sie zu diesem Zeitpunkt ihres Lebens als bedeutungsvoll empfanden. Ihre Werdegang war eine Reise der glücklichen Zufälle, auf der das Glück jene begünstigte, die vorbereitet waren.

Wenn eine Führungspersönlichkeit häufig die Worte „Liebe“ und „Leidenschaft“ verwendet (und das taten sie in unseren Interviews), dann beschränkten wir uns nicht darauf, die Zahl der Wiederholungen zu zählen, sondern wir versuchten, mit Fragen mehr darüber hinauszufinden, was diese Worte für unseren jeweiligen Gesprächspartner bedeuteten – etwas, das sich bei einer reinen Umfrage nicht machen lässt. Indem wir den Kontext anhörten, wurde klarer, dass Führungspersönlichkeiten nicht die Liebe im Allgemeinen predigten. Zwar drückten viele ihre Zuneigung und Anerkennung für Teamkollegen, Mitarbeiter und Kunden aus, aber sie wiesen in unseren Gesprächen auch noch auf einen anderen Punkt hin. Sie betonten, dass *man seine Arbeit lieben muss, sonst wird man von jemand anderem übertrumpft, der seine Arbeit liebt.* Hätten wir uns darauf beschränkt zu zählen, wie oft ein Wort innerhalb eines Interviews fiel, wäre uns zum Beispiel auch eine der größten und scheinbar widersprüchlichsten Erkenntnisse vollkommen entgangen, nämlich dass man von Auseinandersetzungen profitieren kann. Das Wort selbst wurde in unseren Diskussionen selten benutzt, allerdings sprachen Erschaffer unaufhörlich über ihre Beziehung zu ihren „Teams“, als spielten sie mit ihrem bevorzugten Eishockeyteam. Was an dieser Interviewmethode wirklich vorteilhaft war, war die Tatsache, dass sie Raum und Geduld dafür bot, den Erschaffern und der Bedeutung zuzuhören, die *sie* – und eben nicht wir – Auseinandersetzungen gaben. Wenn wir der Beschreibung von *Bedeutung* zuhören, statt eine vorgefasste Beschreibung im Kopf zu haben, entsteht ein anderes Bild der Realität, und es kommen einige bemerkenswerte Erkenntnisse zutage. In der Tat war es überraschend, zu hören, mit welcher Begeisterung in der Stimme Führungspersönlichkeiten immer wieder beschrieben, wie sehr sie sich darauf freuten, Zeit mit ihren Kollegen zu verbringen. Dabei freuten sie sich nicht nur auf die freundliche Zusammenarbeit und Gesellschaft, sondern vor allem auf Sitzungen, die derart kreativ, produktiv und von konstruktiven Auseinandersetzungen geprägt waren, dass viele Erschaffer sagten, sie würden nur ungern Außenstehende dabei haben wollen.

Eine schriftliche Selbsteinschätzung oder Umfrage hat ihren eigenen Wert (wie wir in unserer Erfolgsstudie bestätigen konnten), aber es gibt nichts, das mit der Erfahrung eines persönlichen Treffens und eines persönlichen Gesprächs vergleichbar wäre. Wir hatten das große Glück, die interviewten Erschaffer persönlich kennen zu lernen. Zwar mögen manche Menschen versuchen, einen in die Irre zu führen, aber in einem solchen Gespräch hat man die Chance, auf den Kontext zu hören, den Kontext zu beobachten und auf Verhaltensbeispiele und die Worte des Gesprächspartners zu achten, um schließlich eine Idee zum richtigen OTC zuordnen zu können.

Schritt 3: Einstellungsbezogener Standpunkt – Archetyp der Positionsaussage/Identitätsschilderung

Der nächste Schritt bestand darin, unsere Daten und kontextuellen Beobachtungen daraufhin zu analysieren, ob wir allgemeine

Aussagen treffen konnten, um sie als Elemente der Umfrage zu verwenden. In anderen Worten: ob es während der Interviews Schlüsseleigenschaften und Schilderungen gab, die ein archetypischer dauerhaft erfolgreicher Mensch von einem einstellungsbezogenen Standpunkt aus über sich selbst äußern (oder auch nicht äußern) würde.

Hier sind fünf frühe Beispiele an Schilderungen aus Interviews, die später Teil der globalen Studie wurden. Wir überprüften Dutzende an Aussagen wie diese in jedem OTC, aus denen anschließend die 36 Aspekte formuliert wurden, die schließlich den *World Success Survey* bildeten.

a. Ich lasse nicht zu, dass die Bedeutung der Sache oder des Ziels, das ich verfolge, meinen (negativen) Gefühlen oder Rückschlägen zum Opfer fällt.
b. Ich verwende meine Fehler oder Schwächen nicht als Grund, um meiner Fähigkeit zu misstrauen. Ich denke oft, dass ich genauso viel aus meinen Misserfolgen lerne wie aus meinen Erfolgen.
c. Oft umfassen die besten Entscheidungen, die ich treffe, alle Optionen. Das Leben ist selten eine Entweder-oder-Angelegenheit.
d. Ich lasse mich nicht von der Meinung anderer über das, was ich tue, von dem abhalten, was ich tun muss.
e. Ich hätte mir vor 20 oder 30 Jahren nie vorstellen können, wo ich heute sein würde. Ich habe mir mein Glück dadurch verdient, dass ich liebe, was ich tue, und sicherstelle, dass ich alles über mein Gebiet weiß, was es zu wissen gibt. Ich höre nie auf, weiterzulernen – ich kann nicht aufhören und ich werde nicht aufhören; es ist das, was ich bin. Wenn ich Zweifel habe, tauche ich noch tiefer ein und lerne noch mehr.

Schritt 4: Der World Success Survey

Der letzte Schritt in diesem Prozess war der Entwurf der zweiten Studie für dieses Buch – ein psychographischer statistischer Blick auf die Themen, die in unseren persönlichen Interviews aufkamen.

Wie zuvor beschrieben, unternahm unser Team eine zusätzliche Rechercherunde in Zusammenarbeit mit Pearson/Prentice Hall, Professor Jerry Wind von The Wharton School an der University of Pennsylvania und der Sparte i-Novation von Moskowitz Jacobs, Inc. (Chuck Loesch, Director of Marketing Research for FiSite Research, unterstützte die Entwicklung dieser Recherchen ebenfalls.)

Das theoretische Fundament der Arbeit von Moskowitz Jacobs, Inc. sind das experimentelle (statistische) Design und mathematische Modelle. Die Technologie und Software sind proprietäre Instrumente und basieren auf der Arbeit von Dr. Howard Moskowitz, einem führenden Wissenschaftler auf diesem Gebiet. Dr. Moskowitz hat an der Harvard Universität in experimenteller Psychologie (sowie im Aufbau statistischer Experimente und Psychophysik) promoviert und 14 Bücher sowie mehr als 300 wissenschaftliche Abhandlungen über seine innovative Arbeit veröffentlicht, um zu beschreiben, was er als „Algebra des menschlichen Gehirns" bezeichnet – von Konsumproduktinnovation und Lebensmittelforschung, bis zu gesellschaftlichen Themen, Gesundheit, dem Aktienmarkt und Präsidentschaftswahlen. Moskowitz und ein Team an Forschern arbeitete mit uns an der Entwicklung, Umsetzung und Evaluierung unseres *World Success Survey* unter Verwendung der IdeaMap-Technologie, einer Conjoint-basierten Computertechnologie zur Konzeptentwicklung, die bereits beschrieben wurde.

Nachweis 2

Und hier die Einladung zur Teilnahme am *World Success Survey*, die im Newsletter von Knowledge@Wharton erschien:

> **Führung und Veränderung**
> **Wie erfolgreiche Menschen erfolgreich bleiben**
> Als James C. Collins und Jerry I. Porras ihr 1994 erschienenes und weithin bekanntes Buch *Built to Last: Successful Habits of Visionary Companies* schrieben, begannen sie mit der Klarstellung, dass sie nicht vorhatten, über visionäre Führungsper-

sönlichkeiten zu schreiben. Ihr Ziel bestand darin, visionäre Unternehmen aufzuspüren – die Kronjuwelen ihrer jeweiligen Branche – und herauszufinden, was sie zu so außergewöhnlichen Organisationen machte. Dann erhob sich die Frage, bis zu welchem Grad die Prinzipien, die in *Built to Last* festgehalten sind, sich auf Menschen anwenden lassen. Das löste weitere Untersuchungen aus, die nun zu einem zweiten Buch geführt haben, nämlich *Success Built to Last*, das noch in diesem Jahr bei Wharton School Publishing erscheinen wird. Mark Thompson und Stewart Emery, Porras' Co-Autoren des Werkes *Built to Last*, sprachen mit Knowledge@Wharton über ihr neues Buch. Außerdem führen die Autoren eine globale Studie zu dem Thema durch, wie Menschen über Erfolg denken. Einen Link zu dieser Studie finden Sie am Ende dieses Artikels.
http://knowledge.wharton.upenn.edu/article/1451.cfm

Nachweis 3

Und hier die kurzen Instruktionen zur Teilnahme an der Umfrage, die auf dem Bildschirm erschien, nachdem die Interessenten den angegebenen Link angeklickt hatten:

> In diesem Abschnitt haben wir einen einfachen ‚Test' konstruiert .... ein echtes MENÜ für Erfolg.
> Bitte lesen Sie jedes Menü auf dem Bildschirm. Es beschreibt eine Reihe von Aspekten eines erfolgreichen Menschen. Nun ... was denken Sie über diese Aussage, die ein Menü für ‚dauerhaften Erfolg' beschreibt. Einige Punkte werden eine ‚fast perfekte' Definition von Erfolg wiedergeben, und andere werden ‚weit daneben' liegen.
> Diese Umfrage bietet Ihnen die Chance, dazu beizutragen, die Bedeutung von langfristigem Erfolg neu zu definieren und auf der ganzen Welt einen produktiven Dialog über Erfolg auszulösen.
>
> Auf den folgenden Seiten werden Sie pro Seite ein Erfolgsmenü sehen. Bitte lesen Sie jedes einzelne als in sich abgeschlossene

Idee, und bewerten Sie diese unter Verwendung einer Skala von 1 bis 9:

Wie gut beschreibt dieses Menü Ihre Sicht über dauerhaften Erfolg?
1 = sehr schlecht ... 9 = sehr gut

Als Dankeschön für ihre Teilnahme werden 50 Teilnehmer nach dem Zufallsprinzip ausgewählt, die ein GRATISEXEMPLAR DES BUCHES *Success Built to Last: Creating a Life That Matters* erhalten.
Außerdem werden wir **jedem Teilnehmer die Ergebnisse dieses *World Success Survey* zusenden, bevor sie an die Medien gehen, zusammen mit einem Link zum kostenlosen Download des ersten Kapitels des Buches sowie einem Rabattgutschein über 50 Prozent auf den Ladenpreis bei Erwerb des Buches im Buchhandel.**

Am Ende der Umfrage finden Sie einige weitere ‚Klassifizierungsfragen', und anschließend können Sie **Ihre Sicht** über dauerhaften Erfolg im Vergleich zu den Sichtweisen anderer Umfrageteilnehmer sehen.
Die Teilnahme am *World Success Survey* dauert ca. 15 Minuten. Bitte klicken Sie auf ‚Weiter', um mit der Umfrage zu beginnen. Beantworten Sie alle Fragen spontan aus dem Bauch heraus.

Vielen Dank!

Nachweis 4

Hier ein Textbeispiel über ein „Erfolgsmenü" einer Seite:

MOTTO ... Erfolg heißt, dass ich Ruhm, Geld und Macht erlange.

WIDRIGKEIT ... Ich glaube, die meisten Menschen suchen nach einem Sündenbock, wenn etwas schief geht.

KARRIERE … Egal, was andere Leute denken: Was mich am meisten motiviert, ist, in der Arbeit Überdurchschnittliches zu leisten.

WERTE … Die höchste Priorität in meinem Leben ist, bedeutungsvolle Dinge zu tun.

Wie gut beschreibt dieses Menü Ihre Sicht über dauerhaften Erfolg?									
1	2	3	4	5	6	7	8	9	1 = sehr schlecht … 9 = sehr gut

Nachweis 5

Das Regressionsmodell

Für alle, die sich gerne mit Statistiken beschäftigen: Unsere Methode ist simpel. Wir beginnen bei jedem Teilnehmer mit der Kombination von Aussagen (Input 1), das heißt, den Menüs. Der Teilnehmer gibt Bewertungen ab (Input 2). Wir verwenden eine einfache statistische Methode (Regression), um herauszufinden, wie jede einzelne Idee die Antwort auf das gesamte Erfolgsmenü steuert.

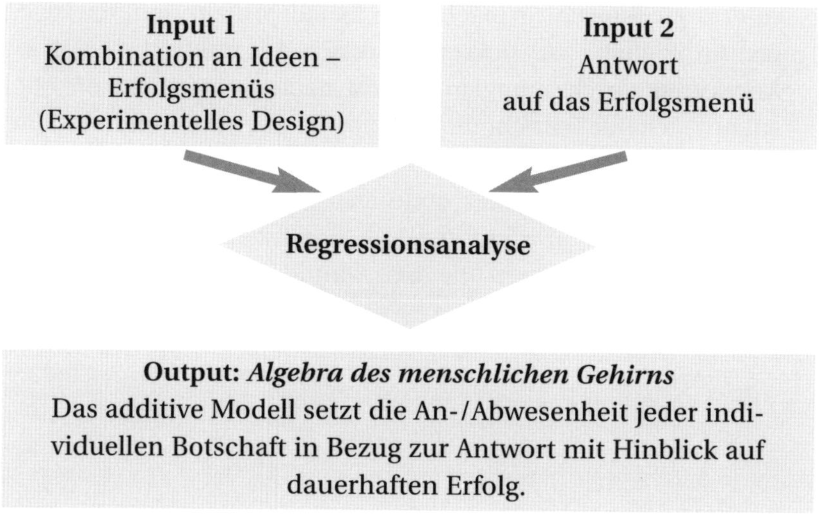

Das **additive** Modell für DAUERHAFTEN ERFOLG besteht aus drei Komponenten:

- **Impact Scores des Elements** – Sie zeigen den Beitrag (bedingte Wahrscheinlichkeit) des Elements auf den übergeordneten ‚dauerhaften Erfolg' an.
  Positive Werte weisen darauf hin, dass das Element die Wahrscheinlichkeit der Wahrnehmung von Erfolg *steigert.*
  Ergebnisse, die ***nahe Null*** liegen, weisen darauf hin, dass das Element nicht zu Erfolg beiträgt.
  Negative Werte weisen darauf hin, dass das Element Erfolg *beeinträchtigt.*
- **Additive Konstante** – Sie zeigt die Zahl der Befragten (in Prozent) an, die sich als erfolgreich empfinden, auch ohne ein bestimmtes Element oder eine Idee aus dem Erfolgsmenü.

Auf diese Weise entstanden Gruppen von Menschen mit ähnlicher Einstellung und ähnlichen Mustern hinsichtlich der Menüelemente, von denen sie meinen, dass sie dauerhaften Erfolg beschreiben. Dies ist die einstellungsbezogene Unterteilung, die wir so informativ fanden.

- **Keine Tricksereien!** Da das IdeaMap-System mit Menüs arbeitet, die sich während der Teilnahme an der Umfrage von Bildschirm zu Bildschirm nach dem Zufallsprinzip ändern, ist es fast unmöglich, „zu tricksen" und sich mit politisch korrekten Antworten durchzumogeln. Schon nach wenigen Seiten entspannt sich der Teilnehmer und gibt eine schnelle und ehrliche „Bauchantwort". Die Antworten erfolgen blitzschnell, da der Teilnehmer wie bei jeder anderen Computertätigkeit reagiert und schon bald die automatisch entstehende innere Verteidigungshaltung ablegt, die bei Standardumfragen so oft zu Verzerrungen führt.

Nachweis 6

Einflussgrößen für den World Success Survey

Die Regressionsanalyse (siehe Nachweis 5), die die Bewertungen in Bezug zu den Teststimuli (unsere „Erfolgsmenüs") setzt, zeigt den (positiven oder negativen) Beitrag jedes einzelnen Erfolgsaspekts unserer Umfrage. Auf Basis dieser Ergebnisse wurde der absolute Einfluss eines jeden Aspekts bestimmt sowie mit anderen Aspekten verglichen. Das Resultat ist ein breites Spektrum an Bewertungen über die gesamte Bandbreite an Erfolgsaspekten. Aus der nachfolgenden Tabelle können Sie ersehen, dass wir die Antworten nach den drei einstellungsbezogenen Gruppen angeordnet haben, wobei die Bewertungen von sehr hohen +21 Punkten reichen – die auf einen ausgeprägt positiven Erfolgsbezug hinweisen – bis zu sehr niedrigen -28 Punkten – die auf einen ausgeprägt negativen Erfolgsbezug hinweisen. (Unserer Erfahrung nach weisen bei dieser Studie Ergebnisse von +6 und höher und -6 und niedriger auf wichtige und bemerkenswerte Ergebnisse hin.) Ein derart breit gefächertes Spektrum an Ergebnissen unterstreicht die starken Überzeugungen, die die Befragten äußerten, und erlaubt uns eine eindeutige Interpretation dieser Gefühle. Als Beispiel für die Ergebnisse haben wir nachfolgend einen breiten Vergleich der Unterschiede zwischen den drei einstellungsbezogenen Gruppen abgebildet. Dies ist nur eine von vielen Methoden, um diese faszinierenden Daten aufzuschlüsseln.

	Bedeutung – Gruppe 1	DenkStil – Gruppe 2	AktionsStil – Gruppe 3
Gesamtstichprobe	160	105	99
Konstante	36	40	41
MOTTO … Erfolg bedeutet, dass ich wirklich etwas bewegen und von nachhaltiger Dauer bewirken kann.	17	8	12
WERTE … Die höchste Priorität in meinem Leben ist, bedeutungsvolle Dinge zu tun.	9	12	6
MOTTO … Erfolg bedeutet, dass ich ein persönlich erfülltes Leben führe.	12	7	6
AUSGEWOGENHEIT … Ausgewogenheit heißt für mich, dass ich die RICHTIGE Menge an Zeit auf meine Arbeit, meine Familie, persönliche Interessen und die Gemeinde verwende.	4	21	3
MOTTO … Erfolg heißt, dass ich die Freiheit habe, das zu tun, was für mich eine Bedeutung hat.	9	8	2
MOTTO … Erfolg bedeutet, dass ich enge Beziehungen und Verbindungen zu anderen Menschen aufbaue.	6	7	3
WIDRIGKEIT … Ich lerne mehr aus meinen Misserfolgen als aus meinen Erfolgen.	7	10	-3
WIDRIGKEIT … Rückschläge veranlassen mich nicht dazu, meine Leidenschaften beziehungsweise mein Anliegen AUFZUGEBEN	10	5	2
KARRIERE … Es ist für mich absolut notwendig, in einem Job zu arbeiten, den ich wirklich liebe.	-2	-1	15
MOTTO … Erfolg bedeutet, dass ich glücklich bin.	3	1	8
FÜHRUNG … Erfolg ist das Ergebnis davon, dass ich mir sowohl in meiner beruflichen Karriere als auch in meinem privaten Leben Ziele setze.	11	-7	3
KARRIERE … Egal, was andere Leute denken: Was mich am meisten motiviert, ist, in der Arbeit Überdurchschnittliches zu leisten.	-5	10	12

	Bedeutung – Gruppe 1	DenkStil – Gruppe 2	AktionsStil – Gruppe 3
WERTE … Ich bin am erfolgreichsten, wenn mein Team meine Werte teilt.	2	2	7
FÜHRUNG … Es ist für mich überaus wichtig, andere Menschen zu Sichtweisen zu ermuntern, die von meiner eigenen abweichen.	14	-8	9
WERTE … Ich glaube, dass es einen eindeutigen Wertekatalog gibt, der mich in all meinen Entscheidungen leitet.	2	-3	3
LEIDENSCHAFTEN ... Die Verfolgung zahlreicher Leidenschaften steigert meine Effektivität und Kreativität.	2	12	2
WIDRIGKEIT … Ich leide, wenn ich nichts Bedeutungsvolles tun kann.	7	4	-7
LEIDENSCHAFTEN ... Menschen, die mir wichtig sind, unterstützen mich in der Verfolgung meiner Leidenschaften.	4	2	2
FÜHRUNG … Bei allem, was ich mache, versuche ich, darin gut zu sein.	7	-6	7
WIDRIGKEIT … Rückschläge veranlassen mich nicht dazu, meine Leidenschaften beziehungsweise mein Anliegen IN FRAGE ZU STELLEN.	6	3	-10
AUSGEWOGENHEIT … Ich brauche in meinem persönlichen Leben eine langfristige Beziehung, um dauerhaft erfolgreich zu sein.	-5	6	-10
FÜHRUNG … Um das zu erreichen, was für mich eine Bedeutung hat, muss ich unter Umständen entgegen den Wünschen der Menschen handeln, die mir wichtig sind.	3	-11	8
FÜHRUNG … Mein Vorgesetzter unterstützt mich in dem, was ich für bedeutungsvoll und wichtig halte.	9	-14	1
AUSGEWOGENHEIT … Ausgewogenheit heißt für mich, dass ich die GLEICHE Menge an Zeit auf meine Arbeit, meine Familie, persönliche Interessen und die Gemeinde verwende.	-8	1	-12

	Bedeutung – Gruppe 1	DenkStil – Gruppe 2	AktionsStil – Gruppe 3
WIDRIGKEIT … Manchmal bin ich enttäuscht, wenn ich ein Ziel erreiche und dann feststelle, das es für mich eigentlich keine Bedeutung hat	-2	-2	-21
WERTE … Wenn ich vor einer größeren Veränderung in meinem Leben stehe, kann es hilfreich sein, einige meiner Werte zu überdenken und zu ändern.	-7	-5	-2
KARRIERE … Ich wusste schon immer, was ich für den Rest meines Lebens tun wollte.	-22	-11	-6
FÜHRUNG … Ich teile meinem Team nicht alle meine Zweifel, Urteile und Sorgen mit, weil es wichtiger ist, zu sagen, was nötig ist, um unsere Ziele zu erreichen, selbst wenn man dabei ein wenig Authentizität einbüßt.	-5	-19	-14
WERTE … Es gibt eine große Leidenschaft – „die eine große Sache" –, die mein Leben bestimmt.	-10	-9	-12
KARRIERE … Es wäre schön, aber nicht unbedingt praktisch, wenn ich eine Arbeit hätte, die ich wirklich liebe.	-19	-9	-5
WERTE … Ich glaube, dass die meisten Menschen in meinem Geschäft von dem Streben nach Ruhm, Geld und Macht getrieben sind.	-11	-14	-20
AUSGEWOGENHEIT … Ich ziehe es vor, eine von zwei Alternativen zu verfolgen, statt zu versuchen, beide zum Erfolg zu bringen.	-16	-3	-14
MOTTO ... Erfolg heißt, dass ich Ruhm, Geld und Macht erlange.	-11	-21	-19
KARRIERE … Meine Karriere ist einer präzisen Wegbeschreibung gefolgt, die ich selbst erstellt habe.	-18	-24	-6
WIDRIGKEIT … Ich glaube, die meisten Menschen suchen nach einem Sündenbock, wenn etwas schief geht.	-10	-10	-20
KARRIERE … Um bei der Verfolgung meiner Ziele auf dem richtigen Kurs zu bleiben, verlasse ich mich am besten auf die Meinung anderer.	-28	-18	-14

Anmerkungen

Einführung

1. Collins, James C. und Jerry I. Porras. *Built to Last.* New York, NY: HarperCollins, 2002
2. Siehe „Biographischer Index“ für eine Liste der für dieses Buch interviewten Personen.
3. Kosman, Joshua. „Innovator of Our Time, Smithsonian magazine's 35 who made a difference.“ *Smithsonian Magazine,* 36:8 (November 2005): 87-88.
4. Siehe „Die Freude daran, Dinge herauszufinden – Ein Blick auf die Recherchen zu diesem Buch.“

Kapitel 1

1. *Encarta World English Dictionary,* Anne Soukhanov (Hg.). (New York, NY: St. Martin's Press, 1999), siehe unter „success“
2. Wipro Limited. 2006. „Azim H. Premji.“ *About Wipro.* http://www.wipro.com/aboutus/azim_profile.htm
3. Alice Waters ist eine starke Befürworterin von Bauernmärkten und einer nachhaltigen Landwirtschaft. Im Jahr 1996 gründete sie anlässlich des 25. Jubiläums von Chez Panisse die Chez Panisse Foundation zur Förderung von Kultur- und Ausbildungsprogrammen, wie die des *Edible Schoolyard.*

4. Rot, Grün und Blau sind die additiven Grundfarben, die zusammen Weiß ergeben. Gelb, Zyanblau und Magenta sind subtraktive Grundfarben und ergeben zusammen Schwarz. (Annenberg Media. 1997-2006. „Primary Colors." *Workshop 3.* http://www.learner.org/channel/workshops/sheddinglight/highlights/highlights3.html.)
5. Tarrant, John J. *Drucker: The Man Who Invented the Corporate Society.* New York, NY: Van Nostrand Reinhold, 1976.
6. Brigman, June und Mary Schmich. „Brenda Starr." Tribune Media Services, http://www.comicspage.com/brandastarr/brenda_characters.html.

Kapitel 2

1. (Sparrow, 1998.) Niven, David. *100 Simple Secrets of Successful People.* New York, NY: HarperCollins, 2002.
2. Forscher, die kreative Problemlösungen finanziell honorieren, stellen fest, dass es keinen Zusammenhang zwischen finanzieller Belohnung und der Fähigkeit gibt, originelle Ideen zu entwickeln. Vielmehr ist Kreativität oft das Produkt eines echten Interesses am Problem und der Überzeugung, dass Vorgesetzte Kreativität wertschätzen. (Cooper, Clasen, Silva-Jaleonen und Butler, 1999.) Niven, David. *100 Simple Secrets of Successful People.* New York, NY: HarperCollins, 2002.
3. Girl Scouts of the United States of America. 1998-2005. *Who We Are* http://www.girlscouts.org/who-we-are/.
4. Leader to Leader Institute. 2006. „Frances Hesselbein Biography." *About the Institute.* http://www.pfdf.org/about/fh-bio.html.
5. Csikszentmihalyi, Mihaly. *Flow: The Psychology of Optimal Experience.* New York, NY: HarperCollins, 1990.

Kapitel 3

1. Geboren als Marguerite Ann Johnson, nahm sie mit ungefähr Mitte zwanzig den Namen Maya Angelou an, nachdem sie als Tänzerin im Cabaret Purple Onion debütiert hatte.
2. Angelou, Maya. *I Know Why the Caged Bird Sings.* New York, NY: Random House, 1969.
3. Sie hat einen Lehrstuhl auf Lebenszeit als Z. Smith Reynolds Professor of American Studies an der Wake Forest University.
4. Sieben von zehn Unternehmensführern, die am längsten in ihrem Job überlebt haben, spielen sowohl die besten als auch die schlechtesten Ergebnisse ihrer Erfahrungen herunter. Auf die Frage, welchen Faktoren sie ihre Erfolge und Misserfolge zuschreiben, antworten Menschen mit sieben Mal größerer Wahrscheinlichkeit, ihr Fokus auf die eigene Anstrengung sei für ihren Erfolg ausschlaggebend gewesen, als sie dies als ausschlaggebend für ihre Misserfolge bezeichnen. Diese Tendenz ist bei unerfahrenen Arbeitern, die ihre Erfolge zu einem noch höheren

Prozentsatz sich selbst zuschreiben und die jede eigene Verantwortung für Misserfolge von sich weisen, um 19 Prozent höher – mit der Folge, dass sie nichts dazulernen. (Moeller und Koeller, 2000.) Niven, David. *100 Simple Secrets of Successful People.* New York, NY: HarperCollins, 2002.

5. Ibarra, Herminia. „How to Stay Stuck in the Wrong Career." *Harvard Business Review* (Dezember 2002): S. 40.
6. Brown, Jeffrey, Sandeep Junnarkar, Mukul Pandya, Robbie Shell und Susan Warner. *Nightly Business Report Presents Lasting Leadership.* Upper Saddle River, NJ: Wharton School Publishing, 2005.
7. Bono und Bill Gates. Pressekonferenz. Weltwirtschaftsforum, New York, NY, 3. Februar 2002.
8. Zitate des U2-Leadsängers Bono aus einem Interview mit der World Association of Newspapers für den World Press Freedom Day im Mai 2004. http://www.reference.com/browse/wiki/Bono.

Kapitel 4

1. Collins, James C. und Jerry I. Porras. *Built to Last,* S. 222. New York, NY: HarperCollins, 2002.
2. Ibid.
3. Collins, James C. und Jerry I. Porras. *Built to Last,* S. 229. New York, NY: HarperCollins, 2002.
4. Bloom, Harold. „Heroes and Icons: Billy Graham." *Time,* 14. Juni 1999, www.time.com/time/time100/heroes/profile/graham01.html.

Kapitel 5

1. Penguin Group (USA), Inc. 2004. „Tom Clancy." *Tom Clancy.* http://us.penguingroup.com/static/packages/us/tomclancy/bio.html
2. Der Verlag Naval Institute Press druckte die Erstausgabe dieses Romans. Es ist der erste und nach wie vor erfolgreichste Roman, den dieser Verlag je gedruckt hat. Clancy, Tom. *The Hunt for Red October.* Annapolis, MD: Naval Institute Press, 1984.
3. Ibarra, Herminia, „How to Stay Stuck in the Wrong Career." *Harvard Business Review* (Dezember 2002): S. 40-47.
4. Patagonia, Inc. 2006. „Company History." *Company Info.* http://www.patagonia.com.
5. Waxman, Sharon. „The Oscar Acceptance Speech: By and Large It's a Lost Art." *Washington Post,* 21. März 1999, http://www.littlereview.com/goddesslouise/articles/oscrpost.htm.
6. Collins, James C. und Jerry I. Porras. *Built to Last.* New York, NY: HarperCollins, 2002.
7. Siehe „Die Freude daran, Dinge herauszufinden – Ein Blick auf die Recherchen zu diesem Buch."

8. Einführungsrede von Steve Jobs, CEO von Apple Computer und Pixar Animation Studios, 12. Juni 2005, http://news-service.stanford.edu/news/2005/june15/jobs-061505.html.

Kapitel 6

1. The Gorilla Foundation, 2003. „Penny Patterson, Ph.D.: President and Director of Research. " *The Foundation.* http://www.koko.org/foundation/penny.html.
2. 68 Prozent der Menschen, die sich selbst als erfolgreich empfinden, sagen, es gebe mindestens ein Gebiet in ihrer Arbeit, auf dem sie Experte seien (Austin, 2002.) Niven, David. *100 Simple Secrets of Successful People.* New York, NY: HarperCollins, 2002.
3. Russakoff, Dale. „Lessons of Might and Right." *Washington Post Magazine,* 9. September 2001, W23, www.washingtonpost.com/wp-dyn/articles/A54664-2001Sep6.html.
4. Hoover Institution: Stanford University. 2006. „Condoleezza Rice: Thomas and Barbara Stephenson Senior Fellow." *Hoover Institution.* www.hoover.org/bios/rice.html.
5. The White House. „Condoleezza Rice, Secretary of State." *The White House,* www.Whitehouse.gov/government/rice-bio.html.
6. Manafian, Lisa. „Power from Within." *The Black Perspective,* 19. November 2004, http://www.blackperspective.com/pages/mag_articles/spring2002_rice.html.
7. Kettman, Steve. „Bush's Secret Weapon." 20. März 2000, http://dir.salon.com/story/politics2000/feature/2000/03/02/rice/index.html.
8. Brad Bushman von der Iowa State University und Roy Baumeister von der Case Western University stellten fest, dass ein ausgeprägtes Selbstvertrauen oft sogar noch stärker bei Soziopathen anzutreffen ist, als bei Menschen mit einer geringen Selbstachtung. Goode, Erica, „Deflating Self-Esteem's Role in Society's Ills." *New York Times,* 1. Oktober 2002, http://query.nytimes.com/gst/fullpage.html?sec=health&res=9A02EEDA1538F932A35753C1A9649C8B63.
9. Selbstwertgefühl per se ist kein Indikator für Erfolg. Tatsächlich sind Menschen mit einem besonders ausgeprägten Selbstwertgefühl um 26 Prozent verwundbarer, was die Konsequenzen eines Misserfolgs oder Rückschlags betrifft, und zwar aufgrund der niederschmetternden Wirkung, die dieser auf ihr Selbstimage haben kann. (Coover und Murphy, 2000.) Niven, David. *100 Simple Secrets of Successful People.* New York, NY: HarperCollins, 2002.

Kapitel 7

1. Enberg, Dick. *Humerous Quotes for All Occasions.* Kansas City, MO: Andrews McMoel, 2000.
2. 84 Prozent der Manager in hochrangigen Positionen berichten, dass sie

in ihrem Leben mit „Phasen des Unbehagens“ zu kämpfen hatten. Manche gingen Karriererisiken ein, arbeiteten überdurchschnittlich viel oder erwarben neue Fähigkeiten, aber sie sagen, diese Opfer seien für eine Anstellung, Beförderung und Erfolg notwendig gewesen (Atkinson, 1999). Von den Menschen, die das Gefühl haben, sie seien nicht erfolgreich, nannten 64 Prozent einen spezifischen Standard, den andere gesetzt haben und den sie nicht erreichen konnten (Arnold, 1995.) Niven, David. *100 Simple Secrets of Successful People.* New York, NY: HarperCollins, 2002.

Kapitel 8

1. Die erste Definition, die im Online-Wörterbuch *Merriam-Webster Online Dictionary* zu finden ist, trifft nicht ganz den Punkt; bitte sehen Sie sich die zweite Definition an. „1. die fantasievolle Projektion eines subjektiven Zustands auf ein Objekt, so dass das Objekt von ihr erfüllt erscheint. 2. der Vorgang des Verstehens, der Bewusstmachung und der Sensibilisierung für ein nachempfundenes Gefühl, einen Gedanken oder eine Erfahrung eines anderen Menschen, sei es der Vergangenheit oder der Gegenwart, ohne dass diese Gefühle, Gedanken und Erfahrung auf objektiv explizite Art und Weise vollständig kommuniziert wurden.“ Merriam-Webster. 2005-2006. „empathy“. *Merriam-Webster Online Dictionary,* http://www.m-w.com/dictionary/empathy.
2. Murty, L. S. und Janat Shah. „Compassionate, High Quality Health Care at Low Cost: The Aravind Model“, Interview mit Dr. G. Venkataswamy und R. D. Thulasiraj, *IIMB Management Review,* September 2004, http://www.aravind.org/downloads/IIMB.pdf
3. Huntsman, Jon M. *Winners Never Cheat,* S. 113. Upper Saddle River, NJ: Wharton School Publishing, 2005.
4. Joe Nichols zufolge wurde die Straßenführung in diesem Abschnitt später geändert, weil der Verkehr an der Stelle zu einer Überlastung führte und der Kurvenverlauf anscheinend zu weiteren Unfällen führte. In der Zwischenzeit hat Joe sein Leben neu aufgebaut. Als die Stadt ihm im Rahmen eines außergerichtlichen Vergleichs 75.000 Dollar zahlte, investierte Joe diesen kleinen Beitrag in sein Unternehmen.

Kapitel 9

1. The American Heritage Dictionary of the English Language, 4. Ausgabe, „serendipity“ *The American Heritage Dictionary of the English Language,* 4. Ausgabe, www.bartleby.com/61/93/S0279300.html.
2. Remer, Theodore G. (Hg.), mit Einführung und Anmerkungen. *Serendipity and The Three Princes: From the Peregrinaggio of 1557.* Norman, OK: University of Oklahoma Press, 1965.
3. Merton, Robert K. und Elinor Barber. *The Travels and Adventures of Serendipity: A Study in Sociological Semantics and the Sociology of Science.* Princeton, NJ: Princeton University Press, 2004.

4. Collins, James C. und Jerry I. Porras. *Built to Last,* S. 94. New York, NY: HarperCollins, 2002.
5. Ibid.
6. Rosten, Leo. *The Joys of Yiddish.* Pocket Books, 2002.
7. Collins, James C. und Jerry I. Porras. *Built to Last,* S. 105. New York, NY: HarperCollins, 2002.
8. Brown, Jeffrey, Sandeep Junnarkar, Mukul Pandya, Robbie Shell und Susan Warner. *Nightly Business Report Presents Lasting Leadership.* Upper Saddle River, NJ: Wharton School Publishing, 2005.

Kapitel 10

1. Der Führungsberater Jim Moore veranstaltet Sitzungen, in denen den Werten und dem Mission Statement einer Organisation der imaginäre Prozess gemacht wird. Eine Gruppe an Managern verteidigt sie, und eine andere Gruppe nimmt die Rolle des Staatsanwalts ein. Das ist eine gute und nützliche Methode, um politisch nicht korrekte Themen äußern zu können, die andernfalls möglicherweise sakrosankt wären. Diese Übung ist außerdem ein hoch effektiver Ansatz, um schwelende Dispute zu schlichten, die ansonsten vielleicht kein angemessenes Gehör finden würden.

Kapitel 11

1. Focus: HOPE. „Eleanor M. Josaitis“, *About Focus: HOPE,* http://www.focushope.edu/about.htm#josaitis.
2. Napoleon Hill (26. Oktober 1883 – 8. November 1970) war einer der frühesten amerikanischen Autoren von Literatur zum Thema persönlicher Erfolg. Sein berühmtestes Werk *Think and Grow Rich* ist einer der größten Bestseller aller Zeiten. Hill, Napoleon. *Think and Grow Rich.* New York, NY: Fawcett Books, 1960.
3. Eigenmotivierte Menschen, die das Gefühl haben, sie steuerten ihr Leben selbst, sind beharrlicher und zäher als Menschen, die glauben, ihr Leben sei von außen gesteuert. Siebert, Al, *The Resiliency Advantage.* San Francisco, CA: Berrett-Koehler Publishers, 2005.

Die Freude daran, Dinge herauszufinden – Ein Blick auf die Recherchen zu diesem Buch

Feynmann, Richard P., et al. *The Pleasure of Finding Things Out: The Best Short Works of Richard P. Feynman.* New York, NY: Perseus Books, 1999.

Die Metapher, die Collins und Porras verwendeten, als sie darüber nachdachten, nach welchen Kriterien sie die Vergleichsunternehmen in der Studie zu *Built to Last* auswählen sollten, war die eines Pferderennens. Zwei Pferde laufen zur selben Zeit los (Gründungsdatum), und legen dieselbe Rennstrecke (Branche) in derselben vorgegebenen Zeit zurück (bis 1990). Die grundlegende Frage, die man stellen könnte, wäre dann „Was tat das visionäre Pferd, während es den Parcours zurücklegte, das das Vergleichspferd nicht tat?" Diese Methode war für *Built to Last* gut und richtig, aber bei einer Anwendung auf Einzelpersonen wird dies schnell problematisch. Der Geburtstag könnte die Parallele zum Gründungsdatum des Unternehmens darstellen. Aber welche Parallele bietet sich zur Branche? Ist es die Ausbildung, der Beruf, die Zugehörigkeit zu einem bestimmten Unternehmen, oder sind es Dutzende andere mögliche Faktoren? Wie identifizieren wir die Vergleichspersonen anhand des Kriteriums, dass sie nicht das gleiche Maß an Erfolg erzielt haben wie die dauerhaft erfolgreichen Menschen in unserer Studie? Sollen wir „Versager" auswählen? Sollen wir jemanden auswählen, der nicht ganz so erfolgreich ist? Wie lässt sich das bestimmen? In *Built to Last* verwendeten wir Erfolg nicht als zentralen Faktor für die Auswahl der Vergleichsunternehmen. Die Unterschiede in der Performance der zwei Unternehmensgruppen in den Recherchen zu *Built to Last* wurden erst nach der Auswahl der Vergleichsunternehmen aufgedeckt, nicht vorher. Dauerhaft erfolgreiche Menschen mögen Rennpferden gleichen, aber sie glauben, dass ihr Erfolg darunter gelitten hätte, wenn sie während der Jahrzehnte, in denen sie so viel geleistet und erreicht haben, auf Konkurrenzdenken fixiert gewesen wären. Eines der signifikantesten Ergebnisse der zwei Studien, auf denen *Built to Last* basiert, ist, dass jedes Individuum seine eigenen Kriterien für Erfolg definieren muss – und dass die traditionellen Maßstäbe für Erfolg, Ruhm, Reichtum und Macht Ergebnisse jahrzehntelanger Einflussnahme, und nicht die treibenden Faktoren im Überzeugungssystem dauerhaft erfolgreicher Menschen sind!

Biographischer Index

Wir sind für die Chance dankbar, weiterhin so viele faszinierende Menschen kennen lernen zu dürfen. Die folgende Aufzählung enthält zahlreiche Personen, die wir bisher interviewt haben, aber nicht diejenigen, die an unserer quantitativen Studie *World Success Survey* teilgenommen haben. Wie im Text durchgängig erwähnt, haben wir unsere Gesprächspartner nicht mit dem Ziel ausgewählt, eine „Ehrenliste" zu erstellen, die wir als Vorbilder präsentieren. (Es gibt zahlreiche Medien- und andere Organisationen, die solche Beurteilungen aussprechen, und wir haben bei unserer Suche nach interessanten Menschen darauf zurückgegriffen.) Wir wollten erfahren, was Menschen, die auf ihrem jeweiligen Gebiet seit 20 Jahren und länger erfolgreich sind, gemeinsam haben. Eine der einprägsamsten Lektionen, die sie uns vermittelten, war, dass man sich nicht auf Vorbilder verlassen darf, sondern seine eigene Definition von Erfolg aufstellen muss, anstatt automatisch oder aus Neid die Definition anderer Menschen zu übernehmen. Wir freuen uns darauf, unter www.SuccessBuiltToLast.com Ihre Geschichten, Recherchen und Vorschläge über Persönlichkeiten zu erhalten, die wir kennen lernen sollten, um diese Unterhaltung weiterzuführen.

Clara Adams-Ender – Brigadegeneralin der U.S. Army (a.D.)
Madeleine Albright – erste ehemalige US-Außenministerin*
Maya Angelou – Autorin, Dichterin und Performerin
Lance Armstrong – siebenmaliger Rekordsieger der Tour de France*
Ramani Ayer – CEO von Hartford Financial Services*
Alan Bachman – Mediator für Konfliktlösung und ehemaliger Florist*
David Barry – Humorist und Gewinner des Pulitzer-Preises
Eric Benhamou – ehemaliger CEO von 3Com Corporation und Palm, Inc.*
Warren Bennis – Gründer und Chairman des USC Leadership Institute
Bonita Bergin – Gründerin von Canine Companions und Assistance Dog Institute*
Jeff Bezos – Gründer und CEO von Amazon.com
Ken Blanchard – Autor des Werkes *One Minute Manager*
Ron Baron – Gründer der Investmentgesellschaft Baron Capital*
Richard Blum – Investor/Entwickler; Gründer von American Himalaya Foundation*
Bono – gesellschaftlicher Aktivist und Leadsänger der irischen Rockband U2
Larry Bossidy – ehemaliger CEO von Honeywell und Allied Signal
Sir Richard Branson – Erschaffer der Marke Virgin
Denise Brosseau – Mitgründerin des Forum for Women Entrepreneurs*
John Seely Brown – ehemaliger leitender Wissenschaftler von Xerox
Marcus Buckingham – Autor von Büchern zu Führungsthemen und Führungskraft bei Gallup*
Warren Buffett – Investor und zweitreichster Mensch der Welt
Jack Canfield – Berater zu Führungsthemen und Autor der *Chicken-Soup*-Reihe
Candice Carpenter – Mitgründerin von iVillage
Iva Carruthers – Generalsekretärin der Samuel DeWitt Proctor Conference*
Jimmy Carter – 39. US-Präsident und Nobelpreisträger
John Chambers – Chairman, President und CEO von Cisco Systems
Amber Chand – vertreibt Kunst von indigenen Kunsthandwerkerinnen

Morris Chang – Gründer der Taiwan Semiconductor Manufacturing Company*
Karen Chang – Board Advisor und ehemalige Führungskraft in der Finanzdienstleistungsindustrie*
Elaine Lan Chao – US-Arbeitsministerin und erste Frau asiatischer Abstammung, die in das Kabinett der US-Regierung berufen wurde*
Milton Chen – Executive Director von The George Lucas Educational Foundation
Deepak Chopra – Arzt und Autor*
Yvon Chouinard – Umweltschützer, Bergsteiger und Gründer von Patagonia
Sandy Climan – President von Entertainment Media Ventures*
Bill Clinton – 42. US-Präsident
Marva Collins – Schullehrerin, die von zwei US-Präsidenten dazu eingeladen wurde, das Amt der Erziehungsministerin zu übernehmen
Jay Conger – Henry Kravis Research Studies Chair in Claremont*
Steve Covey – Autor des Buches *Seven Habits of Highly Effective People*
Douglas Daft – erster nichtamerikanischer CEO von Coca Cola (a.D.)
Dalai Lama (Tenzin Gyatso) – Seine Heiligkeit der 14. Dalai Lama
Richard Dauch – Mitgründer, Chairman und CEO von American Axle*
Michael Dell – Gründer und Chairman von Dell Computer
Paul Deninger – Chairman der globalen Investmentbank Jeffries Broadview*
Michael Dertouzos – ehemaliger Direktor des MIT Lab for Computer Science
Tina de Souza – Psychologin und afro-brasilianische Heilerin
Robert Diutz – CPA und IRS-zugelassener Agent*
Robert Dole – ehemaliger US-Mehrheitsführer im Senat und Präsidentschaftskandidat*
Donna Dubinsky – ehemalige CEO von Handspring und Vice Chairman von Kleiner Perkins*
Brian Duberreault – Chairman der Versicherungsgesellschaft ACE Limited*
Peter Drucker – Vater der Managementwissenschaften

Wayne Dyer – Psychologe und Autor*
Esther Dyson – Autorin, Unternehmerin und Technologie-Expertin
Shirin Ebadi – erste Moslemin, die mit dem Nobelpreis ausgezeichnet wurde*
Larry Ellison – CEO von Oracle Corporation*
Keith Ferrazzi – Marketingstratege und Autor von *Never Eat Alone*
Sally Field – Oscar-preisgekrönte Kino- und TV-Schauspielerin und Regisseurin
Firehawk – Lehrer, Heiler und Künstler, der mit digitalen Medien arbeitet*
Steve Forbes – Verleger des *Forbes Magazine*
Greg Foster – President von IMAX Films
Gloria Fox – Abgeordnete von Massachusetts
Yuki Funo – Chairman und CEO von Toyota Motor North America*
Bob Galvin – ehemaliger Chairman und CEO von Motorola*
Bill Gates – Mitgründer von Microsoft, Philanthropist und reichster Mann der Welt
Bill George – ehemaliger CEO von Medtronic und Autor von *Authentic Leadership*
Newt Gingrich – ehemaliger Sprecher des US-Abgeordnetenhauses*
Rudy Giuliani – ehemaliger Bürgermeister von New York
Colin Goddard – CEO von OSI Pharmaceuticals*
Marshall Goldsmith – Führungskräftecoach und Autor*
Charles Goodwin – Special Agent des FBI in Hawaii*
John Gray – Autor von *Men Are from Mars, Women Are from Venus**
Andy Grove – ehemaliger Chairman und CEO von Intel Corporation
John Hagel – Technologiemanagementstratege und Autor*
Jim Hake – Unternehmer und Gründer von Spirit of America
Frances Hesselbein – Chairman des Leader to Leader Institute
Vernon Hill – Gründer und CEO von Commerce Bancorp
Dixie Horning – UCSF National Center of Excellence in Women's Health*
Norma Hotaling – Gründerin der Organisation *Sage*, die Frauen hilft, sich aus Drogensucht und Prostitution zu befreien
Jen-Hsun Huang – Gründer des Videochipherstellers NVIDIA
Jeff Immelt – Chairman und CEO von General Electric*
Kinder Hunt – Gründer des Hollywood Education und Literacy Projects (H.E.L.P)*

Roberta Jamieson – CEO der National Aboriginal Achievement Foundation
Jerry Jasinowski – ehemaliger President von The Manufacturing Institute*
Jason Jennings – Autor und Berater zu Marketingführerschaft
Peter Jennings – ehemaliger Nachrichtensprecher der ABC-Sendung *World News Tonight**
Tammy Jernigan – ehemalige Astronautin und Wissenschaftlerin von Lawrence Livermore Lab*
Jack Jia – Gründer von Baynote und ehemaliger CIO von Interwoven
Steve Jobs – Mitgründer und CEO von Apple und CEO von Pixar
Deborah Johnson – Reverend und Gründerin von Inner Light Ministries
Quincy Jones – Grammy-preisgekrönter Musikproduzent
Jerry Jurgensen – CEO des großen Finanzdienstleisters Nationwide*
Irene Khan – erste Frau (erste Asiatin und Moslemin), die Amnesty International leitet*
Bruce Katz – Gründer von Rockport Shoe Company und The WELL*
Donna Katzin – Gründerin einer Nonprofit-Organisation, die Kredite an Arme in Südafrika vergibt*
Guy Kawasaki – Technologieunternehmer und Innovator von Apple MacIntosh*
Herb Kelleher – Mitgründer von Southwest Airlines
Robert Kiyosaki – Autor von *Rich Dad, Poor Dad*
Gerard Kleisterlee – CEO von Royal Philips Electronics
Phil Knight – Gründer von Nike*
Jeffrey Koplan – ehemaliger Direktor des Center for Disease Control*
Jim Kouzes – Co-Autor von *The Leadership Challenge*
Richard Kovacevich – Chairman und CEO von Wells Fargo & Company
Sallie Krawcheck – CFO der weltgrößten Bank Citigroup und ehemalige CEO der Finanzmaklerfirma Smith Barney*
Eleanor Josaitis – Mitgründerin der Organisation für Menschenrechte und Ausbildung Focus: HOPE
Jack La Lanne – Gottvater des Fitnesstrainings

Robert Lane – CEO von John Deere & Company
Shelly Lazarus – CEO von Ogilvy & Mather Worldwide
Norman Lear – preisgekrönter TV-Produzent
Keith Leslie – Himalayischer Field Office Director der Nepal-Filiale von Save the Children*
Carl Lewis – mehrfacher Weltrekordhalter und Olympiasieger
Ed Liddy – Chairman und CEO von Allstate Corporation*
Joe Lieberman – US-Senator von Connecticut*
Klaus Luft – Gründer des Dienstleistungsunternehmens MATCH, Deutschland*
Susanne Lyons – Marketingvorstand von VISA USA*
Yo Yo Ma – Grammy-preisgekrönter Cellist und UN-Friedensbotschafter*
Nelson Mandela – ehemaliger Präsident von Südafrika und Nobelpreisträger
James March – Professor der Soziologie (Emeritus) an der Stanford University
Costas Markides – Chairman des Strategy Department an der London Business School*
Toru Matsui – Neurochirurg an der Saitama Medical Center School (Japan)*
John McCain – US-Senator von Arizona
Mike McGavick – ehemaliger CEO von Safeco Insurance
Russell Means – Schauspieler und erster Leiter des American Indian Movement*
Charles Miller – Chairman und CEO von Avery Dennison (a.D.)*
Sharon Miller – leitet die kirchliche Sozialarbeit der St. Joseph Cathedral Foundation*
Philip Monego – Unternehmer und erster CEO von Yahoo!*
Gordon Moore – Erfinder des Mooreschen Gesetzes und Mitgründer der Intel Corporation
John Morgridge – Chairman von Cisco Systems
Alan Mulally – CEO von Boeing Commercial Airplanes*
Cliff Nass – Experte in Interaktion zwischen Menschen und digitalen Medien*
Craig und Patricia Neal – Gründer von Heartland Circle*
Davia Nelson – Peabody-preisgekrönte TV-Produzentin der NPR-Serien*

Marilyn Carlson Nelson – CEO eines der größten nicht börsennotierten Unternehmen der Welt*
Joe Nichols jun. – Unternehmer mit einem Netzwerk an Mailshops
Bill Nye – Ingenieur, Komödiant und mit dem Emmy Award ausgezeichneter TV-Produzent
William O'Neil – Gründer des *Investor's Business Daily**
Lars Nyberg – Deputy Governor der Riksbank, ehemaliger Professor und ehemaliger CEO von NCR*
Peng Ong – Gründer von Interwoven und Ecentuate
Dean Ornish – Gründer des Preventive Medicine Research Institute*
Paul Otellini – President und CEO von Intel Corporation*
C. N. Paramasivan – Gründer einer Organisation mit Sitz in Indien, die für globale Freiwilligenarbeit wirbt*
Fabrizio Parini – CEO von Ghirardelli Chocolate Company*
Penny Patterson – Gründerin der The Gorilla Foundation
Terry Pearce – Autor, Coach und President von Leadership Communication
Ed Penhoet – President der Gordon and Betty Moore Foundation
Kim Polese – Unternehmer und Erfinder des Softwarebegriffs Java*
David Pottruck – CEO von EOS Airlines*
Azim Premji – Chairman von Wipro Technologies
David Pyott – CEO von Allergan, Produzent von Botox und anderen Produkten*
Martha Reitman – Ärztin in der Arzneientwicklung
Rob Reiner – Regisseur, Produzent und Schauspieler und Ausbildungsaktivist
Rachel Naomi Remen – Medical Director des Commonweal Cancer Help Program
Jane Bryant Quinn – Finanzkolumnistin und Autorin
Hector de J. Ruiz – Chairman und CEO von Advanced Micro Devices
Condoleezza Rice – US-Außenministerin
Patricia Russo – Chairman und CEO von Lucent Technologies
Paul Saffo – Stratege und Leiter des Institute for the Future*
Paul Sagan – CFO von Akamai, Gewinner des Emmy Award*
Mark Saito – Kahuna-Hawaiischer Heiler*
Arthur Sands – Arzt und CEO der Biotechfirma Lexicon*

Eric Schmidt – Chairman und CEO von Google
Charles Schwab – Chairman, Gründer und CEO von Charles Schwab
Klaus Schwab – Gründer und Executive Chairman des Weltwirtschaftsforums
Bruce Seaton – ehemaliger CEO von American President Cos. Ltd.*
Robin Segal – Gründer von United in Harmony, das sich um obdachlose Kinder kümmert*
William Sharpe – mit dem Nobelpreis ausgezeichneter Ökonom*
Fred Shoemaker – Autor und Golfcoach
Wick Simmons – Chairman der International Tennis Hall of Fame, ehemaliger CEO der Nasdaq*
Rabbi Israel Singer – Jüdischer Weltkongress
Sheila Sisulu – World Food Programme und ehemalige südafrikanische Botschafterin in den USA*
Rick Smolan – Fotograf und Autor von *America 24/7* und der *Day in the Life*-Serien*
Sir Martin Sorrell – Gründer und CEO des Konglomerats an Media-Agenturen WPP*
George Soros – Finanzier und Philanthrop*
Warren Staley – CEO des größten nicht börsennotierten US-Unternehmens Cargill
Steven Stargardter – President der JFK University*
Bruder David Steindl-Rast – Benediktinermönch*
Gloria Steinem – feministische Autorin und Gründerin von *Ms Magazine**
David Stern – Vorsitzender der National Basketball Association
Bill Strickland – CEO der Manchester Craftsmen's Guild
Nadine Strossen – President von ACLU
Srinivas Sukumar – President von CoDharma Solutions und ehemaliger Topmanager von HP*
John Thain – CEO der New York Stock Exchange*
Ken Thompson – CEO der Wachovia Corporation*
Tommy Thompson – ehemaliger US-Gesundheitsminister, Gouverneur von Wisconsin*
Desmond Tutu – Nobelpreisträger und ehemaliger Bischof von Lesotho
Desmond Twigg-Smith – Farmer, Holualoa Coffee Company*

Lynne Twist – Autorin und Philanthropin*
Laura D'Andrea Tyson – Dekanin einer Business School und Präsidentenberaterin*
Vaira Vike-Freiberga – Präsidentin von Litauen
Govindappa Venkataswamy – Augenchirurg, der Millionen von Menschen vor der Erblindung gerettet hat
Alex von Bidder – Miteigentümer des New Yorker Restaurants The Four Seasons
Barbara Walters – erste weibliche Network-Nachrichtensprecherin im US-Fernsehen*
Alice Waters – Chef de Cuisine von Chez Panisse, die das Kochen mit organischen Lebensmitteln populär gemacht hat
Barbara Waugh – Personalmanagerin von HP Labs Worldwide und Mitgründerin von World eInclusion
Jack Welch – Autor und ehemaliger CEO von General Electric
Meg Wheatley – Mitgründerin des Berkana Institute*
Wanda Whitehead – Grundschullehrerin, Casa di Mir*
Ann Winblad – Technologieexpertin und Gründerin der Risikokapitalgesellschaft Hummer/Winblad
Ray Yeh – Autor von *The Art of Business* und langjähriges Mitglied des IC2 Institute*
Steve Young – ehemaliger Quarterback der 49ers und Unternehmer
Muhammad Yunus – Gründer der Grameen Bank (Mikrodarlehen für Arme)
Benjamin Zander – Dirigent des Boston Philharmonic Orchestra
Dieter Zetsche – Chairman von DaimlerChrysler

* Unsere Gespräche mit diesen Personen sind in unserer Studie enthalten und haben Eingang in das Manuskript gefunden. Wir hatten allerdings nicht den Platz, die aufschlussreichen Geschichten jedes einzelnen unserer Gesprächspartner wiederzugeben. Wir führen diese Interviewpartner hier als Beispiel für die erlesene Sammlung an erfolgreichen Menschen auf, die wir kennen lernen durften.

Geoffrey A. Moore

Darwins Erben

Warum Unternehmen nur durch Innovationen langfristig am Markt überleben

261 Seiten, Hardcover
Preis € 34,90 (D); € 35,90 (A); SFr 55,50
ISBN 978-3-89879-284-4

Der sich immer weiter verschärfende internationale Wettbewerb führt dazu, dass Innovationsmanagement zu einem strategischen Erfolgsfaktor für Unternehmen wird. Nur wer erfolgreich in immer kürzeren Produktlebenszyklen wettbewerbsfähige Produkte auf den Märkten platziert und diese global vermarktet, kann sich langfristig behaupten. Geoffrey A. Moore beschreibt anhand konkreter Produktlebenszyklen, welche Art von Innovation in den verschiedenen Phasen des Zyklus angebracht erscheint. Dabei werden 14 unterschiedliche Arten charakterisiert und beschrieben.

Bernard Baumohl

Die Geheimnisse der Wirtschaftsindikatoren

Arbeitslosigkeit, Inflation, Konsumklima. Jeden Tag steigen oder fallen die Kurse von Aktien, Anleihen und Devisen als Reaktion auf wirtschaftliche Indikatoren. Diese Trendbewegungen werden von Managern in aller Welt beobachtet. Warum? Weil sie die Schlüssel zur zukünftigen Bewegung der Märkte sind und die individuellen Investments beeinflussen. Der Wirtschaftsjournalist Bernard Baumohl hilft dem Leser, Indikatoren zu verstehen und für sich zu nutzen. Jeder Wirtschaftsindikator wird anhand leicht zu verinnerlichender Beispiele präsentiert und hilft so bei Ihren Investmententscheidungen.

407 Seiten, Hardcover
Preis € 34,90 (D); € 35,90 (A); SFr 60,40
ISBN 978-3-89879-261-5

Peter Navarro

Das komplette Wissen der MBAs

MBA – diese drei Buchstaben klingen nach internationaler Karriere, Erfolg und Geld. In den vergangenen Jahren sind nicht nur Studierende und Berufsanfänger diesem Lockruf gefolgt. Auch viele Hochschulen haben Master-Programme aufgelegt. Es gibt gute Gründe, warum der Master in Business Administration so beliebt ist: Er stellt sich den wichtigsten Managementfragen, liefert Schlüsselkonzepte und ermöglicht es, die eigenen Fähigkeiten zu verbessern. Er vermittelt den nötigen Scharfblick und schult Manager, in sämtlichen Lebenslagen und in nahezu jeder Managementposition den täglichen Herausforderungen im Unternehmen gewachsen zu sein.

375 Seiten, Hardcover
Preis € 34,90 (D); € 35,90 (A); SFr 60,40
ISBN 978-3-89879-264-6

Charles R. Geisst

Die Geschichte der Wall Street

Von den Anfängen der Finanzmeile bis zum Untergang Enrons

432 Seiten, Hardcover

Preis € 29,90 (D); € 30,80 (A); SFr 52,20

ISBN 978-3-89879-260-8

Die Wall Street ist für viele der Inbegriff von Kapitalismus, Macht und Geld. Benannt nach dem Schutzwall, den Peter Stuyvesant im Jahre 1652 zur Sicherheit der frühen holländischen Kolonisten gegenüber den dort lebenden Indianern erbaute, entwickelte sich die Wall Street von einem Treffpunkt ortsansässiger Kaufleute und Händler, um Aktien und Anleihen zu kaufen und zu verkaufen, hin zu dem milliardenschweren computerbetriebenen Finanzzentrum, das sie heute ist. Was aber steckt genau hinter der unauffälligen engen Gasse mit dem weltbekannten Namen, und warum spielten sich hier bereits weltbewegende Dramen und Triumphe ab? Charles R. Geisst nimmt den Leser an die Hand und geht mit ihm den über zweihundertjährigen Weg der berühmtesten Straße der Welt, die als Drehscheibe der amerikanischen Ökonomie die Vereinigten Staaten zur stärksten Wirtschaftsmacht der Welt emporgehoben hat.

Daniel Nissanoff

FutureShop

Konsumgesellschaft im Wandel

Es ist nicht grundsätzlich falsch, eine emotionale Bindung an die eigenen Besitztümer zu verspüren. Oft tun wir das aus gutem Grund. Wir alle sollten Erinnerungsstücke an unsere Vergangenheit und die unserer Familie haben – einen Kerzenhalter der Ururgroßmutter, die Taschenuhr des Großvaters, unser erstes Paar Fußballschuhe oder die unserer Kinder –, solange es uns Freude macht oder ein emotionales Bedürfnis erfüllt. Aber ein emotionaler Wert ist endlich. Denn: Wenn wir dazu gezwungen wären, würden wir uns wahrscheinlich von vielen dieser Dinge trennen, vorausgesetzt, wir würden einen entsprechenden Gegenwert dafür erhalten. Aber heißt unsere Zukunft wirklich eBay?
Erfahren Sie von Daniel Nissanoff, wie die Zukunft unserer Konsumgesellschaft aussehen wird.

248 Seiten, Hardcover
Preis € 29,90 (D); € 30,80 (A); SFr 52,20
ISBN 978-3-89879-259-2

Karin Kneissl

Der Energiepoker

Wie Erdöl und Erdgas die Weltwirtschaft beeinflussen

Erdöl, Kohle und Erdgas dominieren den Energiemarkt. Und alle drei dieser fossilen Brennstoffe sind knapp und damit teuer. Geopolitische Restriktionen, Spekulationen sowie Marktpsychologie spielen am Energiemarkt ebenso eine Rolle wie das Gesetz von Angebot und Nachfrage.
Seit der Energiebedarf sich besonders rasch entwickelnder Schwellenländer wie China und Indien rapide wächst, verursachen ihre enormen Importe eine absehbare Preiskrise. Schon seit 20 Jahren ist der weltweite Ölverbrauch größer als die Menge neu erschlossener Ölvorkommen.
Diese Knappheit verursacht Probleme, mit denen sich Wirtschaft und Politik in den kommenden Jahrzehnten beschäftigen werden müssen. Denn diese Knappheit ist brandgefährlich für das internationale Gleichgewicht.

248 Seiten, Hardcover
Preis € 29,90 (D); € 30,80 (A); SFr 52,20
ISBN 978-3-89879-187-8

Jeffrey K. Liker

Der Toyota Weg

14 Managementprinzipien des weltweit erfolgreichsten Automobilkonzerns

432 Seiten, Hardcover
Preis € 34,90 (D); € 35,90 (A); SFr 60,40
ISBN 978-3-89879-188-5

Dieses Buch beschreibt eindrucksvoll Toyotas beispiellosen Weg zu einem der weltweit führenden Unternehmen. Die von Jeffrey K. Liker herausgefilterten 14 Managementprinzipien sind dabei Garant für höchste Effizienz und Qualität. Besonders die sogenannte Lean Production – die „schlanke Fertigung", das Gegenstück zur Massenproduktion – wird ausführlich und anschaulich beschrieben. Fast alle Automobilhersteller haben mehr oder weniger erfolgreich versucht, das Toyota-Produktionssystem (TPS) zu kopieren, das zum Ziel hat, die Kundenzufriedenheit in den drei Bereichen Qualität, Lieferzeit und Kosten zu erhöhen. Mit seiner Unternehmensführung ist Toyota heute Vorbild für Firmen aus den unterschiedlichsten Branchen.

Robert L. Heilbroner

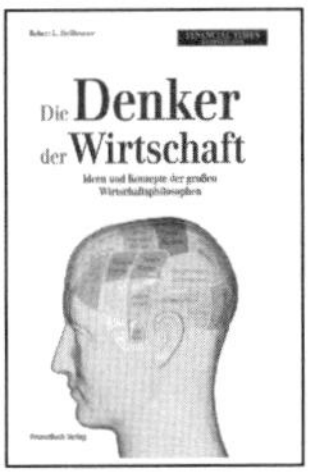

Die Denker der Wirtschaft

Ideen und Konzepte der großen Wirtschafts-philosophen

„The Worldly Philosophers", so der Originaltitel, ist in den USA bereits ein Klassiker, ein Buch, das dem Leser die Ursprünge und Hintergründe heutigen ökonomischen Denkens und konträrer Wirtschaftssysteme verdeutlicht. Robert Heilbroner stellt so kontroverse Theorien wie die freie Marktwirtschaft von Adam Smith und die marxistische Theorie der politischen Ökonomie von Karl Marx einander gegenüber und beleuchtet das gesellschaftliche Spannungsfeld ihres Entstehens. Die Geschichte der Wirtschaftswissenschaften war nie reine Theorie, sondern immer eng mit der Realgeschichte und ihren Akteuren verbunden. Die ökonomischen Lehren der großen Wirtschaftsphilosophen sind immer das Ergebnis der Zeit, in der sie lebten.

326 Seiten, Hardcover
Preis € 34,90 (D); € 35,90 (A); SFr 60,40
ISBN 978-3-89879-185-4

Steffen Klusmann

101 Haudegen der Wirtschaft

Köpfe, Karrieren und Konzepte

Erfolg zeichnet sie aus, obwohl sich die gesellschaftlichen, wirtschaftlichen, technologischen, kulturellen und ökologischen Rahmenbedingungen in der Wirtschaft ständig verändern.
Doch was machen sie anders? Was ist das Geheimnis ihres außergewöhnlichen Erfolgs? Ist es ihre Tüchtigkeit oder ihr einzigartiger Instinkt? Die Financial Times Deutschland hat 101 dieser unkonventionellen Charakterköpfe besucht und ausführlich interviewt.

462 Seiten, Hardcover
Preis € 29,90 (D); € 30,80 (A); SFr 52,20
ISBN 978-3-89879-186-1